나도
행복해질 수
있을까

나도
행복해질 수
있을까

말레네 뤼달 지음 배형은 옮김

타인의 시선에
휘둘리지 않는
자기 중심 찾기

마일스톤

프롤로그

파리의 공항에서 코펜하겐으로 가는 비행기를 기다리고 있을 때였다. 가족을 만나러 가는 길이었다. 옆자리에 젊은 남성이 앉았다. 최신 유행 차림을 한 그는 호감 가는 인상이었고, 우리는 이야기를 나누기 시작했다. 그는 내게 무슨 일을 하느냐고 물었다. "저는 행복의 '허상'에 관한 책을 쓰고 있어요. 아름다움, 돈, 권력, 명성, 섹스를 추구하는 게 과연 우리 행복에 어떤 영향을 미치는지 조사하고 있죠." 그는 몹시 흥분해서 대답했다. "와, 멋진데요! 얼른 읽어보고 싶어요. 행복의 '최상'이 뭔지 무척 궁금하거든요." 나는 그의 반응에 놀랐다. "행복의 '최상'이라고요? 아뇨, 아뇨, 전 행복의 '허상'이라고 했어요. '최상'이 아니고요! 전부 무척 까다로운 조건이잖아요. 그걸로 계속 행복하기는 어려울 것 같아요." 이번에는 그가 어리둥절한 얼굴로 나를 바라봤다. "아, 그래요? 아무튼 힘내시길 바랄게요. 그걸 다 가질 수만 있다면 전 세상에서 가장 행복한 남자가 될 텐데 말이죠!"

이런 생각을 하는 사람이 비단 이 젊은이만은 아닐 것이다. 전혀 놀랍지 않다. 아주 어렸을 때부터 우리를 둘러싼 모든 것이 그런 사고방식을 체계적으로 주입하고 있으니까. 동화, 특히 디즈니가 각색한 이야기에서 아름다운 공주는 결국 매력적이고 부유하며 힘센 왕자를 만나 행복을 찾는다. 이어서 텔레비전과 영화가 배턴을 넘겨받아 더욱 '화려한' 삶으로 우리 마음을 사로잡는다. 〈다이너스티〉나 〈베벌리힐스의 아이들〉 같은 시리즈가 대표적이다. 세상에 눈뜨는 청소년기에 아메리칸 드림에 영향을 받지 않기란 어려운 일이다. 그 뒤에는 〈섹스 앤 더 시티〉, 더 최근에는 〈가십 걸〉에 마찬가지로 부유하고 아름다운 사람들이 등장해 돈, 권력, 섹스 이야기로 가득한 인생을 살아간다. 언론은 스타들의 생생한 생활을 상세히 펼쳐낸다. 유행하는 옷차림을 하고 웅장한 집에 살며, 믿을 수 없을 만큼 아름다운 낙원에서 휴가를 보내는 모습을 담은 사진과 함께.

공항에서 만났던 청년과 마찬가지로 나 역시 행복한 삶을 완성하는 마법의 공식이 무엇인지, 그 삶에 이르는 지름길이 어디 있는지 궁금해한 적이 있다. 나는 내가 받았던 덴마크식 교육(아이들에게 자기 마음의 소리를 들어보기를 권하는) 덕분에 자유롭게 내 길을 따라가 삶을 발견하는 행운을 누릴 수 있었다. 파리에서 살고, 여행을 다니고, 호텔에서 일하는 게 내 꿈이었다. 그리고 무엇보다 행복의 위대한 신비를 탐구하고 이해하고 싶었다. 인생 길을 걸어오는 동안, 어릴 적 나를 매혹했던 미국 드라마의 등장인물과 닮은 사람들을 많이 마주쳤다. 하지만 가까이서 찬찬히 들여다보니 다른 사람들이 꿈꾸는 삶은 내가 꿈꿨던 것과는 달랐다. 도리어 완전히 반대일 때가 많았다.

* * *

가을이었다. 친구들이 '시골에서 한없이 소박한 짧은 주말 휴가'를 보내자고 나를 초대했다. 나는 냉큼 초대를 받아들였다. 휴가를 보낼 장소가 훼손되지 않은 찬란한 자연 한복판, 장엄한 성이었기 때문이다. 다른 손님들은 모두 대단한 특권층 출신이었다. 그들은 아주 좋은 학교를 다녔고, 여행도 많이 했으며, 중요한 자리를 차지한 데다, 인맥도 대단한 것 같았다. 한창 첫 책을 홍보하고 있던 나는 어느 기자와의 인터뷰를 준비하다가 마지막 질문에 대한 답변을 찾지 못해 탁 막혀 있던 참이었다. "행복의 화신이 있다면 어떤 사람이라고 생각하시나요?"라는 질문이었다. 그래서 휴가지에 온 손님들에게 도움을 구하기로 했다. '다들 의견이 많을 거야. 모두 어마어마하게 특별한 환경 속에서 살고 있는걸!' 웅장한 응접실의 벽난로 가에 둘러앉아 아페리티프(식전 주)를 마시는 시간이 왔다. 내가 문제의 질문을 던졌다. 최초의 반응은 끝없는 침묵이었다. 유명한 변호사인 남성이 마침내 정적을 깨고 입을 열었다. "음, 잘은 모르겠지만 XXX 씨가 분명 그런 사람일 것 같군요. 자기 업계에서 여왕에게 훈장도 받은 전설적인 존재인데 아내도 대단히 아름답고, 아이들은 가장 좋은 학교에 다니죠. 물론 재산도 많아서 뭐든지 할 수 있고……." 그러자 낮에 풍부한 교양으로 내게 깊은 인상을 남겼던 한 여성이 거의 화난 듯한 목소리로 대답했다. "XXX 씨요? 뭔가 잘못 아신 것 아닐까요? 그 사람 정말 불행한 데다 아내는 남편의 제일 친한 친구와 바람을 피우고 있는걸요!" 그녀가 말을 이었다. "전 오히려 YYY 씨라고 생각해요. 여기저기에 집이 있어서 개인 전용기를 타고 옮겨 다니며 전 세계의 부유한 사람들과 호화로운 만찬을 벌이거든요." 이번에는 더 젊어 보이는 다른 남성이 충격적이라는 듯 말했다. "그분은 절대로 아니에요! 불안 증세가 정말로 심하거든요. 어딜 가도 행복하지 않아서 줄기차게 여행만 하는 거죠. 손님들이 떠나고 나면 울음을 터뜨린다니까요." 이렇게 말한 그는 다른 후보를 내세웠다. "ZZZ 씨가 적당하지 않을까요? 유명한 ZZZ 씨의 아들 말이에요. 일할 필요가 없는 데다 늘 멋진 여자들에게 둘러싸여 있어서 인생이 축제죠. 날마다 두 번 사랑을 나누는 행복한 사람임에 틀림없다고요." 그때 이 모임을 주최한 성의 주인이 끼어들었다. "농담하는 거지? 그 사람 인생은 끔찍해. 친구라곤 없고, 진지한 관계도 하나도 없지. 존재 자체가 돈으로 이뤄져 있다고. 심지어 자기 돈도 아니야. 부모 돈이지."

후보 제안과 이의 제기를 오가는 실랑이가 계속됐다. 유명인, 대부호, 미남미녀, 성공한 기업가까지 온갖 이름이 등장했지만 결국 모든 '후보자'가 탈락했다. 누군가의 이름이 나올 때마다, 사람들은 그 사람이 행복의 화신이 될 수 없는 이유를 줄줄이 대며 반박했다. 이런 혼란을 불러일으킬 생각은 아니었는데! 우리는 논쟁으로 녹초가 됐지만 성과는 아무것도 없었다. 나는 약간 실망했지만 어쨌든 마무리를 지었다. "자, 이 문제는 그만 접어두죠. 아무튼 애써주셔서 고맙습니다." 그때 갑자기 이제까지 별말 없었던 한 신사가 살짝 목소리를 높였다. "잠시만요……, 제가 몇 달 전에 텔레비전에서 다큐멘터리를 봤는데……. 어떤 정원사에 대한 이야기였죠. 자기 일에 아주 열정적이고, 작고 예쁜 집에서 아내와 아이들과 함께 살고 있었어요. 그 사람이 정말로 행복해 보이더군요." 한 젊은 여성이 동참했다. "아, 저도 그 다큐멘터리 봤어요! 그 남자야말로 행복의 화신이었어요!"

이 토론이 이 책을 집필하는 최초의 계기였다. 나는 아주 오래전부터 행복에 대해 곰곰이 생각해왔다. 첫 책《덴마크 사람들처럼》에서 덴마크 사람들이 스스로를 세상에서 가장 행복한 부류라고 느끼는 이유를 분석했고 그 후 행복이라는 심오한 미스터리에 대해 계속해서 연구했다. 실제로 행복은 20여 년 전부터 나의 관심사였다. 여행과 조사, 강연을 통해 운 좋게 많은 사람을 만나 행복에 대해 토론할 수 있었다. 열정적인 전문가, 언론인, 직원들의 복지 문제에 직면한 경영자는 물론 더 나은 삶을 살기 위해 질문을 던지는 우리 같은 보통 사람들도 많이 만났다. 그러한 만남 속에서 아름다움, 돈, 권력, 명성, 섹스라는 다섯 가지

요소에 대한 강박이 어김없이 등장한다는 사실을 알 수 있었다. 성에서 벌어진 토론 중에도 사람들은 무의식적으로 부유하고, 아름답고, 유명하고, 영향력 있고, 품행이 자유분방한 사람들을 행복의 화신으로 언급했다. 공항에서 이야기 나눴던 젊은 남성도 이 다섯 가지를 행복에 이르기 위한 '최상'의 해결책으로 떠올렸다.

따라서 이 다섯 가지 요소를 연구하는 것은 유용할 뿐만 아니라 현실적 맥락에서 시급해 보였다. 미국의 제45대 대통령은 돈, 권력, 미디어와 SNS가 치밀하게 창조해낸 명성의 승리를 보여주는 가장 적절한 예가 아닐까? 오늘날 14세부터 18세 사이 청소년의 50퍼센트 이상은 그저 유명해지는 것이 가장 큰 꿈이다. 프랑스인의 61퍼센트는 "완전한 행복에 부족한 것은 돈"[1]이라고 확신하고, 미국인의 94퍼센트는 돈이 있어야 행복하다고 생각한다.[2] 권력에 대한 갈증에 사로잡힌 사람들은 '성공'을 향한 고통스러운 길을 의미도 모른 채 달려가면서, 육체와 정신의 건강을 동시에 해친다. 게다가 아름다움에 관해서라면 실제로 자신이 아름답다고 생각하는 여성은 2퍼센트에 불과하며,[3] 성형외과 의사들은 매년 수천만 명의 환자에게 '리터치' 시술을 한다. 섹스는 흔히 '행복의 주요 원천 중 하나로 꼽히지만, 오늘날 60퍼센트 이상의 젊은이는 감정과 섹스를 완전히 분리하는 포르노 사이트에서 섹스를 배운다.

그러니 이 다섯 가지 '꿈'이 세상을 어디로 이끌어가고 있는지, 그

꿈을 실현하면 정말로 '행복'이 보장되는지 의문이 생기는 것도 당연하다.

　나는 아름다움, 돈, 권력, 명성, 섹스, 이 다섯 가지 요소가 행복한 삶으로 가는 지름길을 열어주는지 더 자세히 살펴보기로 결심했다. 환상과 현실 사이에 무엇이 놓여 있는지 따져보고, '남들이 꿈꾸는 삶'이 정말 우리가 생각하는 바로 그 삶인지 알아보기로 한 것이다. 또한 어떻게 하면 부작용 없이 인생의 즐거움을 누릴 수 있는지 알아내고 행복의 심오한 원동력이 무엇인지 밝히고 싶었다.

　욕망에 따라 살겠다는 각자의 자유로운 선택에 대해 판단을 내리려는 것은 아니다. 꿈, 야망, 쾌락을 비난하려는 건 더더욱 아니다. 사람들이 어떤 방식으로 그것들을 품고 살아가는지 연구하려는 것이다. 이 다섯 가지 요소가 우리 삶에 진정 무엇을 가져다주고 앗아가는지, 우리 존재 안에서 어떤 위치를 내줘야 최선을 취하고 최악을 피할 수 있는지 하나하나 살펴보자.

　행복은 분명 복잡하고 내밀하며 무궁무진한 주제다. 이 책에서는 우선 내 개인적 경험을 바탕으로 행복에 대한 생각을 나누고자 한다. 평안한 마음의 토대를 굳게 다짐으로써 인생이 선사한 행복한 시간을 한껏 누리고 힘겨운 시간에 맞서는 데 이 책이 도움이 되기를 바란다. 또한 행복의 허상 속에서 길을 잃지 않고, 삶을 있는 그대로 아름답게 살아가며 그 다양성을 한껏 음미하기 위한 실마리가 되길 바란다.

1장

아름다움

아름다워야 행복한 게 아니라
행복해야 아름답다

·

"모든 인간의 세 가지 소원은 다음과 같다.
건강해지는 것, 정직한 방법으로 부자가 되는 것,
끝으로 아름다워지는 것이다."

플라톤, 《법률》

·

첫 책 《덴마크 사람들처럼》이 나왔을 때, 운 좋게도 많은 미디어와 인터뷰를 할 수 있었다. 나는 덴마크 사회가 어떻게 작동하는지, 덴마크 사람들이 다른 사람들보다 행복하다고 느끼는 이유가 무엇인지 언제나 기쁜 마음으로 설명했다. 그러던 어느 날 긴 인터뷰 하나가 끝나갈 무렵, 기자가 갑자기 질문을 던졌다. "아! 마지막으로 하나만요. 네, 다 정말 흥미로운 이야기예요. 하지만 솔직히 말해보죠. 어쨌든 덴마크 사람들은 더 쉽게 행복해질 수 있는 것 아닌가요? 다들 미남미녀잖아요!" 나는 질문만큼이나 상투적인 대답으로 애써 화제를 돌렸다. 터무니없는 착각에도 정도가 있다. 어떻게 한순간이라도 아름다움이 행복의 열쇠라고 믿을 수 있을까?

흔히 생각하는 것과 달리, 아름다움과 행복의 관계는 별로 분명하지 않다. 아름다움은 직업에서의 성공, 평안한 생활, 자존감 또는 타인의 사랑을 보장하지 않는다. 세계적으로 오직 2퍼센트의 여성만이 스스로를 아름답다고 생각한다. 다행히 행복을 느끼는 여성의 비율은 그보다 훨씬 높다.

그러나 해마다 점점 더 많은 여성이 (그리고 남성이!) 성형수술의 도움을 받고 있다.[1] 극단적인 변신 프로그램과 온갖 미인대회가 계속해서 수백만 시청자에게 환상을 불어넣는다. 이상적인 얼굴과 몸매 이미지는 광고, 패션잡지, 텔레비전 드라마, 그 밖의 미디어와 SNS를 통해 끊임없이 쏟아진다. 미남 또는 미녀가 되기를 바라는 게 나쁜 일일까? 물론 나쁘지 않다. 누구에게나 원하는 방식으로 삶 속에서 자신의 자리와 길을 찾을 자유가 있다. 문제는 '왜' 사람들이 완벽한 남자나 여자의 이미지를 닮고 싶어 하는지 스스로도 잘 모른다는 것이다. 다들 아는 척하지만 정확히 아는 사람은 드물다. 정말 더 아름다워지면 더 행복해질까? 이것이 핵심 문제다.

아름다움에 대한 욕망을 포기하라는 말이 아니다. 하지만 '아름다움＝행복'이라는 등식이 성립하려면 언뜻 봐서는 잘 알 수 없는 필수조건이 몇 가지 필요하다. 그것이 없다면 이 등식은 허상일 뿐이다. 그 사실을 인식해야 각자가 자기 자신 그리고 타인과 보다 평화로운 관계를 유지하고, 미를 추구하다가 아름다움을 꽃피우기는커녕 불행에 빠지는 사태를 피할 수 있다.

아름다워지고 싶은 마음은 본능인가

"한 미녀가 궁정에 나타나 모두의 눈길을 사로잡았다.
사람들은 그녀가 완벽한 미녀라고 생각했을 것이다."

라파예트 부인, 《클레브 공작부인》, 1678

　　아름다움에 대한 집착은 무척 오래된 것으로 예술가, 과학자, 철학자 들은 줄곧 미에 열중했다. 미국의 심리학자이자 인지과학 전문가인 하버드대학교 교수 낸시 에트코프Nancy Etcoff 는 자신의 책《가장 예쁜 것이 살아남는다Survival of the Prettiest》[2]에서 미에 대한 관심을 '원초적 본능'이라고까지 말한다. 에트코프는 사랑 또는 음식에 대한 욕구와 마찬가지로 미에 대한 욕구도 자연스러운 것이라고 주장한다. 게다가 많은 연구에 따르면 아름다움에 이끌리는 경향은 선천적이다. 어린 아기들도 벌써 그런 성향을 보인다! 아기들에게 낯선 사람들의 사진을 여러 장 보여주면 '아름다운' 얼굴을 더 오래 쳐다본다.[3] 철학자들 또한 아름다움에 매료된다. 예를 들어 플라톤은 "모든 인간의 세 가지 소원은 다음과 같다. 건강해지는 것, 정직한 방법으로 부자가 되는 것, 끝으로 아름다워지는 것이다"[4]라고 말했고 임마누엘 칸트는 "미는 선의 상징"[5]이라고 했다. 참 대단한 경구들이다…….

역사 속에서도 다양한 장소와 시대에 걸쳐 미에 대한 욕망이 보편적이었음을 확인할 수 있다. 고대 일본에서 세련된 여성들은 숯으로 이를 검게 물들이고, 얼굴은 극단적으로 희게 칠했다. 중세 프랑스 여성들은 이마를 넓히려고 머리를 정수리까지 밀었다. 르네상스시대 이탈리아 여성들은 눈이 깊고 신비로워 보인다는 이유로 큰 동공을 선호했다. 그래서 동공을 확대하기 위해 벨라돈나라는 식물에서 추출한 독성 물질을 눈에 넣었다. 벨라돈나는 이탈리아어로 'bella donna', 즉 '아름다운 여인'이라는 뜻이다. 한편 중국인은 여성들의 발을 고통스럽게 천으로 꽁꽁 싸매는 전족을 행했다. '연꽃 발'이라고도 부르는 아주 작은 발을 아름답다고 여겼기 때문이지만, 이런 발로는 제대로 걸을 수가 없었다. 끝으로 서양 남성들은 역삼각형 몸매를 만들기 위해 오랫동안 코르셋을 입었다. 코르셋이 여성의 전유물이 되기 전까지는 말이다.

이 모든 사례는 미와 관련된 기준이 끊임없이 달라진다는 사실을 보여준다. 선탠만 해도 그렇다. 갈색 피부는 오랫동안 농사일을 연상시켰기 때문에 부유한 사람들은 창백한 피부를 지키려 애썼다. 아시아에서는 오늘날에도 그렇게 생각하지만, 이제 서구에서는 그을린 피부를 최고로 친다. 태양 아래서 휴가를 즐기는 사람들이 그 증거이다! 체격에 관해서도 마찬가지다. 예술 작품들은 많은 시대와 문명에서 '비만' 체형이 더 높은 평가를 받고 가치 있게 여겨졌다는 사실을 증명한다. 17세기 파울 루벤스가 그린 그림의 모델이나 르네상스시대 이탈리아의 거장 티치아노가 그린 풍만한 몸매의 비너스만 봐도 충분히 알 수 있다. 반면 우리 시대에는 마른 몸매가 대세다. 낸시 에트코프는 이 현상을 다음과 같이 분석한다. "아름다움을 하찮은 것 또는 문화적 구성물로 여기는 생각이야말로 아름다움에 대한 신화다. 우리는 아름다움이 무엇인지 알아야 한다. 그러지 않으면 영원히 아름다움의 노예가 될 것이다."[6]

　　에트코프의 말대로 아름다움에 대한 관심은 인간의 본성일까? 그렇다면 미의 기준이 끊임없이 달라지는 와중에도 우리는 어떻게 아름다움의 노예가 되지 않을 수 있을까?

예쁘고 잘생기면 살기 편한 세상

"아름다움이 곧 선이라는 생각은 어처구니없는 완벽한 착각이다!"

레프 톨스토이, 《크로이처 소나타》, 1889

최근 심리학, 사회학, 교육학, 인지 및 행동 과학 분야의 많은 연구자들이 아름다움의 문제에 관심을 기울이고 있다. 덕분에 대단히 풍부한 통계 연구와 수많은 자료를 활용해 우리 의문을 규명할 수 있게 됐다. 과연 아름다우면 더 행복한가?

많은 전문가들이 호감 가는 외모를 지니면 실제로 인생에서 유리한 점이 많다는 연구 결과에 동의한다. 그러나 멋진 외모가 행복을 꽃피우는 결정적 장점이며 부작용을 동반하지 않는다고 단정할 수는 없다. 이는 중대한 오류다.

이 주제에 관한 유명한 사전연구 중 하나가 미국의 사회심리학 연구자 캐런 디온 Karen Dion, 엘런 버샤이드 Ellen Berscheid, 일레인 월스터 Elaine Walster 의 연구이다. 그 결과를 정리한 논문 〈아름다운 것이 좋은 것이다〉[7] 가 바로 덴마크 사람들이 행복한 이유는 아름답기 때문이라고 말했던 기자의 사고방식이다! 이 연구자들은 보다 논리적인 방법을 채택했다. 참가자들에게 낯선 사람들의 사진을 보여주고 외모의 호감 정도를 약함, 중간, 강함으로 평가하도록 했다. 이어서 참가자들은 사진이라는 단순한 정보를 바탕으로 인물들에게 여러 가지 특성을 부여하고, 사진 속 인물의 행복 수준 및 직업적 성공 여부를 판단해야 했다. 실험 결과, 아름다움에 대한 인식과 인간성 및 성공에 대한 인식 사이에 양의 상관관계가 있음이 밝혀졌다. 즉 외모가 뛰어난 사람은 도덕성, 지성 등도 '마찬가지로' 뛰어나다고 여겨지기 쉽다는 뜻이다. 심지어 아름다운 사람은 만족스럽고 행복한 삶을 누리고 있으리라는 첫인상을 줬다. 아름다움에 대한 집단적 믿음을 확인할 수 있는 결과다.

그러나 우리 경험과 과학에 따르면 그러한 첫인상에 머물러서는 안 된다. 〈아름다운 것은 좋다. 그러나……〉[8]라는 제목의 1991년 연구는 거의 20년도 더 먼저 이뤄진 미국 연구자들의 연구 결과에 미묘하지만 분명한 변화를 준다. '아름다운 것이 좋은 것'이라는 반응은 어떤 영역에서는 분명 설득력이 있다. 예를 들어 1991년 연구의 피실험자들은 '아름다운' 사람들이 더 인기 있으리라 생각했다. 그러나 다른 영역에서는 그러한 상관성이 약하거나 거의 없다시피 했다. 아름다움은 우월한 지적 능력이나 평균 이상의 도덕성과 약간 관련이 있을 뿐이거나 관련이 없었다. 이 결과는 《허영의 불꽃》의 저자 톰 울프Tom Wolfe 가 어느 인터뷰에서 했던 말과 비슷하다.[9] "유행에 사로잡힌 이 사회의 핵심에는 끔찍한 저속함이 있다. 인간 존재를 개인의 인격과는 아무런 상관없는 기준에 따라 판단하는 풍습 말이다."

    열여덟 살에 막 파리에 도착한 나는 호기심에 가득 차 있었다. 찬란하게 빛나는 이 도시를 발견하고 싶었다. 새로 사귄 여자 친구들이 파리의 나이트라이프를 보여주겠다며, 당시 최고 유행하던 나이트클럽, 뱅두슈에 함께 가자고 했다. 나이트클럽 앞에는 사람들이 한없이 늘어서 있었다. 나는 줄 끝에 서서 기다렸지만, 어른스럽게 꾸민 내 친구들은 나와 달리 새치기를 하더니 입구를 지키는 경비원들 볼에 입을 맞추며 인사를 하고 안으로 들어갔다. 드디어 내 차례가 왔다. 못된 표정까지는 아니었지만 단호한 눈빛을 한 여자가 나를 위아래로 훑어보더니 무뚝뚝하게 말했다. "안 됩니다. 오늘 밤은 더 이상 자리가 없네요. 못 들어가요." 나는 친구들이 안에 있다고 설명해보려 했지만 '딱 보면 척'이 특기인 그녀는 더는 눈길조차 주지 않았다. 옆에서 이 광경을 보고 있던 한 남자애가 여기 들어가려면 성숙하고 예뻐야 하는데 나는 아마 '귀여워서' 못 들어가는 걸 거라고 위로해줬다. 애송이란 뜻이겠지!

    학자들의 연구실 밖에서는 '아름다운' 사람들이 삶의 수많은 상황에서 남들과 다른 대접을 받는다는 사실을 인정할 수밖에 없다. 이 불평등은 어린 시절 학교에서부터 시작된다. 낸시 에트코프는 학교에 인종차별주의와 비슷하게 외모차별주의lookism가 있다고 말한다.[10] 외모가 뛰어난 학생이 다른 아이들보다 더 좋은 점수를 받는다는 사실도 증명된 바 있다.[11] 그러나 그들이 실제로 더 뛰어난 것은 아니다. 주관적 채점 요소를 배제하면 그들의 점수는 다시 반 평균이 되기 때문이다. 차별은 성인이 된 뒤에도 계속된다. '아름다운' 사람들은 일자리를 더 빨리 찾고[12] 더 높은 임금을 받는다.[13] 사회심리학 박사 리사 슬래터리 워커 Lisa Slattery Walker 와 토냐 프레버트 Tonya Frevert 도 아름다운 사람들과 가장 아름답지 않은 사람들 사이에 10에서 15퍼센트의 임금 차이가 있다고 밝혔다! 2014년 발표된 이 논문[14]은 전 세계 미디어를 통해 널리 알려졌다. 다른 예도 있다. 사람들은 대부분 미남의 기준 중 하나가 큰 키임을 인정한다. 압도적으로 큰 키는 남성이 직업적 성공 가도를 달리기에도 유리한 조건이다. 미국의 500대 기업 CEO를 조사한 결과 절반 이상이 키 180센티미터 이상이었고, 170센티미터 이하는 3퍼센트에 불과했다![15] 외모차별주의 수혜자들이 누리는 혜택은 여기서 그치지 않는다. 외모가 아름다우면 주택담보대출을 더 좋은 조건으로 받을 수 있다는 장점도 있다.[16] 더 놀라운 점은 형사 사건에 휘말려도 아름다운 편이 유리하다는 사실이다. 호감 가는 피고가 무죄 석방되거나 보다 가벼운 형에 처해지는 경우가 더 흔하다(외모가 추하면 그 반대가 된다). 마찬가지로 아름다운 원고는 더 쉽게 손해배상을 받는다.[17]

즉, 아름다운 외모는 유리하며 그 소유자의 인생에 영향을 미칠 수 있다. 그러나 이러한 이점이 행복까지 보장할까?

아름다움의 어두운 뒷면

"추함은 아름다움보다 단연 우월하다.
추함은 오래가기 때문이다."

세르주 갱스부르

아름다운 사람은 그 덕에 인생에서 많은 이점을 누리지만 때로는 대가를 치른다. 여자든 남자든 가리지 않는 이 가혹한 진실은 문학과 신화를 통해 우리에게 전해진다. 예를 들어 미의 사냥꾼 나르키소스는 눈부실 정도로 아름다웠던 나머지 구혼하는 여성을 모두 거부하고 끝내 물에 비친 자기 자신과 사랑에 빠져 가질 수 없는 욕망의 대상 앞에서 슬퍼하다 죽는다. 동화에는 아름다움과 젊음을 좇다가 끔찍한 범죄를 저지르는 계모가 많이 등장한다. 백설공주의 계모 왕비는 마술 거울에 아침마다 그 유명한 질문을 던진다. "거울아, 거울아, 세상에서 누가 가장 아름답지?" 어느 날, 거울이 백설공주가 왕비보다 더 아름답다고 답하자, 왕비는 즉시 공주를 죽이라고 명한다. 신데렐라의 계모와 그 딸들도 마찬가지로 신데렐라의 아름다움을 질투한 나머지 끊임없이 그녀를 괴롭히며 분풀이를 하고 무도회에도 가지 못하게 한다. 오스카 와일드의 무시무시한 소설 《도리언 그레이의 초상》에는 자신의 아름다움이 지닌 힘을 인식하고 그걸 유지하기 위해 살인까지도 주저하지 않는 젊은 남성이 등장한다. 그는 추해진 모습으로 홀로 죽음을 맞이하며, 속절없이 흐르는 시간과 방탕한 인생의 업보를 마주한다. "한 남자가 바닥에 쓰러져 죽어 있었다. 야회복을 입고 심장은 단도에 찔려……! 그가 누구인지 알아볼 수 있었던 것은 오직 그가 낀 반지들 덕분이었다……."

앞서 인용한 연구에서도 연구자들은 빛나는 앞면에만 속지 않고 동전의 뒷면 또한 보여준다. 예를 들어 아름다운 학생들은 더 똑똑하다고 평가받기 때문에, 교사들이 거는 더 큰 기대에 힘들어했으며 실패에 더 민감했다.[18] 사회심리학자 리사 슬래터리 워커와 토냐 프레버트는 '아름다운' 임금 노동자들은 책임자 자리에 임명될 가능성이 다른 사람들보다 낮다는 사실을 밝혀냈다. 결정권자가 같은 성별일 때는 더욱 그랬다! 이 현상은 아름다운 여성의 경우 더욱 심해서, 남성들은 아름다움과 능력을 동시에 지닐 수는 없다는 듯 그녀들을 '능력 부족'으로 판단했다. 뿐만 아니라 채용 담당자가 여성일 때는 질투의 희생양이 됐다.

몇 주 전, 나는 한 프랑스 대기업 경영자를 만났는데 그에게 내 연구 주제에 대한 의견을 물었다. 인간적 가치를 깊이 존중하며 회사를 운영하는 사람이었기에, 어떤 대답이 나올지 내심 기대가 됐다. 그는 안타까운 듯 마지못해 이렇게 고백했다. "하, 그렇죠. 전에 경영위원회에서 아주 능력 있는 여성이 들어오는 걸 거부해서 그 의견에 따라야만 했던 적이 있어요. (너무) 예쁘다는 게 이유였죠. 역시 여성인 위원이 있었는데 다른 위원들이 그 여성 후보를 받아들이지 못하게 하려고 별별 수를 다 썼답니다. 그녀의 아름다운 외모 때문에 위원회의 조화가 깨질 거라면서요!"

그 여성이 금발이었는지 아니었는지는 모르지만, 어쨌든 문제는 조금도 달라지지 않았을 것이다. 프랑스 디자이너 장-가브리엘 코스Jean-Gabriel Causse 의 색상 분석 연구[19]에 따르면 나이트클럽에서 열린 파티에서 금발 여성은 평균 60회 남성들의 시선을 끈 반면 갈색 머리 여성은 42회였고 붉은 머리 여성은 단 18회였다. '금발' 여성은 잡지에도 더 자주 등장한다. 미국 잡지《보그》나《플레이보이》는 전체 표지의 40퍼센트 이상을 금발 여성이 장식했다. 미국 인구 중 금발은 단 5퍼센트에 불과한데도 말이다.[20] 반면 '금발' 여성이 갈색 머리 여성보다 능력이 떨어진다는 무의식적 인식도 대단히 뚜렷했다.[21] 이러한 편견은 대수롭지 않은 게 아니다. 금발 여성은 갈색 머리 여성보다 돈을 적게 벌 뿐 아니라 금융 등 더 '남성적'으로 여겨지는 직업에 종사하는 비율이 낮기 때문이다. 런던에서 금발 여성은 인구의 10퍼센트를 차지하지만 금융계 종사자 중 금발 여성은 5퍼센트뿐이다.[22]

외모 덕을 보는 무능력한 미녀 또는 미남 이미지 외에도, 또 다른 함정이 '아름다운' 사람들을 기다린다. 데브라리 로렌자나 Debrahlee Lorenzana 가 겪은 일이 바로 그런 경우다. 이 젊은 여성은 2010년 씨티은행에서 해고를 당했다. 유방 확대수술 이후 '지나치게 섹시해졌다'는 게 이유였다. 그전에도 이미 책임자는 그녀에게 하이힐을 신지 말고, 펜슬 스커트나 가슴이 깊이 파인 옷을 입지 말라고 권고한 바 있었다. 그녀 때문에 "남자 동료들이 일에 집중하지 못할 수 있다"는 이유에서였다. 실제로 그녀의 옷 스타일이 몸매를 강조한다는 평을 받기는 했지만, 원칙적으로 신체적인 차별은 어떤 경우에도 용납 안 될 일이다.

이런 일은 드물지 않게 일어난다. 어느 날 저녁, 나는 한 친구의 전화를 기다리고 있었다. 그녀가 세계적인 대기업의 중요한 자리에 지원한 참이라 결과를 알려주기로 했기 때문이다. 마침내 전화벨이 울렸다. 그녀는 채용됐다. 하지만 그녀는 기쁜 소식보다도 채용 담당자가 면접을 마무리하며 했던 경악스러운 말부터 전했다. "당신이 동료들을 대하면서 대처해야 할 유일한 어려움은 바로 당신의 미모예요. 하지만 당신은 재능이 있으니, 그런 위험은 감수하도록 하죠!" 나중에 머천트 뱅크에 다니는 친구에게 이 이야기를 했더니, 별로 놀라운 일도 아니라는 반응을 보였다. "우리도 예쁜 여자를 비서로 채용한 적이 있었어. 그랬더니 사내에 정말 난리가 났지. 남자들이 서로 그 비서 관심을 끌려고 치고받고 했거든!" 내 친구는 이렇게 결론을 내렸다. "그 뒤로는 은행에서 예쁜 여자를 채용하지 않으려고 별수를 다 썼지. 일이 너무 복잡해지고 꼭 그렇게 해야 할 가치가 없다니!"

그러나 여성들만 이런 판단을 받는 건 아니다. 어느 화창한 파리의 주말이었다. 프랑스 기업을 운영하는 사장과 점심 약속이 있었다. 우리는 정치와 경제뿐 아니라 최근에 다녀온 여행에 대해서도 이야기를 나눴다. 나는 그와 대화하는 것을 무척 좋아한다. 그가 교양 있고 지적이라서 그렇기도 하지만, 무엇보다 친절하고 너그러운 사람이기 때문이다. 그리고 그 모든 자질에 더해 대단히…… 잘생긴 것도 사실이다! 그래서 그에게 물어보기로 했다. "당신이 잘생겼다는 사실이 인생의 행복에 도움이 됐다고 생각하세요?" 그는 몹시 당황하며 질문을 못 들은 척했다. 하지만 나는 물고 늘어졌다. 남성에게 아름다움에 대해 물을 수 있는 기회가 매일 찾아오는 건 아니니까. 그가 단호하게 말했다. "남자들에게 아름다움은 거의 터부에 가깝죠. 특히 비즈니스 세계에서는요. 중요한 자리를 맡았을 때마다 나는 남들보다 100배는 노력해야 했어요. 내가 그저 겉만 번드르르한 사기꾼이 아니란 걸 증명하기 위해서 말이죠." 그가 말을 이었다. "사실 사람들이 남자에게 '미남'이라는 딱지를 붙일 때 이유는 딱 두 가지예요. 하나는 바람둥이로 취급해서. 이 가설을 증명하는 증거가 하나도 없으면 그 밖의 온갖 전형적인 이유를 그럴싸하게 갖다 붙이면서 게이 취급을 하죠." 내 친구는 둘 중 어느 쪽도 아님을 일단 확실히 해두겠다.

연구자 리사 슬래터리 워커와 토냐 프레버트는 더욱 놀라운 다른 현상에도 주목했다.[23] 바로…… 의사들에게 진지한 관심을 받지 못할 위험이다! 연구 결과, 건강 전문가들은 아름다운 사람에게 주의를 덜 기울이는 것으로 나타났다. 매력적인 외모 때문에 실제보다 더 건강해 보이기 때문이다. 믿기 어려운 사실이다. 내 어머니의 친구가 이 현상의 희생양이 되지 않았다면 나 역시 분명 이 의견에 회의적이었을 것이다. 무척 아름다운 그분은 고통을 호소해도 대수롭지 않게 여기는 주치의에게 이골이 났다고 말했다. "하지만 부인은 활력이 넘쳐 보이는 데다 아름다우신걸요. 좀 쉬세요. 내일이면 좋아질 겁니다." 그분은 몇 년을 그 상태로 버티다가 코펜하겐으로 이사했다. 새 주치의는 유방 촬영을 포함해 종합 건강검진을 받으면 어떻겠느냐고 제안했다. 검사 결과, 몇 년간 진행된 것이 분명한 암이 발견됐다. 지금은 진찰 때 또 이전과 똑같은 말을 듣고 있다. 그래서 이제는 진료를 받으러 갈 때 화장을 하지 않는다고 한다.

아름다움의 이면에 숨은 또 다른 놀라운 사실이 있다. 사람들은 공공장소에서 아름다운 여성으로부터 더 멀어지려는 경향이 있으며, 일반적으로 다가가기를 꺼린다는 것이다. 미국의 데이트 웹사이트 오케이큐피드OKCupid가 자체 자료를 분석한 연구를 통해 이를 확인할 수 있다.[24] 프로필에 가장 아름다운 사진을 건 사람들이 자연스러운 사진을 내건 사람들보다 영혼의 파트너를 만날 기회가 적었다. 멋진 사진이 보는 사람에게 자조적인 태도를 불러일으키기 때문이다. 확실히 '과분하게 예쁜 여자'보다는 '더 자연스러운' 사람에게 조금 더 편안하게 메시지를 보낼 수 있을 것이다. 취재 차 만났던 아주 아름다운 여성이 나에게 들려준 이야기도 이와 약간 비슷하다. 뛰어난 외모 덕에 살면서 편리한 점이 많지 않았느냐고 묻자, 그녀는 서글프다고 할 법한 표정으로 웃었다. "실제로는 그래서 혼자가 되었다고 해야겠죠." 나는 깜짝 놀라 그 말이 무슨 뜻이냐고 물었다. "내 주변엔 질투하는 사람이 많았어요. 그리고 역시 이상하게 들리겠지만, 남자들이 접근한 적도 사실 거의 없었어요." 하지만 그녀는 사랑하는 남자와 결혼했으며, 그를 한 레스토랑에서 만났다. 나는 이 사실을 알고 있었다. 이렇게 반박하자 그녀가 내 말을 고쳐줬다. "네, 맞아요. 하지만 우리가 처음 만났던 날, 먼저 말을 건 사람은 나였어요. 남편이 나중에 말하길 감히 나에게 혼자 다가와 말을 걸 용기가 없었대요. 거절당할 게 무서워서요. 내 외모 때문에 인생의 사랑을 망칠 뻔했지 뭐예요."

한편 잘생긴 남자들에게는 다른 측면의 문제가 있다. 최근의 한 연구에 따르면 아름다운 여자들과 달리 잘생긴 남자들은 외모 덕에 누릴 수 있는 이점을 잘 알고 있으며 더 자기중심적으로 행동하고 사회적 불평등을 더 많이 용인한다.[25] 외모의 매력도가 각기 다른 참가자들에게 일정 액수의 돈을 주고 마음대로 쓰게 하는 실험을 했더니, 잘생긴 남자들은 대체로 오직 자신만의 이익을 위해 돈을 썼다. 이러한 이기적 태도는 성격 검사로도 확인됐다. 덧붙여 말하자면 남성에게 아주 흔한 콤플렉스인 탈모는 역설적이지만 사실 유리한 속성으로 확인됐다. 대머리 남성은 동

료 남성들보다 더 지적이고 강하며 우월하다고 인식되기 때문이다.[26]

'아름다움과 행복'은 수상쩍은 한 쌍이기에 그만큼 많은 터부를 낳는다. 예를 들어 아름다운 사람의 불평은 너그러이 받아들여지지 않는다. '행복을 위한 모든 것을 지닌' 사람이니까. 물론 이는 사실이 아니다. 사람은 스스로 인정하는 만큼만 아름답기 때문이다. 어느 파티에서 우연히 연기도 훌륭하지만 독보적인 미모로 이름 높은 한 프랑스 배우 옆에 앉은 적이 있다. 나는 아름다움과 행복에 관해 그녀와 꼭 대화를 나누고 싶었고, 그녀는 나의 질문을 우아하게 받아줬다. 그녀는 자신의 긴 인생 여정을 이렇게 간단하게 요약했다. "스무 살에는 내가 하나도 예쁘지 않다고 생각했어요. 서른 살엔 자신감이 없었고요. 마흔 살엔 내가 싫었죠. 쉰이 넘은 지금에야 겨우 내 몸과 지금 내 모습을 좋아하기 시작했어요. 주름은 좀 있지만요." 모든 이가 아름다움을 칭송한다고 해서 자기 자신을 쉽게 받아들일 수 있는 건 아니다. 각종 미인대회 참가자나 모델들만 봐도 충분히 알 수 있다. 그녀들의 증언은 매우 의미가 깊다.

전직 모델인 빅투아르 마송 독세르Victoire Maçon Dauxerre는 가슴 저리는 책《살 빼지 않겠습니다》[27]에서 지옥으로 추락해 스스로 목숨을 끊을 뻔했던 경험을 이야기한다. "하지만 사람들은 분명 내가 살을 빼기를 바랐어요. 나는 말랐기 '때문에' 예쁜 거였죠. 그게 내 유일한 가치였어요. 하지만 살을 빼면 뺄수록 내가 더 뚱뚱하게 느껴졌어요. 거식증은 악순환을 일으키죠. 어처구니없게도 사람들은 나에게 살을 빼라고 해놓고는 내 사진을 거의 대부분 수정하고 있었어요. 허벅지와 볼에 살을 붙였죠!"[28] 빅투아르는 너무 늦지 않게 거기서 빠져나왔다. 탈출 기회를 놓친 다른 모델들은 영양실조로 목숨을 잃었다. 루이젤 라모스^{Luisel Ramos}는 2006년 패션쇼 무대에서 쓰러져 사망했고 역시 모델이었던 여동생 엘리아나^{Eliana}도 몇 주 뒤 세상을 떠났다. "내 몸은 정말 멋져. 나는 내 몸을 사랑해'라고 말하는 모델은 한 명도 못 봤어요. 단 한 명도." 과거 미국의 톱 모델이었던 사라 지프^{Sara Ziff}의 다큐멘터리 〈픽쳐 미: 모델 다이어리〉[29]에서 한 러시아 모델은 이렇게 단언한다. 이것이 바로 부조리한 지점이다. 이 여성들은 다른 모든 여성이 지향하는 기준 역할을 하지만, 정작 그녀들은 스스로를 사랑하지 않는다.

전직 모델 캐머런 러셀^{Cameron Russell}도 〈외모가 다가 아니야. 날 믿어, 모델인 내가 하는 말이니까〉[30]라는 제목의 유명한 TEDx 강연에서 같은 이야기를 한다. 이 강연은 약 1,300만 회 재생되며 TEDx 강연 영상 중에서도 큰 인기를 모았다. 그녀는 모델들이 자기 몸을 사랑하지 않는 이유는 몸이 그녀들의 생계수단이며 끊임없이 몸에 대한 억압과 평가를 받기 때문이라고 설명한다. "여행을 다니고, 아이디어와 열정이 넘치는 창조적인 사람들과 함께 일할 수 있다는 건 최고예요. 하지만 그건 모델이라는 직업의 일면에 불과하죠. 우리는, 나는 절대로 카메라 앞에서 '난 자신이 없어요'라고 말하지 않아요. 하지만 (모델들은) 아마 지구상에서 가장 자기 몸에 자신 없는 여자들일 거예요. 내 모습이 어떻게 비칠지 늘 생각해야 하니까요."

수치를 보면 더욱 확실해진다. 2007년 여러 영어권 대학에서 실시한 연구[31]에 따르면 모델들은 나머지 인구에 비해 삶에 대한 만족감이 낮으며, 정신적 평안함을 느끼는 비율도 평균 이하다. 게다가 남녀 모델 모두 독립성이 떨어지며 타인과 친밀한 관계를 맺는 데 더 큰 어려움을 느낀다. 끝으로 자존감이 평균보다 낮다. 즉, 이 황홀한 존재들은 유달리 아름다울 뿐 아니라 안타깝게도 유달리 불행한 사람들이다.

학창시절 무척 친하게 지냈던 친구 중 하나이자 룸메이트였던 친구가 파리에서 모델로 일하고 있었다. 친구는 열세 살에 '스카우트'됐다. 얼마나 예쁜지 길을 걸으면 아이들과 개들마저 그녀를 둘러쌀 정도였다. 언제나 눈길을 끌었고, 함께 외출하거나 모임에 나가 사람들을 만나면 늘 친구의 미모에 대한 이야기가 먼저 나왔다. 사람들은 친구가 유명한지 알고 싶어 하거나, 어떤 점이 아름다운지 멋대로 말하곤 했다. 친구는 키도 무척 커서 정말이지 마음이 동요될 만큼 아름다웠다. 그러나 그 인상적인 외모는 유리하기보다는 방해가 될 때가 더 많았다. 그녀는 오디션을 다녀오면 어김없이 자신과 동료 모델들이 받은 끔찍할 정도로 비인간적인 대우에 대해 들려줬다. 모델들은 상품 취급을 받았다. 예비 고객들은 마치 그들이 자리에 없는 것처럼 눈앞에서 대놓고 평가를 늘어놨다. "근데 쟤는 좀 살쪘네요." "음, 가슴이 마음에 안 들어요." "아니, 아니, 아니, 키가 커도 너무 크잖아요!"

집단무의식 속 아름다움의 상징인 이 소녀들의 자존감이 이토록 낮은 것도 놀라운 일은 아니다.

인스타그램 속 행복 배틀

"외적 아름다움을 지닌 여자는 모델이 되고,
내적 아름다움만 지닌 여자는 모범이 된다."

제롬 투잘랭(Jérôme Touzalin), <사과나무(Le Pommier)>

모순투성이지만 모델이나 유명인은 '행복한 아름다움'이라
는 허상을 스스로 유지하는 경우가 많다. 이를 위한 가장 좋은 도구가
바로 SNS다. 특히 인스타그램으로는 이상적인 삶의 한 장면을 담은 사
진을 쉽게 공유할 수 있다. 여행, 호화로운 호텔, VIP 파티, 최신 유행 패
션으로 가득한 삶의 모습에 수십만 팔로어가 댓글을 달고 부러움을 표
현한다.

이 현상을 더 깊이 이해하기 위해, 나는 인스타그램에서 가장 팔로
어 수가 많은 몇몇 계정을 구독해보기로 했다. 그들의 팔로어 수는 어마
어마했다. 셀리나 고메즈, 테일러 스위프트, 아리아나 그란데, 비욘세, 리
한나, 패리스 힐턴, 킴 카다시안 같은 가수, 배우, 그 밖의 리얼리티 쇼 스
타들은 수천만 구독자를 거느리고 있다! 남성 스타들도 마찬가지다. 가
수 저스틴 비버는 6,530만, 링네임 '더 락'으로 유명한 배우이자 프로레

슬링 선수 드웨인 존슨은 4,900만, 축구선수 크리스티아누 호날두는 5,500만 명에 가까운 팔로어를 보유하고 있다. 인스타그램의 이 남녀 스타들에게는 무엇보다도 자신의 몸과 능력을 보여준다는 공통점이 있었다. 물론 그들이 참가한 화려한 행사들도.

고무적인 예외도 있다. 인스타그램에서 얻은 인기를 활용해서 사회, 정치, 환경 등에 관한 중요한 메시지를 전하는 유명인들 말이다. 배우이자 가수 마일리 사이러스는 4,100만 명에 이르는 팔로어들에게 특히 게이와 레즈비언 권리를 위한 운동을 펼친다. 모델 카라 델러빈(팔로어 3,800만)은 자신이 참여하는 난민과 여성 운동 행사 소식을 공유한다. 팔로어가 590만에 이르는 리어나도 디캐프리오의 계정은 전적으로 환경보호 활동 소식을 전하는 데 쓰이고 있다. 샤론 스톤, 얼리샤 키스, 다이앤 크루거처럼 특히 아름다움으로 유명한 아티스트들도 이미지 전파가 주목적인 이 SNS에서 남다른 행보를 보인다. 이들은 화장을 하지 않았거나 특별히 꾸미지 않은 사진을 정기적으로 올린다. 이러한 '자연스러운' 태도는 증가 추세에 있다. 물론 근본적인 변화가 목적이 아니라 노이즈 마케팅이 목적인 경우는 주의해야 할 테지만.

유명인들의 멋진 셀피selfie를 보면 젊은 남녀 누구나 '아름다움'이 쉽게 행복을 가져다준다는 환상에 빠져들 만하다. 하지만 정말 그럴까?

오스트레일리아 출신의 젊은 여성 에세나 오닐Essena O'Neill의 이야기에서 이 질문에 대한 깨달음을 얻을 수 있다. 완전히 무명이었던 열아홉 살 에세나는 모든 것을 다 가진 듯했다. 열대 바다에서의 해수욕, 세련된 외모, 패션잡지에서 튀어나온 듯한 친구들까지……. 70만 명 이상이 꿈같은 게시물이 올라오는 에세나의 계정을 구독했다. 그러다가 몇 달 전, 에세나는 다 그만두기로 결심했다. 계정에 올린 2,000장이 넘는 사진을 삭제하고, 나머지 사진은 내용을 바꿔 그 뒷이야기를 공개했다. 자연스러운 인상을 줬던 그 모든 사진은 사실 진짜도, 자연스러운 것도 아니었다. 에세나는 사진 하나를 찍기 위해 몇 시간씩 준비했다. 장소를 고르고, 대형 브랜드와 협상해 의상을 정하고 머리를 만지고 화장을 했다. 그다음에는 사진을 편집했다. 사진은 자르고 보정하고 다듬은 후에야 온라인에 올렸다. 이 작은 '기업'의 유일한 목표는 가상의 에세나가 존재한다고 세상이 믿게 만들어 팔로어를 늘리는 것이었다. 그리고 돈도! 그렇다, 그 '자연스러움'을 이용해 광고가 아닌 듯 광고를 하려는 대형 브랜드들이 모여들었다.

에세나는 사진을 연출하느라 골머리를 앓았다. 촬영을 준비하고 구독자들의 댓글을 읽은 다음 다시 댓글을 달고, 개선할 점을 고민하느라 몇 시간이고 보내야 했다. "결국 나는 완전히 불행해지고 말았어요! 온라인에서의 내 정체성이 나의 유일한 정체성이 됐죠." 에세나는 이렇게 털어놓는다. 이 신기루 같은 삶 때문에 그녀는 실제 존재를 위협받고, 진짜 친구들로부터 고립됐으며, 몹시 엄격한 식이요법을 따라야만 했다. 그러다가 허상을 깨뜨리겠다는 용기 있는 선택을 했다. 이제는 인스타그램에서 현실을 보여줄 뿐 아니라 따로 웹사이트를 만들어서 인터넷 속 행복의 허상에 대해 인터넷 사용자들에게 경고하고 관심을 촉구하고 있다. 그 뒤로 에세나는 진지하고 감동적인 영상들을 올리고 있다. "나는 열두 살 소녀였던 나를 존중하는 마음으로 SNS를 그만뒀어요. 모든 사람이 그 사실을 알면 좋겠어요. 열두 살에 나는 재능이 없다고 생각했죠. 지금은 거의 열아홉 살이 됐고 이렇게 팔로어가 많지만 뭐가 현실이고 뭐가 아닌지 알 수 없게 됐어요. 내가 어떤 사람인지를 가상현실이 정하도록 내버려뒀기 때문이에요." 에세나는 각자 진짜 삶에 집중하라고, 가족과 친구, 우리를 둘러싼 진짜 세계와 관계를 맺으라고 촉구한다.[32]

SNS에서 보여주는 겉모습의 위험에 대해 에세나가 깨달은 내용은 연구자들도 확인한 바 있다. 연구자들은 페이스북 활동과 고독함, 더 나아가 우울감 사이에 밀접한 관련이 있음을 밝혀냈다.[33] 페이스북에서는 친구들의 소식을 보는 한편으로 온라인 친구들의 반응(그 유명한 '좋아요')을 얻기 위해 일상을 노출한다. 페이스북 이용은 부러움과 질투 역시 유발할 수 있다.[34] SNS상의 사진, 특히 타인의 아름다움과 성공을 보여주는 사진은 강력한 영향을 미친다. "다른 사람들의 행복, 부, 성공을 사진을 통해 볼 때 더 명백하고 암시적인 영향을 받는다." 정보시스템 전문가인 독일 연구자 한나 크라스노바 Hanna Krasnova 는 이렇게 지적한다.

페이스북은 흥미로운 뉴스를 동료와 공유하고 새로운 지인들과 메시지를 교환하며, 옛 친구들을 다시 연결해주는 수단이기도 하다. 그러나 자신을 다른 사람들과 비교하고 '좋아요' 수에 집착한 나머지 의기소침한 상태에 빠지지 않으려면 각자 정확한 균형지점을 찾아야 한다. 〈그들이 나보다 행복하고 그들의 삶이 내 삶보다 낫다〉[35]라는 한 미국 논문의 제목이 많은 페이스북 이용자들의 생각을 요약한다. 연구자들은 SNS에 올라온 사진이 경쟁의 악순환을 불러일으킬 수 있다고 설명한다. "인스타그램에서 친구의 멋진 사진을 보면 우리는 더 멋진 사진을 올려서 균형을 이루려 한다. 그러면 친구는 더더욱 멋진 사진을 올려야 한다는 압박을 받는다. 자기 홍보는 더 강력한 자기 홍보를 유발하고, SNS 세계는 점점 더 현실과 멀어진다." 에세나처럼 극단적인 지경까지 가지는 않는다 해도 위험은 도사리고 있다. 진짜가 아닌 삶을 연출하려고 애쓰면 애쓸수록 허상을 유지하려는 강박이 커지기 때문이다.

이는 쉬운 문제가 아니며, 우리 모두에게 책임이 있다. SNS에서 우리는 삶의 예쁜 순간들(화려한 공간에서 열리는 멋진 파티, 함께 웃음을 터뜨리는 친구들, 해변에서 노는 햇볕에 그을린 아이들, 진수성찬이 가득한 식탁, 연인과 보낸 낭만적인 한때)을 '자랑'하려고 그 나머지, 즉 존재의 '평범한' 면은 모른 척하려는 경향이 크다. 나쁜 일보다 좋은 일에 대해 말하고 싶어 하는 건 당연하다. 그러나 공개적으로 과시된 끊임없는 행복의 신화에 속지 않으려면 정신을 바짝 차려야 한다.

나도 소셜미디어를 주의해서 사용하려고 애쓰고 있지만, 일단 삶의 순간을 공유하는 이 '놀이'에 참가하기로 결정하면 결과를 통제하기가 쉽지 않다. 예를 하나 들어보겠다. 새벽같이 비행기를 타고 취리히로 일하러 가던 중, 비행기 창 너머로 떠오르는 태양을 찍어서 짤막한 글과 함께 페이스북에 올렸다. "이 일출을 보니 아침 5시에 일어나 7시에 취리히행 비행기를 탄 보람이 있네요." 그 자체로는 전혀 특별하거나 대단하지 않은 사진이었다. 게다가 취리히에 도착했을 때는 비가 쏟아졌고 나는 공항 옆 사무실에 갇혀 하루를 보냈다. 그런데 그날 저녁, 한 친구와 저녁을 먹는데 친구가 자기도 모르게 신이 난 듯 말했다. "넌 정말 굉장하게 산다. 꼭 영화 같아!" 내가 놀란 표정을 짓자, 친구가 내가 올린 사진 이야기를 꺼냈다. "넌 늘 여행을 하고 멋진 호텔에 묵는 데다 날씨까지 항상 좋잖아. 네가 오늘 아침에 취리히 간다고 비행기에서 찍은 사진이 그 증거지." 비 내리는 스위스에서 종일 일하며 보낸 피곤한 하루가 다른 사람들의 머릿속에서 바로 이렇게 동화로 탈바꿈됐다. 가장 큰 허상이 분명 여기에 있다. 우리는 끊임없이 자신을 타인과 비교하고, 존재하지 않는 삶에 대한 환상을 품는다.

이야기는 여기서 끝나지 않는다. 저녁을 다 먹고 숙소로 돌아간 나는 페이스북에 접속했다가 몇 주 전에 마주쳤던 한 젊은 여성이 올린 아주 멋진 휴가 사진을 봤다. 사진 속 그녀는 이국적인 궁전에서 남편, 두 아이와 손을 잡고 있었다. 사진에는 이런 설명이 달려 있었다. "세상에서 가장 아름다운 낙원에서 사랑하는 남편, 너무나 귀여운 아이들과 함께. #행복 #인생에대한사랑 #내삶을사랑해." 하지만 전에 만났을 때, 바

로 그 사진 속 그녀는 남편과 보내는 일상이 끔찍하다고 털어놨었다. 틈

날 때마다 그녀를 깎아내리는 나르시시스트 변태처럼 남편을 묘사하면

서……

'아름다워지라'는 미디어의 명령

<그냥 예쁘게 닥치고 있어!(Sois belle et tais-tois!)>

　　소셜미디어에서 벌어지는 이 '현실과의 괴리'는 물론 일반
미디어에도 존재한다. 미디어는 가장 앞장서서 아름다워지라고 명령한
다. 오늘날 여성의 3분의 2가 "미디어와 광고가 대부분의 여성이 도달할
수 없는 아름다움의 기준을 만들었다"고 생각한다. 그리고 그중 63퍼센
트는 "사람들은 오늘날의 여성이 이전 세대 여성보다 육체적으로 훨씬
더 매력적이기를 기대한다"[36]고 생각한다. 실제로 외부 압력은 강력하
다. 미용 관련 내용을 지나치게 많이 다루는 여성잡지도, 세제나 변비약
을 팔 때조차 예쁜 모델을 기용하는 광고도 마찬가지다.

　　1990년대부터 미국의 에세이스트 나오미 울프 Naomi Wolf 는 《무엇
이 아름다움을 강요하는가》[37] 라는 인기 에세이에서 이 현상을 해석했
다. 더 최근에는 프랑스계 스위스인 저널리스트 모나 숄레 Mona Chollet 가
자신의 책 《치명적 아름다움 Beauté fatale 》[38] 에서 이 현상에 대한 분석을

내놨다. 두 저서 모두 아름다움에 대한 찬양 뒤에 강력한 이해관계가 숨어 있음을 보여준다. 여기에는 화장품과 패션 산업의 상업적 이해도 물론 얽혀 있다. 미디어 역시 '여름이 오기 전에 수영복 몸매로 돌아가려면?', '최신 패션 동향', '남자 친구에게 민낯을 보여도 될까?' 같은 기사를 실은 신문과 잡지를 팔면서 자기들 몫을 챙긴다.

심지어 미디어에 노출되는 아름다움은 대단히 차별적이다. 미디어는 주로 '백인' 모델을 찬양하고 그 밖의 다수 세계 인구를 무시하며, 아프리카인에게 피부 미백 혹은 아시아인에게 쌍꺼풀 수술 같은 시술을 강요한다. 숄레의 분석에 따르면, 여기에는 여성을 남성에게 복종시키려는 정치적 이해도 존재한다. 이는 연구할 가치가 있는 매우 중요한 문제지만 이번 장의 핵심 주제와는 거리가 있으니 생략하겠다. 요컨대 이유야 어찌됐든 '아름다워지라'는 미디어의 명령은 사람이 아니라 상업에 기여한다. 나오미 울프에 따르면 아름다움에 대한 강박은 "끝없는 악순환을 유발한다. 사회는 현실에 존재할 수 없는 완벽한 아름다움의 기준을 강요하고 여성은 이 기준에 도달하려고 노력할수록 희망, 열등감, 자기혐오가 꼬리를 무는 악순환에 빠지고 만다". 다시 말하지만 아름다워지고 싶은 욕구를 비난하는 게 아니다. 그 욕구가 어디서 비롯됐는지, 개인적인 욕구인지 아니면 사회적이고 상업적인 압력에 의한 욕구인지 알아야 한다는 것이다. 그리고 행복보다는 고통을 불러일으키는 강요된 기준에 속지 말아야 한다.

심지어 아름다움에 대한 강박에 점점 더 어린 여성들이 희생되고 있다. 잡지《보그》는 2010년 12월 호에 사춘기 직전 여자아이들을 성적인 이미지를 강하게 풍기는 성인 여성으로 꾸민 화보를 실어 항의를 받았다. 미국은 몇 년 전부터 프랑스에도 수입되고 있는 어린이 미인대회의 나라고, 미국의 대형 유통체인 월마트는 18세를 위한 주름살 방지 제품을 내놨다! 이런 제품들은 소녀들에게 아주 어렸을 때부터 '나이 든 여자는 못생겼고' 아름다워지는 게 우선적이고 급한 과제라는 생각을 주입한다. 미디어와 광고가 노출하는 '이상적 아름다움'은 잘생기고 예쁘면 더 행복한 삶을 살 수 있다는 환상을 때로는 은근히 때로는 노골적으로 지지한다. 시청자와 소비자는 화장품이나 옷을 사면 그 목표에 더 가까워질 수 있다는 생각을 집단적으로 받아들였다. 미디어가 조직한 착각에서 벗어나기란 쉽지가 않다. 그리고 '연출된 아름다움'의 '일시적' 효과에 만족하지 못한 여성들에게는 몸을 영원히 개조하는 방법이 남아 있다.

성형하면 행복할까?

"스스로 아름답다고 느끼는 것만큼
여자를 아름답게 만들어주는 것은 없어요."

소피아 로렌

시골에서 멋진 하루를 보낸 뒤, 한 친구가 나를 차로 바래다줬다. 친구는 그야말로 잡지에 나올 것 같은 여성이다. 큰 키에 날씬한 몸, 균형 잡힌 얼굴에 주름도 없고 옷도 늘 세련되게 입는다. 차가 우리 집 앞에 멈췄다. 친구는 나를 바라보며 만면에 미소를 띠고 말했다. "있잖아, 우리 이제 서로 알고 지낸 지도 꽤 됐잖아. 그래서 솔직하게 말하고 싶어졌어." 나는 누군가가 용기를 내 마음을 털어놓는 게 기쁘다. 그녀가 말을 이었다. "내 말 기분 나쁘게 받아들이지 마. 자기는 매력적이야. 하지만 가슴을 좀 만지면 어떨까? 지금도 아주 예쁘지만, 가슴을 좀 키우면 더 여성스러워질 거야." 당연히 놀란 나는 그녀의 논리와 이런 말을 하는 진짜 이유를 이해해보려고 애쓰며 대답했다. "그 말이 맞을지도 모르겠네. 그런데 그 수술을 하면 내 삶에서 뭐가 달라지는데?" 그녀가 나보다 더 놀란 얼굴로 대답했다. "그야 물론…… 남자들 눈길을 더 많이 끌 수 있을 거고, 남편 후보가 많아지겠지." "뭐?!" 이게 내가 할 수 있는 최선의 대답이었다. 그러자 그녀는 아주 분명한 사실이라는 듯 계속해서 말했다. "선택지가 더 많아지고 더 조건 좋은 남자들도 만날 수 있다고!" 나는 잠시 침묵을 지키다 대꾸했다. "무슨 말인지 잘 모르겠으니까, 내가 멋진 사랑을 나누게 될 그 조건 좋은 남자의 특징에 대해서 좀 말해봐. 무엇보다 내 큰 가슴 때문에 나를 좋아하게 될 그 남자 말이야." 이번엔 그녀가 침묵했다. 그러고는 마침내 다시 입을 열었다. "가슴 얘기는 그만두자. 하지만 주름 필러는 제발 좀 생각해봐. 자기도 좀 가꿀 줄 알아야지. 그런 문제를 모른 척할 순 없다고."

해마다 성형외과 의사들은 국제미용성형학회International Master Course on Aging Skin, IMCAS에 모여 최근 수년간 매년 평균 10퍼센트 이상 확대되는 성형 분야의 성장[39]을 축하한다. 성형수술을 가장 많이 소비하는 나라는 미국에 이어 브라질,[40] 일본, 한국, 멕시코 순이다. 프랑스는 40만 명 이상이 수술을 받아 7위에 올랐다.[41] 거의 1분에 한 번꼴로 수술이 이뤄지는 셈이다. 가장 최근에 미국에서 발표된 수치를 보면 2016년에 '외과적' 및 '비외과적' 성형수술이 1,700만 건 이뤄졌다.[42] 가장 건수가 많은 외과적 수술은 유방 확대(29만 건), 지방 흡입(23만 5000건), 코 성형(22만 3,000건)이었다. 비외과적 수술 중에서 가장 높은 비율을 차지한 것은 700만 건의 시술이 이뤄진 보톡스고, 주름 필러가 250만 건 이상으로 그 뒤를 이었다. 통계에 따르면 남성 고객은 전체 고객의 10~20퍼센트로 주름 제거, 코 성형, 지방 흡입, 가슴 및 배 근육 성형, 모발 이식, 가슴 축소 수술을 받았으며 음경 확대 수술도 목록에 포함됐다.

오늘날 성형수술은 대체로 대중적인 데다 일상화되어, 비용을 분납하거나 대출을 받을 수 있는 방법도 점점 더 창의적으로 발전하고 있다. 그도 그럴 것이 수술비용이 비싸다. 미국에서는 미용 시술, 수술, 레이저, 각종 주사 비용의 85퍼센트가 부채로 지불된다.[43]《파크애비뉴의 영장류》로 성공을 거둔 작가이자 인류학 박사 웬즈데이 마틴Wednesday Martin에 따르면 완벽한 몸이라고 할 만한 수준을 유지하기 위해 필요한 예산은 연간 최소 6만 3,700달러, 한국 돈으로는 약 7,137만 원이다.[44] 한국에서 지하철을 타면서 낯모르는 사람의 '수술 전-수술 후'를 자랑하는 광고를 보지 않기란 불가능하다. 턱을 뾰족하게 깎거나, 쌍꺼풀을 만들거나, 귀 모양을 바꾸거나……. 이 모든 것을 동시에 한 사람도 있다! 한국에서는 열여덟 살이 된 자녀에게 성형수술을 선물하는 부모들을 흔히 볼 수 있다.

런던에 강연을 하러 가는 비행기 안이었다. 나는 한 매혹적인 여성 옆에 앉게 됐다. 우리는 서로 자기소개를 하고 인사를 나눴다. 잠시 대화가 오간 뒤, 나는 책에서 다룰 아름다움의 허상에 관한 이야기를 꺼내보기로 마음먹었다. 그녀가 무척 예뻤기 때문에 실례를 무릅쓰고 자신의 아름다움을 어떻게 대하고 있는지, 스스로 아름답다고 느끼는지 물었다. 그녀는 당황한 듯 어딘가 몹시 불안정한 눈빛으로 대답했다. "아뇨, 전혀. 가끔 예쁘다는 말은 듣지만, 내 마음속에선 내가 예쁘다는 느낌이 조금도 안 들어요." 긴 대화가 시작됐다. 그녀는 속마음을 털어놓고 싶어 했다. "문제는 말이죠, 이게 진짜 내가 아니라는 거예요. 가슴은 키웠고, 머리카락도 연장했고, 지방 흡입도 했고, 코도 만졌고, 여기저기 필러를 맞았고, 심지어 속눈썹도 가짜예요. 모든 게 다 가면 같죠. 내면은 여전히 자기 몸도 얼굴도 좋아하지 않는 콤플렉스 가득한 소녀예요. 수술을 받을 때마다 나는 나 자신을 더 좋아하게 될 거라고 생각했어요. 하지만 그렇게 되지 않더군요." 그녀를 위로할 말을 생각하던 나는 '몸은 달라졌다 해도 심장은 있는 그대로이지 않느냐'고 되물었다. 그러자 그녀도 인정할 수밖에 없었다. "맞는 말이긴 하네요. 하지만 어쨌든 내 심장은 중요한 게 아니에요. '아름다움'만 높이 사는 남자랑 결혼하려고 이 모든 걸 했거든요……. 비록 그 아름다움이 거짓이지만."

이런 증언 앞에서 여전히 성형수술을 하면 행복해질 거라고 믿을 수 있을까? 몸의 작은 '결점'을 고치기만 하면 한없는 행복을 향해 나아갈 수 있다고 상상할 수 있을까? 성공 가능성은 지극히 낮다. 미국 심리학자 비비안 딜러Vivian Diller 는 어느 인터뷰에서 극적인 외모 변화가 도리어 자신의 정체성에 대한 인식을 파괴하는 결과를 낳을 수 있다고 설명한다.[45] 수술을 받으려는 사람들은 자신이 스스로의 신체 특징에 애착을 갖고 있다는 사실을 처음에는 무시하는 경향이 있다. 많은 환자들이 수술 후에야 그 '단점'이 자기 정체성의 일부이거나 가족으로부터 물려받은 유전적 자산임을 깨닫는다. 한 유명한 뉴욕 출신 의사는 심지어 시선이나 웃음이 수술 후에도 변하지 않기를 희망하는 환자가 극히 적다고 밝혔다.[46] 환자 다수는 더 나은 자신으로 변신하기를 바라며, 유명인이나 모델의 이런저런 부분과 닮게 해달라고 요청한다. 다른 사람이 되고 싶다는 내면의 욕망 때문이다. 환자의 머릿속에 있는 그 '다른 사람'은 완벽한 모습으로 문제없는 삶을 산다. 그러나 현실은 당연히 그렇게 달라지지 않는다. 새로운 가슴이나 주름 없는 얼굴만으로는 행복한 삶을 살 수 없다. 환자가 얼굴을 바꾸면서 '자기 자신에 대한 감각'이라고 할 수 있는 느낌을 잃어버릴 경우, 실망감은 끔찍할 수 있다. 하지만 수술은 대개 돌이킬 수 없기 때문에 대부분 곤경에 빠지고 만다.

이러한 심리적 혼란은 심각한 결과를 낳기도 한다. 한 충격적인 캐나다 연구에 따르면 유방 확대 수술을 선택한 여성의 자살 비율은 나머지 인구보다 73퍼센트 높았다.[47] 그 이유는 성형수술을 받은 여성들이 훨씬 더 불안 정도가 높고 자존감이 약하기 때문으로 설명할 수 있다. 성형수술이 근본적인 문제를 해결하지 못한다는 지표이기도 하다. 대부분은 성형수술보다 심리상담사에게 상담을 받는 편이 더 이로울 것이다.

정신과 의사이자 정신분석가 미셸 고드프루아 Michel Godefroy 도 같은 입장이다. 그는 《피가로》와의 인터뷰[48]에서 "뻔한 환자는 없다"고 강조한다. 매번 환자의 동기가 무엇인지 알아보고, 특히 외모 개선에 대한 욕구 뒤에 노화에 대한 불안 같은 더 큰 불안이 있는 건 아닌지 가늠해야 한다는 뜻이다. "상담 환자를 살펴볼 때 전체적인 내력을 고려해야하는 이유가 바로 이것입니다. 최근에 상을 당했는지? 부부생활이나 일은 어떤 상태인지? 환자의 욕구가 초기 단계인지(성형수술을 받은 적이한 번도 없을 경우) 아니면 이미 수술을 받은 적이 있는지도 중요한 문제예요." 그는 성형수술을 생각하는 모든 이에게 두 가지를 조언한다. 하나는 스스로 이렇게 질문하는 것이다. '내가 정말 원하는 건 뭐지? 왜 지금이지?' 다른 하나는 나이 그리고 주름과 조화를 이루며 살아가는 주변 사람들을 관찰하는 것이다. "누가 봐도 잘 '자리 잡은' 성공한 수술이라도, 모든 외과 수술은 문제의 20퍼센트밖에 해결하지 못합니다. 나머지 80퍼센트는 여전히 심리적인 문제지요."

친구 중 한 명이 최근 가슴 확대 수술을 했다. 그녀는 결과에 꽤 만족했지만, 사실 나는 그녀를 보며 수술이 전반적인 삶에 미치는 영향은 거의 없다시피 하다는 사실을 확인했다. 단 하나만 빼고. 그녀가 자신의 문제가 작은 가슴이 아니었다는 사실을 마침내 깨달았다! 친구는 스스로를 좀 더 편안히 대하고 자신을 있는 그대로 사랑하는 방법을 배우기 위해, 내면에 진짜 질문을 던지고 진짜 문제에 맞서기 시작했다.

자기 몸을 사랑하고 존중하는 일은 대단히 중요하다. '더 나은 나'와 하나가 되기 위해 변화하는 것이 나쁜 일은 아니다. 신중하게 생각해 결정하고, 더 혼란스러워지는 게 아니라 자기 자신과 더 원만한 관계를 맺게 된다면 말이다. 다시 한 번 말하지만 자신의 '아름다움'에 대한 주관적 이미지는 실제와 매우 다를 수 있다. 미국 사진작가 빅토리아 캐럴라인 홀텀 Victoria Caroline Haltom 은 한 여성 고객에게 "한 번이라도 정말로 아름다워진 기분을 느껴보고 싶으니" 가능한 한 모든 곳을 보정해달라는 요구를 받고 사진 앨범을 만들었다.[49] 작업을 마친 작가는 앨범을 배달했다. 그러나 얼마 지나지 않아 고객의 남편으로부터 편지가 왔다. 그는 아내의 보정된 몸을 보고 큰 충격을 받았다. 작가는 관계자들의 동의를 얻어 편지를 공개하기로 했고, 그 글은 인터넷에서 180만 회 이상 공유됐다. 남편은 이렇게 썼다. "당신은 내 아내의 결점을 싹 없애버렸습니다. 분명 아내가 해달라고 한 그대로 했을 뿐일 겁니다. 하지만 우리가 18년 동안 같이 쌓아온 삶도 전부 함께 사라지고 말았습니다. 당신은 튼 살을 지우면서 우리 아이들의 흔적도 지웠습니다. 주름을 지우면서 20년 동안의 우리 웃음과 근심을 지웠습니다. 셀룰라이트를 지우면서 빵과 과자 만들기에 대한 그녀의 열정과 그동안 우리가 먹었던 맛있는 요리들을 지워버렸습니다." 남편은 그가 사랑하는 아내의 몸을 아내 자신도 더 편안히 느끼고 그녀가 스스로를 더 사랑할 수 있도록 이제부터 돕겠다며 편지를 마무리했다.

아름다움은 결코 완벽함에서 찾을 수 없다. 화가 프랜시스 베이컨의 독창적인 표현도 이 사실을 확인해준다. "모든 뛰어난 아름다움에는 어딘가 균형이 깨진 부분이 있다!"

자존감, 아름다움의 열쇠

"아름다움은 자기 자신이 되기로 결정한 순간 시작된다."

코코 샤넬

　　그렇다면 자기 자신에게 만족하기 위한 해결책은 무엇일까? 광고와 패션잡지가 파는 아름다움의 이상이 불행을 부를 수도 있는 환상이라는 생각에는 대다수가 동의한다. 한편 많은 연구는 매력적인 외모를 활용하면 유리하다는 사실을 분명히 보여준다. 하지만 유리함을 행복으로 바꾸는 법을 배우기란 쉽지가 않다.

　　런던의 매우 아름다운 한 궁전에서 열렸던 멋진 자선의 밤 행사가 기억난다. 신흥국가 어린이들의 학교 교육 지원을 위해 전 세계의 자선가들이 열띤 분위기 속에 모였다. 행사 주최자는 모르는 사람들이 서로 교류하기 좋도록 세심하게 자리를 배치했다. 나는 열정에 불타오르는 흥미로운 두 예술가, 아주 인상적인 역사 문화 전문 기자, 소박하고 사랑스러운 한 스웨덴 커플과 같은 테이블에 앉게 됐다. 테이블이 거의 다 차고 이제 남은 손님은 단 한 명뿐이었다. 그때 눈부시게 아름다운 여인이

들어와 우리 쪽으로 걸어왔다. 그녀가 방 안을 가로지르자, 모든 사람이 하던 일을 멈추고 그녀를 쳐다보는 것 같았다. 우리 테이블에 한 명이 더 오는 줄 알고 기뻐하던 우리는 곧 실망하고 말았다. 그녀가 인사도 없이 이렇게 소리쳤기 때문이다. "이 보잘것없는 테이블은 뭐예요? 난 귀빈석에 앉을 줄 알았는데." 우리와 함께 앉아 있던 남자들 중 한 명이 일어나서 웃음을 지으며 그녀에게 말했다. "아, 그것참, 안타깝습니다. 그래도 즐거운 저녁 시간을 보내실 수 있도록 애써보지요." 그녀를 보고 웃음을 짓기란 어려운 일이었다. 그래도 행사는 그럭저럭 잘 흘러갔다. 그 친절한 스웨덴 신사가 휴대전화로 테이블 사진을 찍기 전까지는. "어쩜 무례하게! 어떻게 감히 내 사진을 찍을 수 있어요? 내가 사진 찍을 때 얼마 받는지 알아요? 게다가 당신 같은 시골뜨기와 어울리고 싶은 마음은 요만큼도 없어요. 그러니까 당장 사진 지우세요." 한없이 무거운 침묵이 우리 테이블에 내려앉았다. 우리 모두는 그 고약한 태도에 경악해 할 말을 잃었다. 친절한 신사가 대단하신 그분을 진정시키려 애썼지만 소용없었다. 몇 분 뒤, 그녀는 행사장을 떠났다. 나는 그 모습을 바라봤다. 완벽한 실루엣과 그림같이 멋진 드레스, 빛나는 머리결과 우아한 이목구비에도 불구하고, 그녀는 더 이상 아름다워 보이지 않았다. 인정이라곤 없고 사회성이 완전히 결여된 데다 명백히 자기혐오에 사로잡힌 그녀가 안쓰러울 정도였다. 아름다움이 행복을 만든다는 말을 들으면 늘 이 장면이 떠오른다.

행복을 느끼기 위해 꼭 필요한 요소는 예쁘고 잘생긴 외모가 아니라 자기 자신을 편안하게 느끼는 태도다. 타고난 '아름다움의 수준'이 어떻든, 행복이라는 감정은 타인과의 외모 경쟁이 아니라 자존감과 밀접한 관계를 맺고 있다는 것을 많은 연구와 증언이 보여준다.

　　나는 위생 및 미용 제품 회사인 도브 Dove 가 긍정적 자기 이미지가 부족한 여성들을 향해 벌이는 캠페인이 대단히 건설적이고 용감하다고 생각한다. 캠페인은 샌프란시스코, 뉴델리, 상파울루, 런던, 상하이 등 세계 여러 도시에서 열리고 있다. 도브의 위임을 받은 연구자들은 아주 흥미로운 실험을 진행했다. 그들은 공공장소에 같은 공간으로 이어지는 문 두 개를 나란히 설치했다.[50] 그러고 한쪽 문에는 '아름다움', 다른 문에는 '평범함'이라고 쓴 표지판을 달았다. 여성들이 원하는 문을 선택하게 함으로써 스스로에 대해 지닌 이미지를 무의식적으로 실감하게 하려는 의도였다. 당연히 많은 여성이 '평범함'이라고 쓰인 문을 지나갔다. 그 직후 질문을 받은 여성들은 첫 느낌에 따라 완전히 자기 의지대로 선택했다고 말했다. '아름다움'을 택하면 안 될 이유는 아무것도 없는데 말이다. '아름다움' 문을 지나간 여성들은 그러지 않은 여성들과 외모가 특별히 다르지 않았지만, 자신감이 더 강하고 스스로에게 더 너그러웠다. 아름다움이란 무엇보다 자기 자신과의 관계에 달려 있음을 상기시켜주는 좋은 실험이다.

　　실제로 누군가가 자기 자신에게 만족하고 있는지는 대개 얼굴에 드러난다. 얼굴에서 빛이 난다든가 생기가 넘친다고 하지 않는가. 근본적인 문제는 아름다움을 추구하는 것 자체가 아니라, 아름다움을 추구함으로써 다른 사람이 되려고 애쓰는 것이다. 이러한 회피적 태도는 자신을 있는 그대로 완전히 받아들이는 데 어려움이 있음을 드러낸다. 바로 에드몽 로스탕의 희곡 속, 불행한 시라노 드 베르주라크의 비극처럼 말이다.[51] 크고 못생긴 코 때문에 낙담한 시라노는 젊은 크리스티앙의 돋보이는 외모 뒤에 숨어 사촌 록산에게 간접적으로 사랑을 고백한다. 그러나 시라노의 영혼과 마음은 훌륭하다. 수많은 미묘한 특징과 통제할 수 없는 요소가 한데 어우러져 아름다움을 이룬다. 도저히 거부할 수 없는 사람들이 풍기는 '매력'이 그에게는 있었다.

많은 인기 여성 배우들은 '아름다움'보다 카리스마로 유명하다. 열광적 반응을 얻었던 마거릿 미첼의 소설 《바람과 함께 사라지다》는 이런 문장으로 시작한다. "스칼렛 오하라는 대단한 미인은 아니었지만, 남자들은 그녀의 매력에 사로잡힌 나머지 그 사실을 깨닫지 못했다." 나는 영화 〈사운드 오브 뮤직〉에서 줄리 앤드루스가 연기한 젊은 마리아에게서도 같은 느낌을 받는다. 그녀는 생에 대한 기쁨과 낙관주의로 주변 사람들을 행복하게 만들기 때문에 존경과 찬사를 받는다. 변변치 않은 집안 출신의 행동가 바브라 스트라이샌드와 매혹적이고 부유한 청년 로버트 레드포드의 아름다운 사랑 이야기인 영화 〈추억〉에서도 마찬가지다. 바브라 스트라이샌드는 미디어에서 자신의 개성적인 외모에 대해 자주 논쟁을 벌였다. 그녀는 코 성형을 고려한 적이 있다고 인정했지만, 쇼 비즈니스의 압력에 맞서 싸웠다. 특히 그녀는 이렇게 선언한 것으로 유명하다. "나는 누군가가 되고 싶어요. 바로 나 자신이요." 그러고는 이렇게 덧붙인다. "당신이 바라는 사람이 되세요. 나는 당신을 바꾸고 싶지 않아요."[52]

사람들은 최연소 노벨평화상 수상자 말랄라 유사프자이Malala Yousafzai가 예쁜지 아닌지 궁금해하지 않는다. 유사프자이는 조국인 파키스탄 소녀들의 교육권을 위해 투쟁한 사람일 뿐이다. 세계에서 가장 강력한 자선재단 중 하나를 이끄는 멜린다 게이츠Melinda Gates, 보통 사람은 흉내 낼 수 없는 인도적 활동을 펼쳤던 테레사 수녀, 1950년대 미국에서 인종차별에 맞서 역사적인 용기를 보여준 로자 파크스Rosa Parks, 미얀마 독재정권에 맞서 끊임없이 투쟁한 아웅 산 수 치, 자신만의 문학세계를 남긴 버지니아 울프, 홀로코스트 피해자들이 인정받는 데 중대한 역할을 하고 후에 유럽의회 첫 여성 의장으로 더 큰 영향을 미친 시몬 베유 등에 대해서도 모두 마찬가지다. 한편 남자들에 대해서는 아예 외모를 궁금해하지도 않는다! 나는 뛰어난 외모를 지닌 내 여자 친구 중 하나가 도달한 결론을 무척 좋아한다. "사람들이 예쁘다고 하면 당연히 기분이 좋지. 하지만 좋은 사람이라고 인정받는 게 나에겐 늘 가장 듣기 좋은 칭찬이야. 다른 말은 다 너무 덧없고 경박해."

이런 깨달음을 얻는 사람들이 점점 더 늘어나고 있다. 미국의 사진작가 케이트 파커 Kate Parker 는 '강한 것이 새로운 아름다움 Strong is the new pretty '이라는 멋진 연작 사진을 발표했다. 제목 그대로 작가는 운동을 하거나 어울려 노는 딸들과 그 친구들의 모습을 사진에 담았다. 그녀의 시도는 큰 성공을 거둬 2017년에는 사진집을 내기에 이르렀다 (2017년《나다운 게 아름다운 거야》라는 제목으로 국내 출간됐다_옮긴이). 그녀는 사회의 압력과 이상적인 기준이 자신의 외모와 행동을 조종하도록 내버려두지 않고 자기 자신에게 충실해지는 게 얼마나 중요한지 소녀들에게 보여주고자 한다. 케이트 파커는 자신의 프로젝트를 통해 여성 청소년들이 스스로를 편안하게 느낄 자유를 되찾고, 있는 그대로의 자연스러운 자신을 내보이는 데 자부심을 갖게 되기를 바란다. 몸에 대한 시선으로부터 해방되는 것이 목표인 시민 주도 운동 '보디 이미지 무브먼트 Body Image Movement '를 창시한 영국의 타린 브럼핏 Taryn Brumfitt 도 똑같은 생각이다. 그녀는 '아름다워지기' 위한 자신의 노력이 어떤 점에서 스스로를 끊임없는 괴로움에 빠뜨렸는지 설명한다. 그리고 매우 다양한 홍보 캠페인을 통해 여성들이 자신을 있는 그대로 받아들이도록 돕는다.

배우 오드리 헵번이 쓴 예리한 글로 이번 장을 마무리하려 한다. 헵번은 지금도 여전히 우아함과 카리스마의 상징이다.

매력적인 입술을 갖고 싶다면 선한 말을 해라.

아름다운 눈을 갖고 싶다면 사람들이 지닌 좋은 점을 보아라.

날씬해지고 싶다면 배고픈 사람들과 음식을 나누어라.

매끈한 머릿결을 갖고 싶다면, 아이가 매일 머리카락을 쓰다듬게 해라.

아름다운 자세를 갖고 싶다면, 절대 혼자가 아님을 생각하며 걸어라. 당신을 사랑하고 사랑했던 사람들이 함께 있으니까.

바로잡고 가꾸고 되살리고 부르고 추구해야 하는 것은 물건보다 사람이다. 절대 누구도 버리지 마라.

이 사실을 명심해라. 어느 날 도움의 손길이 필요하다면 당신의 양팔 끝에서 그 손길을 찾을 수 있을 것이다.

나이를 먹다 보면 당신에게 손이 둘인 이유를 깨닫게 될 것이다. 하나는 자기 자신을 위한 손, 다른 하나는 손길이 필요한 사람을 돕기 위한 손이다.

여성의 아름다움은 입고 있는 옷이나 얼굴, 머리를 매만지는 방법에 있지 않다. 여성의 아름다움은 눈 속에 들어 있다. 눈은 사랑의 원천인 마음으로 통하는 문이기 때문이다.

여성의 아름다움은 화장이 아니라 영혼의 진정한 아름다움에 있다. 아름다움은 그녀가 베푸는 애정과 사랑, 그녀가 표현하는 열정에 있다.

여성의 아름다움은 해가 갈수록 성장해나간다.

이 짧은 글은 세상에서 가장 아름다운 여인 중 한 명이 느낀 바를 놀랍고도 진실하게 드러내고 있다. 유니세프 친선 대사였고 전 세계 어린이들을 위한 재단을 설립한 오드리 헵번은 아름다움의 원동력이 외면보다는 내면에 있으며, 관대하고 친절하게 타인을 대할 때 아름다움이 실현됨을 보여준다. 헵번의 글은 희망적이다. 답이 우리 안에 있다는 뜻이기 때문이다. 다행히도 이 메시지가 퍼져나가기 시작한 듯하다. 세계적 규모의 한 설문조사에 따르면, 조사에 참가한 여성들은 아름다운 여성의 본질적 특성으로 행복(89퍼센트), 이어서 친절함(86퍼센트)과 자신감(83퍼센트)을 꼽았다.[53] 외모는 순위에서 한참 뒤였다(64퍼센트, 열아홉 개 특성 항목 중 9위). 그러니 아름다워야 행복한 것이 아니라, 행복해야 아름다워지는 것 아닐까?

2장

돈

행복에는 가격표가 없다

•

"파렴치함이란 모든 것의 가격만 알고
가치는 조금도 모르는 것이다."

오스카 와일드

•

한 친구 집에서 저녁을 먹을 때였다. 내가 자기소개를 하고 책과 관련된 연구 이야기를 꺼내자마자 한 남자가 큰 소리로 웃음을 터뜨렸다. "당신도 돈으로는 행복해질 수 없다는 이야기를 하시려는가 보군요!" 50대쯤 돼 보이는 그 남자는 분명 성공한 인생을 살아온 것처럼 보였고, 다른 사람들은 이 남자에게 깊은 인상을 받은 것 같았다. 그가 말을 이었다. "제가 당신에게 100만 유로를 드린다고 제안한다면, 더 행복해질 것 같지 않으십니까?" 나는 그것이 분명 나에게 예사롭지 않은 선물이 될 테지만 내 행복의 근원은 영향을 받지 않을 거라고 대답했다. 그는 짜증이 나기 시작한 듯 1,000만 유로, 심지어 1억 유로까지 제안했다! 모든 손님이 초조하게 대화에 귀를 기울였지만, 내 대답은 달라지지 않았다.

남자는 마침내 화를 내며 말했다. "당신은 스스로에게 거짓말을 하고 있거나, 아니면 공산주의자로군요." 나는 그의 관점을 부정하지 않으면서 더 자세히 설명해달라고 그에게 부탁했다. 왜 그 돈이 나를 더 행복하게 해줄 거라고 생각했을까? 완전히 말문이 막힌 그가 반박했다.

"그야 불 보듯 뻔한 일 아닌가요? 좋은 아파트도 사고, 멋진 곳으로 휴가도 떠나고, 살면서 하고 싶은 일은 다 할 수 있죠." 나는 이 반박에 반박할 대답을 이미 알고 있었다. 그 사람 마음에는 들지 않았겠지만. "전 이미 편안한 아파트에 살고 있어요. 좋아하는 사람들과 정말 기분 좋은 곳으로 휴가도 떠나고 있고요. 그리고 대체로 열정을 불러일으키는 바로 그런 일을 하며 살고 있지요." 나는 그에게 질문을 돌렸다. 그렇게 많은 재산으로 어떤 종류의 행복을 누리고 있는지 궁금했기 때문이다. 하지만 그는 무뚝뚝하게 그저 이렇게 대답했다. "나는 행복 같은 건 믿지 않아요. 그건 환상일 뿐입니다." 이번에는 내가 말문이 막혔다.

돈과 행복의 관계는 1970년대 이후 어마어마하게 많은 학술 연구의 대상이 됐다. 연구자들은 크게 두 가지 결론에 이르렀다. 하나는 돈이 특정 액수까지는 분명히 행복에 기여한다는 것이다. 그러나 그 액수를 넘어서면 추가된 액수가 미치는 영향은 크지 않다.[1] 다른 하나는 돈으로 행복을 얻으려면 경험을 하거나[2] 타인을 돕는[3] 등, 그 부를 특정한 방식으로 사용해야 한다는 것이다. 삭막하게 여겨질 수 있는 이 연구들 외에도 많은 대중적 작품과 언론 기사가 돈과 행복의 관계에 대한 지표를 제공한다.

이번 장에서는 돈과 행복의 관계를 하나의 분명한 관점에서 살펴보고자 한다. 바로 돈이 드넓은 저택, 전용기를 타고 가는 여행, 특별대우로 이뤄진 꿈같은 인생을 보장해준다는 통념이 사실인지 확인해보는 것이다. 이를 알아보기 위해 널리 알려진 네 가지 경우를 택했다. 부자와 결혼하는 경우, 대단한 가문의 상속자가 되는 경우, 복권에 당첨된 경우, 세계적 갑부가 되는 경우이다. 이런 조건을 갖추기만 하면 더 행복하게 살 수 있을까?

나에게는 지금까지 고급 브랜드 업계에서 일할 기회가 많았다. 그곳에서 엄청난 부자의 '남편 또는 아내', 상속자, 갑부 등 부자들의 일상을 관찰할 수 있었다. 그를 통해 풍부한 분석 자료를 얻었고, 부유층이라는 지위가 행복에 충분하지 않음을 분명히 증명할 수 있었다. 이 '불쌍한 부자들'에게 연민을 느끼거나 그들을 판단하려는 건 아니다. 마음에서 우러나오는 사랑, 이해를 따지지 않는 우정, 가족 간의 애정, 열정을 따르는 삶, 인생의 작은 행복 등 행복의 진정한 비밀은 어떠한 사회계층에도 속해 있지 않음을 밝히려는 것이다. 그리고 미국의 심리학자 대니얼 토드 길버트 Daniel Todd Gilbert 도 설명하듯, 행복의 '재료'는 결코 예측할 수 없다는 사실도.[4] 성 같은 집에 살면 틀림없이 행복할 거라고? 막상 그런 집을 갖게 되면 낙심할 수도 있다. 회사 발령 때문에 가게 된 칙칙한 마을에서는 절대 즐겁지 못할 거라고? 결과적으로는 더할 나위 없이 좋은 시간을 보낼지도 모른다…… 행복에 관해서는 물질적인 '체크리스트'를 만들 수 없다. 우리가 '쉽게 산다'면서 부러워하는 사람들의 증언이 그 사실을 상기시켜준다. 나이, 성별, 국적, 사회적 지위에 관계없이 우리 모두는 인생의 커다란 딜레마를 안고 있다. 그 딜레마는 지폐가 아니라 충분한 지혜를 갖춰야 해결된다.

행복과 돈의 상관관계

"돈이 행복의 전부는 아니지만 행복에 기여는 한다."

우디 앨런

대다수의 사람들은 돈으로 더 행복해질 수 있다는 데 동의한다. 프랑스인의 61퍼센트는 "완벽히 행복해지기에는 돈이 부족하다"[5]고 단언한다. 퀘벡 주민 63퍼센트는 오직 급여를 받기 위해 일한다고 말하며, 49퍼센트는 더 많은 돈을 벌고 싶어 한다.[6] 오직 6퍼센트의 미국인만이 "돈으로는 행복해질 수 없다"는 생각에 찬성한다. 즉 미국인의 94퍼센트는 정도 차이는 있지만 돈이 행복을 가져온다고 믿는 셈이다![7] 영국에서도 행복에 가격이 붙는다. 최근의 한 연구에 따르면 매우 실용주의적인 영국인들은 고작 220만 파운드(약 32억 원)면 황소상어와 함께 헤엄칠 것이고, 350만 파운드(약 52억 원)면 실오라기 하나 걸치지 않은 채 주저 없이 직장으로 향할 것이며, 760만 파운드(약 112억 원)면 전적으로 행복해질 거라고 생각한다.[8]

이 얼토당토않은 가정은 그렇다 치더라도, 돈이 삶의 조건을 더 쾌적하게 만들 수 있는 건 사실이다. 2015년 기준, 전 세계 남녀 7억 명이 1일 2달러(약 2,200원)에도 못 미치는 구매력으로 생활하고 있다.[9] 돈이 더 많으면 그들은 분명히 살 곳을 구하고 가족을 먹이고 의료 서비스를 받을 수 있다. 그러면 행복 수준이 올라갈 수밖에 없다. 때로는 조금만 으로도 충분하다. 2006년 노벨평화상 수상자 무함마드 유누스가 그 예를 보여준다.[10] 유누스는 1976년 방글라데시에 그라민은행을 설립해 평균 액수 140유로의 소액 대출을 제공했다. 이 적은 액수의 대출이 수천 명의 일상을 바꿨다. 이 돈으로는 재봉틀 한 대, 염소 한 마리, 땅 한 뙈기를 사서 생계를 위해 투자할 수 있고, 약을 살 수도 있다. 그다음에는 집을 짓거나 아이들을 학교에 보내는 등 더 큰 계획도 시도할 수 있다. 이런 경우에는 분명 돈이 행복에 강력한 영향을 미친다. 삶의 기본 욕구에 작용하기 때문이다.

더 많이 벌면 더 행복해질 수 있다……. 그러나 한계는 분명히 있다. 2010년, 이 주제에 대한 획기적인 논문이 나왔다. 앵거스 디턴과 공저자 대니얼 카너먼은 이 연구로 2015년 노벨경제학상을 수상했다.[11] 두 경제학자는 연간 7만 5,000달러(즉 매월 약 5,000유로)까지는 수입이 올라갈수록 더 행복해짐을 설득력 있게 보여준다. 그러나 7만 5,000달러 문턱을 넘으면 액수가 커져도 만족감이 늘어나지 않는다. 물론 이 금액이 절대적 기준은 아니다. 나라마다 구매력이 다르고 시간의 흐름에 따라서도 변하기 때문이다. 여기서 주목해야 할 사실은 돈이 행복 수준에 실제로 영향을 미치지만 그 영향은 제한적이라는 것이다.

이 결과와 달리 우리의 네 가지 '환상'이 실현되면 행복해지지 않을까? 즉, 부자와 결혼하고 상속자가 되고 액수가 큰 복권에 당첨되고 부자 중의 부자가 되면 결국 행복해지지 않을까? 안타깝지만 그럴 가능성은 희박하다.

부자와 결혼하면 행복할까?

"돈 보고 달려드는 거라고 욕먹는 것도 이제 지긋지긋해.
나는 주름살 많은 남자들에게 약한 거야. 그뿐이라고!"

애나 니콜 스미스(Anna Nicole Smith)[12]

파리에서 만났던 젊은 미국 여성이 전화를 걸어 기쁜 소식을 알렸다. "신난다! 드디어 인생의 남자를 찾았어요!" 나도 함께 기뻐하며 그 젊은이에 대해 좀 더 말해달라고 했다. 무척 들뜬 그녀가 상세 정보를 공개했다. "아주 대단한 오스트리아 가문의 부유한 상속자예요. 아버지는 성에 사시고 생트로페에 멋진 저택이 있어요. 어때요? 정말 완벽하죠!" 나는 좀 불편한 마음으로 다시 물었다. "그래서 그 사람은 어떤데요?" 잠시 침묵이 흐른 뒤 그녀가 되물었다. "그 말이 무슨 뜻이죠?" 나는 내 뜻을 제대로 전하려고 다시 한 번 말했다. "그러니까 그 사람이…… 사람으로서 어떻느냐는 거죠." 아까보다 약간 풀이 죽은 목소리로 그녀가 대답했다. "뭐, 나쁘지 않아요. 단점이 좀 있지만 어쨌든 그런 건 다 넘기려고요." 몇 달 뒤, 그녀는 초조해하고 있었다. 아직도 청혼을 받지 못했기 때문이다. 그녀는, 그녀의 말을 그대로 인용하자면, 사람들이 그 남자를 "빼앗아갈까 봐", "결혼 시장에서 그만한 수준의" 다른 남자를 찾을 수 없을까 봐 두렵다고 말했다. 그래도 결국 둘은 약혼했다. 미래의 신부는 다시 실망했다. 반지에 다이아몬드가 겨우 하나뿐이고, 그것도 1캐럿짜리였기 때문이다.

이 젊은 여성이 최근 발표된 〈다이아몬드는 영원히〉[13]라는 제목의 대학 연구를 알게 된다면 분명 안심할 것이다. 결혼한 부부 3,000쌍을 대상으로 한 이 연구에 따르면 결혼반지 구입에 돈을 많이 쓸수록 이혼 위험이 높아진다. 그러나 반대로 그녀에게 경종을 울릴 연구도 있다. 결혼에서 장래 남편의 재산이 중요하다고 생각하는 여성의 경우, 이혼 가능성이 60퍼센트 높아졌다. 결혼 비용에 관해서도 결과는 같았다. 결혼식 비용이 높을수록 부부가 헤어질 위험도 함께 높아졌고 그 확률은 거의 50퍼센트에 달했다. 물론 연구자들은 재정적 관심 외에 다른 요소도 연구에 도입했다. 특히 시간을 두고(이상적으로는 3년) 서로 알아간 다음에 결혼했을 때 결혼이 더 오래 지속됐다. 몇 년 뒤, 나는 부유한 오스트리아인 남편과 팔짱을 낀 그 미국 여성을 다시 마주쳤다. 그녀에게서 빛이 났다. 그녀의 새 반지도 마찬가지였다. 어찌나 반짝거리던지 눈이 부실 정도였다. 그녀가 활짝 웃으며 나에게 속삭였다. "4캐럿 아래면 둘째는 꿈도 꾸지 말라고 귀띔했죠." 결혼식 비용이 아주 많이 들지 않았느냐고 묻지는 않았다. 안 봐도 뻔한 일이었으니까. 대학 연구자들의 예언과 관계없이, 그들의 앞날에 행복이 넘치길!

다른 사람의 선택을 판단하려는 게 아니다. 누구에게도 그럴 권리는 없고, 각자 자기가 바라는 대로 살 자유가 있다. 그러나 배우자의 돈을 보고 결혼하면 정말로 더 행복해지는지 하는 부분은 분석할 가치가 있어 보인다. 물론 돈과 행복의 관계에 대한 고찰은 잠자리, 음식, 건강, 교육 그리고 모두에게 필수적인 휴식과 여가 등 인간의 기본적 욕구가 충족된 뒤에야 가능하다는 사실을 다시 떠올리자. 이 근본 욕구가 채워지지 않는 한, 돈이 많을수록 더 행복해지는 것은 자명하다. 그러나 우리의 분석은 '다음 단계'로 나아간다. 필수요소를 모두 갖췄을 때, '더 돈이 많은' 배우자와의 결혼이 더 큰 행복을 보장할 수 있을까?

몇 세기 전만 해도 이 질문은 말도 안 되는 소리로 들렸을 것이다. 거의 대부분의 결혼은 두 사람 또는 두 집안의 경제적 계약으로 인식됐다. 결혼을 통해 왕들은 제국을 통합했고, 농부들은 땅을 합쳤다. 마리 앙투아네트가 루이 16세와 약혼했을 때, 그녀는 루이 16세를 초상화로만 봤을 뿐이다. 결혼의 목적은 행복이 아니라 더 나은 물질적 지위를 전략적으로 확보하는 것이었다. 그렇다면 사랑은? 19세기까지 사랑은 가장 좋게 보자면 중세 음유시인들이 노래한 궁정식 사랑처럼 일상의 구속과 동떨어진 열정이었고, 가장 나쁘게 보자면 낭만적 마음의 소유자들이 지닌 약간은 엉뚱한 갑작스러운 욕망이었다. 정략결혼이 정상 결혼이었고 사랑에 따른 결혼은 우스운 데다 곧 깨질 것으로 여겨졌다.

오늘날에도 인도, 파키스탄, 나이지리아, 말리 등 여러 국가에서는 여전히 정략결혼 또는 '중매'결혼이 아주 흔하다.

그런 결혼은 우리가 따르는 서구의 현대적 관습과 무척 거리가 멀고 '우리는' 오늘날 이해관계가 아니라 마음이 내린 선택에 따라 결혼한다고 생각할지 모르겠다. 내 미국인 친구의 예는 과장된 데다 좀 괴상하기까지 하다고. 지금 우리가 사는 이곳에서 돈 때문에(더 정확히 말하자면 돈과) 결혼한다고 인정하는 것은 완전한 금기다. 누군가에게 단도직입적으로 이렇게 묻는다고 치자. "이번에 새로 사귄 애인, 조건 때문에 만나는 거야?" 안 좋은 반응에 맞닥뜨릴 위험이 크다. 우리 풍습에 따르면 배우자는 사랑해야지, 배우자를 얻기 위해 돈을 치르거나 돈을 받아서는 안 된다.

꽤 오래됐지만 매우 흥미로운 두 심리학자의 연구[14]에서, 실험 참가자들은 가장 중요하게 여기는 미래 배우자의 특성이 어느 범주에 속하는지 선택했다. 제시된 76개 범주 중 다정함, 이해심, 개성, 지성 등이 선택됐다. 외모와 경제력은 거의 또는 전혀 언급되지 않았다. 그래서 연구 결론은? 사람들이…… 거짓말을 했다는 것이다! 주관적일 수밖에 없는 본인의 진술을 배제하고 그 정황을 과학적으로 관찰했더니, 실제로 가장 선호된 범주는 외모 그리고 경제적 매력이었다. 매우 신뢰도 높은 런던정치경제대학교의 연구에 따르면 64퍼센트의 여성이 자신보다 수입이 많은 남편을 찾기를 희망한다.[15] 영국이든, 유럽이든, 미국이든, 오스트레일리아든 마찬가지였다.

미국 노터데임대학교의 사회학자 엘리자베스 매클린톡 Elizabeth McClintock 도 같은 사실을 확인했다. 매클린톡은 관계가 다양한 정도로 진척된 커플 1,507쌍을 대상으로 선택 '기준'에 대한 조사를 실시했다.[16] 사랑하는 파트너를 선택하는 경쟁 치열한 시장에서 아름다움과 함께 기준의 선두에 오른 것은 '사회적 지위'였다. '시장'이라는 용어는 과장이 아니다. 2년쯤 전, 홍보 분야에서 아주 유명한 한 여성에게 전화를 받았 었다. 그녀는 아주 부유한 영국 기업가가 드디어 이혼했다고 알렸다. "드 디어, 드디어! 그 사람이 다시 시장에 나왔어요!" 그녀는 이렇게 외쳤다. 그리고 부자 남편으로 갈아타는 걸로 유명한 여배우와 모델이 그와 약 속을 잡아달라며 계속 연락을 해오는 중이라고 알려줬다. 내가 그와 아 는 사이였기 때문에, 어떤 사람을 연결해주면 가장 좋을지 귀띔해달라 고 전화한 것이었다. "어떤 여자를 좋아해요? 금발? 갈색 머리? 스타일은 요? 우아하고 세련된 쪽? 채식주의자? 최신 유행 쪽?" 나는 아무 말도 하지 않았다.

일확천금을 노리고 결혼한다고 고백하는 것은 별로 품위 있는 일 도, 바람직하다고 합의된 일도 아니다. 그러나 부유함을 목적으로 하는 결혼은 당연히 실제로 존재하며, 사람들의 상상보다 훨씬 더 많고 흔하 다. 모든 사회계층의 많은 부부가 여기에 해당된다. 1캐럿 반지를 받았던 친구 이야기는 예외적인 경우가 아니다. 서구 세계에서 돈 때문에 한 결혼의 정당성을 공개적으로 이론화한 책도 있다. 2009년 미국에서 출간된《똑똑한 여자들은 돈과 결혼한다 Smart Girls Marry Money》[17]이다. 이 책은 곧 바로 결론을 제시한다. 필수 욕구를 채워주고 편안한 집을 제공하고 아이들의 미래를 보장하는 남편이 있다면 피곤하게 일할 필요가 있을까? 여자는 망설이지 말고 가능한 한 가득한 은행계좌와 결혼하는 편이 낫다. '자본으로서의 아름다움'이 아직 신선하고 쓸 만한 젊은 시기에. 저자들은 특히 남성 지배가 계속되고 있으며, 과거에는 이런 결혼이 아름답게 지속됐다는 사실을 주장을 뒷받침하는 근거로 든다. 그런 식으로 결혼하면 은밀한 부부생활은? 걱정할 필요 없다. 저자들은 별로 좋아하지 않는 돈줄 남편은 무시하고 자위를 하라고 독자들에게 조언한다.

이 책은 대중적으로 상당한 성공을 거뒀다. 이는 저자들의 주장이 그저 허무맹랑하지 않으며 꽤 많은 사람들의 머릿속에 반향을 일으켰음을 증명한다. (가장 큰 매머드 넓적다리를 가져오는 사람의 보호 아래로 들어간 선조들처럼) 결혼을 통해 물질적 안식처에 들어간다는 환상을 여전히 많은 사람이 품고 있다. '내가 부자랑 결혼만 하면 다 해결될 텐데!' 최근에 친구들과 밥을 먹다가 들은 이야기 속 젊은 여성도 이런 선택을 했던 것 같다. 그녀는 몇 년 전부터 부자 남자 여럿과 동시에 관계를 유지하며, 그때그때 가장 좋은 상대와 결혼하고 이혼하기를 반복했다. 한 남자의 재산을 이용해 먼 외국에 있는 다음 남자를 유혹하러 가면서…….

　　우리는 우리가 처한 교육적·문화적 환경 속에서 되풀이되는 주제에 강한 영향을 받는다는 사실을 짚고 넘어가야 한다. 옛이야기를 예로 들어보자. 어린 시절에 들었던 동화는 인생의 교훈뿐만 아니라 매력적인 왕자에 대한 잘못된 환상도 전해준다. 신데렐라, 백설공주, 잠자는 숲속의 미녀는 '오래오래' 자신을 행복하게 해줄 부유한 왕자 덕에 비참한 삶에서 벗어났다. 이 도식은 점점 뚜렷해지고, 결국 우리는 이것이 영원한 행복을 얻기 위한 '정답'임에 틀림없다고 생각하기에 이른다. 어른이 되면 이 메시지는 대중문화에 의해 강화된다. 영화, 드라마, 광고가 돌아가면서 결혼으로 얻을 수 있는 쉽고 멋진 삶에 대한 꿈을 판다. 영화 〈백만장자와 결혼하는 법〉[18]에서 로렌 바콜 Lauren Bacall 은 결국 가난하지만 사랑하는 남자를 선택한다. 하지만 마치 마법처럼, 그가 사실은 엄청난 부자임이 결말에서 밝혀진다! 〈마이 페어 레이디〉[19]도 같은 결론이다. 매력 넘치는 오드리 헵번이 연기한 젊은 일라이자 둘리틀은 빈민가 출신으로, 영화 거의 내내 그녀를 쌀쌀맞게 대하던 냉소적인 반백의 부르주아 교수 히긴스와 마침내 결혼한다. 〈귀여운 여인〉[20]의 줄리아 로버츠는 피그말리온에게 구원받는 거리의 여자의 완벽한 상징이다. 이 영화에서 피그말리온은 리처드 기어가 분한 부유한 사업가다. 끝에 가서 그는 여생을 함께 보낼 사랑스러운 남자로 밝혀진다. 두 등장인물이 열렬한 사랑에 빠지긴 하지만, 매력적인 백만장자 왕자에 대한 꿈은 영화 내내 이어진다. '진짜 인생'에서도 미디어는 굉장한 상대와 결혼하는 '서민 집안의 딸' 신화를 즐겨 보도한다. 영국의 윌리엄 왕자 William Windsor 와 케이트 미들턴 Kate Middleton 의 결혼, 스페인 왕가의 상속자인 미남 펠리페 Felipe VI 와 기자였던 레티시아 오르티스 Letizia Ortiz Rocasolano 의 결혼은 언론을 통해 전 세계로 퍼져나갔고, 수백만 독자와 시청자는 눈을 반짝이며 그 광경을 바라봤다.

그러나 대부분의 로맨틱한 '환상'은 결혼과 함께 막을 내리고, 그 후 두 사람의 인생 이야기는 안 봐도 뻔하다는 듯 생략된다. 현실에서는 어떨까? 돈이 동기가 된 결혼에서, 축제가 끝나고 집으로 돌아온 뒤 현실 속 '성에서의 생활'은…… 화려한 감옥인 경우가 허다하다.

몇 달 전 시골에서 주말을 보냈을 때 나도 그런 종류의 성을 봤다. 일요일 오후, 나는 내가 묵은 아름다운 저택 주인의 젊은 아내와 함께 산책에 나섰다. 성에서 한참 떨어진 곳까지 왔을 때, 그녀가 나에게 이렇게 털어놨다. "제 재정 상태가 얼마나 아슬아슬한지 아마 모르시겠지만……." 실제로 나는 그런 일은 상상조차 못 했다. 그녀가 머뭇거리는 기색으로 말을 이었다. "겉에서 보면 모든 게 다 이상적이에요. 하지만 사실은 돈을 쓸 때마다 남편에게 허락을 받아야 해요. 뭐든 협상하고 실랑이를 벌여야 하죠. 남편은 내가 자기 욕구와 가치관에 따른다는 걸 확인하고 싶어 해요." 다툼이 거듭됐고, 언젠가부터 그녀는 남편을 경멸하게 된 게 분명했다. 나는 어떻게 반응해야 좋을지 알 수 없었지만, 행복하지 않은 관계는 끝내는 게 어떻겠느냐고 말을 꺼내봤다. 그러자 그녀는 눈을 동그랗게 뜨더니 지금의 사치스러운 생활을 그만두는 건 상상할 수도 없고 "초라한 원룸보다는 멋진 성에서 우는 편이 훨씬 낫다"고 말했다.

"나는 행복하지 않아. 하지만 떠나고 싶지 않아. 돈이 걸려 있으니까." 이 모호한 감정은 사실 타산적인 결혼에서 흔히 벌어지는 상황을 반영한다. 영국 〈텔레그래프 The Telegraph〉 기자 주디스 우즈 Judith Woods 의 기사가 이 상황의 본질을 밝힌다. "남편이 충분히 부자라면 아내가 필라테스와 재산 관리로 바쁜 사이 아이들을 대신 돌볼 베이비시터 군단을 고용해줄 것이다. (…) 하지만 부자와 결혼한다는 것은 당신을 상품으로 보는 남자와 결혼하는 것일지도 모른다. 당신은 많은 시간을 혼자보내야 할 것이다." 이것이 현실이며, 우즈의 결론은 이렇다. "돈을 보고 결혼할 수는 있다. 그렇지만 그것은 결혼이 아니다. 거래일 뿐." 그리고 모든 거래가 그렇듯, 이런 결혼에는 치러야 할 대가가 있다.

미국에서 출간된 베스트셀러 《파크애비뉴의 영장류》에도 이 불편한 상황이 등장한다. 뉴욕에서 최고로 세련된 동네 주민들을 영장류에 비교하다니! 인류학을 연구한 저자 웬즈데이 마틴은 둘 사이에 존재하는 장난스럽고 우스운 여러 가지 유사점을 제시한다. 이 책은 자서전, 논문, 픽션 사이에서 갈피를 못 잡았다고 비판을 받았지만, 파크애비뉴를 색다른 관점에서 소개한다는 것이 장점이다. 하나의 상징으로 빛나는 이 작고 폐쇄된 세계에는 부유한 사업가들과 가정에 전시된 '트로피 와이프'들이 살고 있다. 그 동네에서 경제권을 쥐고 있는 쪽은 일반적으로 남자다. 남자들은 뭐든 할 수 있는 권력자로 묘사되며, 당연히 결과를 두려워하지 않고 애인을 둘 수도 있다. 물론 이는 파크애비뉴의 금빛 경계 밖에서도 목격할 수 있는 상황이다.

파리에 사는 어느 부부에게 초대를 받아 파리에서 가장 멋진 지역 중 하나에 자리한 그들의 훌륭한 집을 방문해 차를 마시며 일 이야기를 나눴을 때였다. 몇 년 전에 결혼한 부부에게는 아이가 셋 있었다. 남편은 아주 유복한 집안 출신이었고 아내는 비교적 평범한 집에서 자랐다. 그날 역시 평소처럼 아내는 흠 잡을 데 없이 매우 아름다운 차림이었다. 그녀는 내게 마리아주 프레르(프랑스 브랜드의 홍차 전문점_옮긴이)의 훌륭한 차를 내주고 집 안을 보여주며 다양한 실내 장식을 어떻게 선택했는지 설명해줬다. 정말 모든 것이 너무 예뻤다. 널찍한 거실에 자리를 잡자 그녀가 내게 말했다. "어때요? 랄프 로렌에서 산 '내' 쿠션인데 마음에 쏙 들어요." 마침 거실을 지나던 남편이 갑자기 멈추더니 무뚝뚝하게 끼어들었다. "랄프 로렌에서 산 '내' 쿠션이겠지! 당신이 할 줄 아는 일이라곤 '내' 돈을 쓰는 것밖에 없잖아." 당연히 그녀는 몹시 당황했고 어색하게 웃으며 얼버무렸다. "저 사람도 참. 어젯밤에 잠을 잘 못 잤나 봐요."

웬즈데이의 책은 '와이프 수당' 제도에 대해서도 언급한다. 남편이 기대한 역할을 잘 수행한 아내가 받을 수 있는 보너스이다. 저자는 상대를 유혹하는 능력에 온 힘을 집중하는 게이샤에 이 여성들을 비유한다. 그녀들은 평온한 척하지만 끊임없는 불안을 잊기 위해 오전 11시부터 화이트와인을 벌컥벌컥 마시며 약을 털어 넣는다. 저자는 그 아내들을 내리누르는 견디기 어려운 압박을 상세히 묘사한다. 그들은 이상적인 외모를 유지해 더 젊고 더 예쁜 여자가 '행복한 소수'의 울타리 밖으로 그녀들을 몰아내지 못하도록 노심초사해야 한다. 이혼당한 여자들은 지옥에서 살아가기 때문이다. 이혼한 여자들은 모든 것이 어느 날 갑자기 무너질 수 있음을 나타내는 상징이며, 새로운 남편을 차지하려 기회를 엿보는 포식자로 간주된다. 바로 내 남편을 노릴지도 모른다! 한 여성은 이혼 후 아무도 자신에게 말을 걸지 않았다고 증언한다. 어떤 여자들은 아예 그녀가 죽은 것처럼 행동하기까지 했다. 이것이 바로 빛나는 세계의 이면이다. 재정적 의존, 자기 자리를 잃을지 모른다는 끔찍한 불안, 모든 상황에서 완벽한 이미지를 유지해야 한다는 압박.

《파크애비뉴의 영장류》에 기록된 사실은 거의 과장되지 않았다. 이 책을 준비하며 대단한 자산가 여성의 남편과 이야기를 나눴다. 당연한 말이지만 부자 남자를 '사냥하는' 여자만 있는 게 아니다. 그러한 관점은 성차별적인 데다 문제의 핵심을 흐린다. 그 덴마크 남성은 마흔 살 정도에 세련되고 매력적이었으며 굉장한 집안의 아가씨와 결혼했다. 돈 때문에 결혼한 건 아니었겠지만, 사실상 결국은 아내의 돈과 결혼한 셈이 됐다. 그는 아내의 재산으로 호화 여행과 최고급 레스토랑을 즐기며 안락한 삶이라는 함정에 하루하루 빠져드는 중이었다. 그는 이 상황이 무척 견디기 힘들다고 털어놨다. 처가 사람들이 늘 자신을 깔보고 무시하는 기분이 들며, 자기 돈으로는 지금의 생활수준을 절대로 유지할 수 없기에 낙심했고, 남편 역할을 전혀 하지 못하는 느낌이라고 했다.

일로 만난 적 있는 다른 남성의 예도 강한 인상을 남겼다. 재능 있고 야심 찬 그 젊은 미국인 기업가는 미국 최고의 여성들 중에서 미래의 배우자를 찾아 '캐스팅'했다. 그는 분명 성공한 것처럼 보였다. 엄청난 재산을 소유한 젊은 여성과 약혼했기 때문이다. 자신이 사로잡은 신부에 매우 만족한 그는 우선 막대한 노력에 대한 대가로 왕실 결혼식만큼 화려한 결혼식을 치르느라 저축한 돈을 다 쏟아부었다. 그 후로 그의 삶은 말 그대로 '항상 더 많이'를 향해 달려가는 경주로 변했다. 아내와 동등해지기 위해 언제나 더 큰 계약을 따내고 더 많이 일해야 했다. 힘겨운 때가 와도 의혹과 실패, 패자의 기색을 감추고 아내를 실망시키지 않도록 조심해야 했다. 분명 그는 장인 장모의 호화로운 저택들 사이를 전용기로 오가며 살고 있다. 하지만 근심스럽고 진이 빠진 모습이었고, 이는 사람들이 상상하는 행복한 남자와는 거리가 멀었다.

부부간 불균형으로 인한 깊은 불안에 대해 말 그대로 배우자가 '값을 치르게' 하는 사람도 있다. 아시아를 여행하다가 만났던 여성이 기억난다. 그녀가 들고 있던 가방을 내가 칭찬하자, 그녀는 에르메스의 버킨 백을 모으고 있다고 했다. "남편이 바람을 피울 때마다 하나씩 사요. 남편 카드로요." 그게 그녀가 이 상황을 견디는 방법이었다. "이젠 몇 개인지 셀 수도 없네요." 그녀가 씁쓸하게 웃으며 덧붙였다. 정신적 고통은 진짜 폭력으로 변하기도 한다. 《부부와 가정 내에서의 돈 L'Argent dans le couple et la famille》[21]을 쓴 정신분석가 마리-클로드 프랑수아-로지에 Marie-Claude François-Laugier 는 일부 남편들이 물리적 폭력을 동원해 아내를 이중으로 위협하며 성관계를 흥정한다고 지적한다. 이 전문가는 서슴없이 그것을 부부간 매춘이라고 정의한다.

그러나 돈을 보고 결혼한 쪽에만 불만이 있는 것은 아니다. '결혼당한' 쪽도 불만을 느낄 수 있다. 이 문제는 대개 표면에 드러나지 않지만 프랑스 언론에서 드물게 다룬 적이 있다. 파리 고등법원의 변호사는 함정에 빠진 쪽이 부자 남편일 때도 가끔 있다고 밝힌다.[22] 부부관계가 더는 유지되지 않아 분쟁에 들어가도, 더 부자인 쪽이 대개 이혼을 거부하며 조화로운 가정이라는 환상을 유지하고 소란을 일으키지 않으려 한다. 사실상 헤어지게 되더라도 부자 남편은 아내의 주거비와 연금을 계속 지불한다. 전에 비행기에서 만났던 한 남자는 자신이 끔찍한 협박의 희생양이 됐다며 경험담을 이야기했다. 남부럽지 않은 재산가였던 그는 진심으로 사랑해서 아시아 출신의 수수한 여자와 결혼했다. 결혼 뒤 부부는 함께 아내의 가족을 방문하러 갔다. 도착하자마자 아내의 아버지와 오빠가 어려움에 처한 가족 회사에 큰돈을 투자해주면 좋겠다고 남편에게 부드럽게 요구했다. 바보가 아니었기에 이 남자는 당연히 그 청을 거절했다. 그러자 아내가 매우 사적인 사진들을 SNS에 공개하겠다고 그를 협박했다. 불행한 남자는 결국 굴복하고 말았다…….

다른 예도 있다. 모나코 출신의 성공한 사업가가 젊은 러시아 여성과 결혼을 앞두고 있었다. '약혼녀'는 먼저 미래에 대한 '보증금'으로 100만 유로 수표를 요구했다. 사업가는 그 요구를 들어준 뒤에야 아름다운 약혼녀가 사실은 '콜걸'로 전 세계 부자들을 '고객'으로 두고 있으며, 수년 전부터 세계 각국으로 고객을 만나러 가는 비용을 자기에게 떠넘겨왔다는 사실을 알게 됐다. 그는 즉시 결혼을 취소하고 100만 유로 수표를 돌려달라고 요구했다. 그녀는 전혀 동요하지 않고 그에게 소송을 걸어 승소 판결을 받아냄으로써 약혼자의 100만 유로를 확실히 뜯어냈다.[23]

이런 극단적인 예까지 들지 않더라도 부자들은 살면서 무척 경계심 많은 사람이 되곤 한다. 사업에 재능이 있어 성공한 스위스인 친구 중 하나도 저녁 식사 자리에서 누가 자기 이야기를 꺼내면 몹시 마음이 불안해진다고 털어놨다. "나를 보는 여자들 눈길이 바로 바뀌는 걸 느껴. 1분 전까지만 해도 다들 날 쳐다보지도 않았는데 갑자기 시선의 중심에 놓이지. 거북하고, 깊이 상처받은 기분이 들어."

　타산적인 결혼은 사회 최상위층에서만 일어나지 않는다. 정도의
차이는 있지만 돈이 동기가 되는 결혼은 모든 사회계층에서 이뤄진다.
임시직으로 일하면서 자전거를 타는 사람보다 작은 가게, 아파트, 자동
차를 소유한 상대와의 결혼을 선호하는 것도 이에 속한다. 남자들 역시
아내의 돈에 이끌릴 수 있다는 사례를 보기는 했지만, 세계적으로 이런
결혼에 뛰어드는 것은 여성들임을 인정해야 한다. 개선되고는 있지만 오
늘날에도 여전히 너무나 공고한 경제적·역사적·정치적 격차가 그 이유
다. 2014년 OECD에 가입한 34개 국가에서 일자리가 있는 여성은 절
반에 못 미친 반면, 남성은 74퍼센트에 이르렀다. 게다가 여성들의 계약
상태는 더 불안정하다. 여성은 시민권도 훨씬 더 늦게 손에 넣었다. 프랑
스 여성이 개인 수표책을 사용하고 남편의 사전 허가 없이 은행계좌를
열 수 있게 된 게 불과 50년 전이다. 이탈리아 여성은 1919년에야 공무
원이 될 수 있었지만 그나마도 하급 공무원에 한해서였다. 스페인 여성
은 직업을 갖고 일하려면 1975년까지 남편의 허가를 받아야 했으며 프
랑스도 1965년까지 그랬다. 오늘날에도 프랑스 여성의 29퍼센트는 '재정
적으로 독립하지 못했다'고 답한다.[24] 그래서 어떤 여성들은 물질적 안정
을 보장해줄 수 있는 배우자와의 사랑 없는 협정을 체념한 채 받아들이
고 만다.[25]

영국의 격주간 금융 매거진《머니위크》의 편집장이자《사랑만으로 부족하다─현명한 여성을 위한 재테크 가이드 Love Is Not Enough-The Smart Woman's Guide to Making (and Keeping) Money》[26]의 저자인 메린 서머싯 웨브 Merryn Somerset Webb 는 이렇게 요약한다. "정말 똑똑한 여성들도 신데렐라 신드롬의 희생양이 된다. 이는 문화적인 현상으로, 여성들은 미래를 그릴 때 다른 누군가가 미래를 위한 비용을 치러주리라는 암묵적 가정을 항상 포함시킨다."[27] 반면 "그런 삶이 감정적으로 만족스럽지는 않다"고 덧붙인다. 사실 결혼은 사랑하는 사람을 택한다 해도 충분히 복잡한 결정이다. 그러니 사랑하지 않는 사람과 결혼하려면 얼마나 더 복잡해질지 상상해보라! 사회학자 엘리자베스 매클린톡도 수백 쌍의 커플을 대상으로 한 연구에서 마찬가지 결론을 내린다.[28] 두 사람이 인격적으로 성숙하려면 둘은 '거래자 dealer'가 아니라 '잘 어울리는 짝 matcher'으로서 관계를 맺어야 한다. 무엇보다 결혼 상대를 자유롭게 선택하는 것은 우리가 자유로운 사회에서 살고 있음을 나타내는 가장 강력한 지표 중 하나다. 그리고 여성 해방과 여성의 경제적 자립이 이뤄질 때 여성도 배우자를 마음 가는 대로 선택하는 자유를 누릴 수 있을 것이다.

유산 때문에 괴로운 상속자들

"가족은 피로 맺어졌다가 돈 문제로 틀어지는 개인의 집단이라고 일컬어진다."

에두아르 레이(Edouard Rey)(프랑스 제3공화국의 정치가)

호텔에서 일하던 시절에는 업무상 큰 행사에 자주 참가해야 했다. 어느 날 저녁, 중요한 고객의 아들이 내게 질문을 하러 와서 잠깐 이야기를 나눴다. 그는 호감이 가는 사람이긴 했지만 좀 산만한 것 같았다. 자꾸만 담배를 피우는 손님들을 내 어깨 너머로 흘깃거렸다. 날씨도 좋았던 터라, 나는 그에게 담배를 피우고 싶으면 밖으로 나가자고 제안했다. 그는 긴장한 기색으로 손사래를 쳤다. "어휴, 그러면 안 돼요. 아버지가 보시면 큰일 나요. 내가 담배 피우는지 모르시거든요." 나는 영문을 몰라 이 마흔 살쯤 된 다 큰 어린이의 얼굴을 빤히 쳐다봤다. 그가 자기 집안에는 가문의 이름에 어울리는 사람이 되기 위해 따라야 할 규칙이 있다고 설명했다. 담배를 피우지 않는 것도 그중 하나였다. 그는 다른 규칙들도 하나씩 털어놨다. 테니스 클럽 회원이 될 것, 여자가 돈을 내게 하지 말 것, 진심은 그렇지 않다 해도 정중한 태도를 지킬 것 등이었다. 그리고 다른 모든 규칙을 지배하는 황금률도 있었다. '아버지'의 말을 절대적으로 따를 것. 나는 그 상황이 아주 불편할 것 같다고 지적했다. 영국의 성에 살던 불행한 여성이 떠올랐다. "나는 아무것도 아니에요. 내가 가진 모든 건 아버지와 아버지가 주는 용돈에서 나왔거든요. 아버지를 거역하면 다 잃는 거예요." 몇 주 뒤, 그가 다시 파리에 들른 김에 저녁을 먹으며 이야기를 계속하자고 제안했다. 그런데 약속 당일 아침, 전화가 걸려왔다. "정말로 미안해요. 아버지가 예정보다 일찍 떠나기로 결정하셨거든요. 규칙이 뭔지 아시죠? 전 따라야 해요."

다른 날 저녁, 경우는 다르지만 맥락이 비슷한 일이 있었다. 나는 일로 알게 된 여성과 한잔하고 있었다. 그녀는 너무나 슬퍼하며, 파리를 떠나 제네바로 이사해야 한다고 전했다. 남편이 어마어마한 재산의 상속자인데 시부모가 프랑스의 세금을 피해 떠날 때라고 판단했다는 것이다. 자기들이 사는 아파트를 포함해서 모든 것을 시부모가 사줬기 때문에 관련된 결정도 그들이 했다. "사실 우리 남편은 가진 게 아무것도 없어요. 부모님 하시고 싶은 대로 기분 맞춰드리며 사는 거죠." 나는 호기심에 그녀와 남편이 '반항하고' 파리에 남으면 어떻게 될지 넌지시 물어봤다. 그녀는 어깨를 으쓱하더니 간단히 답했다. "이해를 못하시네요. 그건 불가능해요. 전부 다시 가져가시겠죠. 그럼 집도 없고, 용돈도 없고, 그분들 별장으로 휴가도 못 가는걸요." 모든 의문이 풀렸다.

부자들의 불만은 사실 어떤 공감도 불러일으키지 못할 것이다. 심지어 그 부자들이 부모의 상속자라는 지위에 걸맞은 사람이 되기 위해 어떤 노력도 하지 않을 때는. 그러나 그 점은 중요하지 않다. 우리에게 흥미로운 문제는 돈과 행복을 둘러싼 수많은 환상이 성립하는가 그렇지 않은가이다. 사람들은 흔히 상속자의 인생은 '식은 죽 먹기'라고 상상한다. 요정들이 요람을 굽어보며 돈은 물론이고 권력과 안전, 삶의 기쁨까지 단숨에 보장해주니까. 일할 필요도, 집세를 못 낼까 봐 걱정할 필요도, 휴가를 가거나 멋진 자동차를 사려고 가계부를 쓸 필요도 없다. 이런 생각을 하다 보면 "아, 나도 그 돈을 다 가졌다면 걱정이라곤 없을 텐데!"라는 말이 튀어나오는 것도 당연하다. 그러나 실제로 상속자가 됐다고 가정하고, 그가 겪을 두려움과 좌절, 투쟁, 상처받기 쉬운 내면을 상상하기란 지극히 어렵다. '대단한 집안'에서 태어나기만 하면 기적적으로 쉽게 행복에 이를 수 있을까? 아니면 명백히 유리해 보이는 이런 출발 조건이 행복한 삶과는 아무 관계도 없을까? 조사해볼 가치가 있는 질문이다.

현대의 상속자들 중 가장 눈에 띄는 '아이콘'은 이론의 여지없이 패리스 힐턴일 것이다. 힐턴은 2003년 TV 리얼리티 쇼를 통해 대중에 이름을 알렸다. 그 프로그램에서 힐턴은 역시 상속자인 친구 니콜 리치와 함께 외딴 시골 깊숙한 곳에 자리한 농장에 적응해간다. 그들의 호화스러운 일상과 농장에서 겪는 재난을 대비시키기에 이상적인 설정이었다. 화려한 외출, 자잘한 스캔들, 자신의 향수 브랜드를 내세우는 힐턴의 전략을 은근슬쩍 조롱하는 사람도 많았지만, 패리스 힐턴은 어느 틈엔가 세계 곳곳에 자리한 힐턴 호텔의 설립자인 증조부 콘래드 힐턴Conrad Hilton의 제국 곁에 자기 이름을 올려놓았다. 이런 집안의 아이들은 모든 것을 갖고 태어나기 때문에 역설적으로 인생의 핸디캡을 안고 출발한다. 바로 스스로를 증명할 수 없다는 약점이다.

어느 날 아침, 한 라디오 방송에 출연하려고 대기했을 때의 일이다. 함께 출연하는 여러 기자 중 한 사람이 큰 회사 사장의 아들 이야기를 꺼냈다. 그는 최근 자기 회사를 차린 참이었다. "유감이에요. 아버지만큼은 재능이 없더군요." 두 번째 기자가 다른 후계자와 했던 인터뷰를 언급하면서 "그 사람은 홀로 자기 길을 갈 줄 알더라"고 말했다. 동료 기자들이 이 말에 웃음을 터뜨렸다. "그쯤 해! 그 아버지가 언론에 쓰는 광고 예산만 봐도, 당신이 나쁜 말 하기는 어려울 거란 걸 다들 알 테니까." 심지어 부자들은 상속자를 싫어한다. 재능과 수완으로 세계 최고의 부자가 된 워런 버핏은 한 인터뷰에서 자녀들에게 재산을 물려주지 않겠다고 단언했다.[29] 그리고 명문가의 후계자들을 '운 좋은 정자 클럽 회원'이라고 폄하하기까지 했다! 좀 더 품위 있지만 그만큼 우스운 표현으로 보마르셰의《피가로의 결혼》속 긴 독백을 떠올릴 수 있다. 피가로는 알마비바 백작에게 이렇게 말한다. "당신은 대단한 귀족이시니 스스로 대단한 재능이 있다 생각하시겠지요! 고귀함, 재산, 신분, 높은 지위, 모두 아주 자랑스러우실 겁니다! 이 모든 좋은 것을 얻기 위해 무엇을 하셨습니까? 태어나느라 힘드셨던 것 말곤 아무것도 없죠."

스스로 성공하는 것은 삶의 핵심 원동력이고, 이럴 때 성공은 대개 학업과 직업을 통해 이뤄진다. 부유한 환자들을 진료하는 심리학자이자 상담가인 로버트 A. 케니 Robert A. Kenny 는 상속자들에 대해 이렇게 증언한다. "내가 상담가로 일하며 들었던 가장 슬픈 말 중 하나는 어느 할아버지가 후계자인 손자에게 한 말이었어요. '이 귀여운 녀석! 넌 평생 일하지 않아도 된단다.'"[30] 정말 슬픈 일이 아닐 수 없다. 일은 인생을 설계할 때 필수적인 역할을 하기 때문이다. 미국의 심리학 연구자 모르텐 핸슨 Morten Hansen 과 대커 켈트너 Dacher Keltner 도 많은 동료 학자들의 분석을 모아 집필한 논문에서 그 사실을 상기시킨다.[31] 저자들은 특히 일을 통해 자신이 사회에 공헌하고 있다는 느낌과 배움을 얻고, 도전에 맞서 성장하며, 사회적 지위를 획득하고(실제로 대부분의 사람들은 새로운 사람을 만나면 자기 직업으로 스스로를 정의한다), 자립하는 동시에 공동체에 속하는 특권을 누릴 수 있음을 증명한다. 무균실 안의 후계자들은 다른 사람들과 격리되어 현실 세계와 단절된 채 살아간다.

이런 관점에서 보면 몇몇 미국 상속자들이 '모어 댄 머니 More than money (돈보다 가치 있는)'라는 기구를 설립한 것도 놀라운 일은 아니다. 이

기구는 상속자라는 자신들의 지위가 미치는 영향을 받아들이려고 함께 노력하는 소통의 장이다. 세이어 치텀 윌리스Thayer Cheatham Willis는 조지아퍼시픽의 부유한 상속자인데, 작가이자 다른 상속자들을 진료하는 심리치료사가 되어 자신의 천직을 찾았다. 그의 책《부의 어두운 면을 돌아보다Navigating the Dark Side of Wealth》[32]는 각자 자기 직업의 길을 찾으라고 권한다. 인간은 자신이 쓸모 있고 생산적인 존재라고 느껴야 성숙해지기 때문이다. 이미 부유하다고 해도 좋아하는 직업이 있다면 돈에만 집중하지 않고 삶에서 의미 있는 일에 공헌할 수 있다. 직업은 가족으로부터 조금이나마 독립하기 위한 수단이기도 하다.

윌리스는 여기서 더 나아간다. 상속자들은 모든 것을 돈이라는 프리즘을 통해 분석하려는 경향이 있다. 그들은 원하는 것은 뭐든 살 수 있으며 자신의 아주 작은 욕망마저도 세상이 죄다 채워줘야 한다고 생각한다. 돈이 사랑이나 우정 같은 다른 모든 인간적 가치보다 우위에 놓인다. 부자들은 타인과 건전하고 균형 잡힌 관계를 정립하기가 훨씬 더 어렵다. 그들이 버릇없는 아이처럼 굴기 때문이기도 하지만 주변 사람들이 순전히 돈에 이끌려 모이곤 하기 때문이다. 호텔에서 일했을 때, 하루는 프랑스 귀족의 상속자인 젊은 직원과 이야기를 나누게 됐다. 매우 부유한 그의 집안은 큰 실패를 겪고 막대한 재산 손실을 입은 참이었다. 그 젊은이가 직접 물려받게 될 재산도 '겨우' 수백만 유로밖에 남지 않았다. 그는 이 사실에 너무나 큰 충격을 받았다. 배려와 특별대우에 익숙해진 그가 막대한 재정적 보장 없이 어떻게 자기 생활수준과 지위를 유지할 수 있겠는가? 이제까지 사람들은 그를 존경하는 것처럼 보였지만, 앞으로도 그런 존경심을 요구할 수 있을까? 그는 진심으로 초조해하고 있었고 거의 제정신이 아닌 것 같았다.

윌리스는 "물질적 재산을 손에 넣으려는 집착은 인간 정신을 피폐하게 하는 크나큰 위험"이라고 결론을 내린다. 그는 환자들에게 "대가를 치르지 않고 인생을 여행하는 사람은 아무도 없다. 표를 살 돈이 있다는 이유만으로 인생을 쉽게 살 자격이 있다고 생각하는 사람은 특히 더 큰 대가를 치르게 된다"고 경고한다. 돈이 있다는 것과 돈이라는 수단이 목적이 되지 않도록 주의하며 돈을 쓸 줄 아는 것은 별개의 문제다.

제이미 존슨Jamie Johnson은 2003년에 〈본 리치Born rich (타고난 부자)〉라는 굉장한 다큐멘터리를 감독했다. 그 자신이 미국의 대형 제약업체 존슨앤드존슨의 상속자인 감독은 블룸버그Georgianna Bloomberg, 트럼프Ivanka Trump, 밴더빌트Josiah Vanderbilt (철도왕으로 불리는 밴더빌트의 손녀가 1930년에 설립한 휘트니미술관의 상속자_옮긴이), S.I. 뉴하우스S.I. Newhouse (미국 미디어계의 거물로 《보그》 등을 출간하는 콩데 나스트Condé Nast를 포함한 미디어그룹의 상속자_옮긴이) 등의 상속자 세계와 함께 인간을 소외시키는 그들과 돈의 관계를 소개한다. 예를 들어 그들 중 한 명은 할아버지가 전화를 걸어 사소한 이유로 상속자 자격을 박탈하고 마음에

안 드는 신발 한 켤레만 남겨줄지 모른다는 불안에 끊임없이 시달린다. 다른 상속자는 재미난 듯 웃음을 지으며 학교 친구들을 이렇게 협박하곤 한다. "야, 꺼져! 나는 뉴욕에서 왔고 마음만 먹으면 너희 가족을 사버릴 수도 있어." (심지어 그는 다큐멘터리 상영을 금지시키려 한다.) 미국의 새 대통령 도널드 트럼프의 딸 이방카 트럼프는 자기는 부자니까 괴로움이라곤 조금도 모를 거라고 생각한 남자애가 있었다고 흥분해서 이야기한다. "진짜 말도 안 되는 소리죠. 돈이 많으면 행복한 줄 알더라니까요!"

　일부 상속자들의 실패와 고통은 어김없이 기자들의 먹잇감이 되며, 미국에서만 그런 것도 아니다. 고통과 실패는 대부분 돈 문제로, 관련 당사자들에게는 대단히 폭력적인 사건이다. 프랑스에서는 세계에서 가장 부유한 여성인 로레알의 사주 릴리안 베탕쿠르Liliane Bettencourt 와 그의 딸 프랑수아즈 베탕쿠르-메이예Françoise Bettencourt-Meyers 의 분쟁이 대단한 사건이었다.[33] 두 여성은 몰래 녹음을 하고 악의에 찬 진술을 하며 서로를 헐뜯었다. 사건의 핵심에는 릴리안 베탕쿠르가 지인인 한 예술가에게 준 대단히 후한 선물이 있었다. 유산을 한몫 챙기려고 접근하는 직업적 애인에게 상속자들이 희생양이 되는 일은 흔하디흔하다. 독일에서는 BMW를 설립한 명문 크반트Quandt 가문의 억만장자 상속자 중 한 명인 수잔네 클라텐Susanne Klatten 사건이 있었다. 클라텐은 대외활동을 극도로 피하고 그룹 핵심에서 모든 기업활동을 성실히 관리하면서 대단한 노력가라는 평판을 얻었다. 그러다가 44세, 집안이 탄탄히 자리를 잡았을 무렵 휴가지에서 만난 매력적인 스위스 젊은이가 그녀를 유혹한다. 새 애인은 그럴듯한 이야기를 꾸며내 클라텐이 자기 몸값으로 700만 유로를 지불하도록 설득한다. 남자가 가족을 버리고 함께 떠나자며 더 많은 돈을 요구했을 때 클라텐은 거부했다. 애인은 성관계 장면을 담은 동영상을 폭로하겠다고 그녀를 협박하기까지 했다. 클라텐은 스캔들에 시달릴 위험에도 불구하고 용기를 내 그를 고소했고, 스위스 사기꾼은 징역 6년 형을 받았다.

모녀 사이의 절연, 정신적 취약함을 악용하는 사람들, 돈을 노린 유혹과 공갈 협박은 물론이고 티는 덜 나지만 마찬가지로 고통스러운 중상과 비방, 사회적 관계 형성의 어려움, 낮은 자존감, 돈에 대한 지나친 가치 부여까지……. 물론 처음에는 유리한 점이 많을지 모른다. 그러나 부유한 상속자들이 '행복하고 의미 있는 삶'을 자동적으로 보장받는 것은 아니며, 오히려 실제 삶은 그와 거리가 멀다. 행복을 추구하는 과정에서 우리는 모두 동등하며 출발점은 그리 중요하지 않다. 가난한 사람의 삶이 풍성할 수 있듯, 부유한 사람의 삶이 빈곤할 수 있다. 나는 붓다가 했다는 이 말을 무척 좋아한다. "행복하기란 쉽지 않다. 행복을 자기 안에서 찾기는 매우 어렵고, 다른 곳에서 찾기는 불가능하다." '다른 곳'이라는 말에서 나는 사람들이 손에 넣고 싶어 하지만 사실은 우리를 본질에서 멀어지게 만드는 그 모든 상태(부유함, 아름다움, 유명함 등)를 떠올린다. 붓다는 이 문제에 대해 뭔가 깨달았음이 분명하다. 붓다는 원래 왕국의 후계자로 아름다운 궁전에서 유복하게 살았지만, 바깥 세계를 접하고 자신이 현실과 동떨어져 있음을 깨달았다. 그래서 무소유와 명상을 선택함으로써 내면의 고통에서 해방됐다. 물론 우리가 모두 대오각성의 길을 걸어야만 하는 건 아니다. 그러나 삶의 우여곡절을 견딜 수 있는 행복의 토대를 쌓으려면 주의 깊게 스스로를 깊이 탐구해야 한다. 우리가 누구인지, 어디에서 왔는지, 무엇을 물려받았는지는 상관없다.

로또 당첨, 행복이 걸린 도박

> "돈을 돈이 지닌 가치 이상으로도 이하로도 평가하지 마라.
> 돈은 좋은 하인이자 나쁜 주인이다."
>
> 알렉상드르 뒤마, 《춘희》, 1848

로또를 살까? 유혹은 강하다. 누구나 머릿속으로 계산을 한다. '당첨 안 된다고 해도 큰돈 쓰는 거 아니잖아. 로또 몇 장 사는 건데, 뭐. 하지만 당첨되면 그때부터는 인생 제대로 풀리는 거지!' 이런 모두의 상상 속에서, 로또 당첨은 행복을 향한 직항 편도 여객기처럼 여겨진다.

택시 운전자들이 그 유명한 '우버'에 반대하면서 한창 논란이 벌어지던 때였다. 어느 날 저녁 택시를 타고 집에 가면서 기사와 대화를 나눴다. 택시 기사는 모든 것에 대해 불평했다. 우버는 물론이고 별다른 이유도 없이 늘 트집을 잡는 아내와 하염없이 돈이 들어가는 아이들, 도로 공사, 지긋지긋한 겨울까지도. 그러다 갑자기 함박웃음을 지으며 말했다. "하지만 행복해질 거라는 희망은 간직하고 있죠. 로또를 사거든요. 언젠간 당첨되겠죠!" 이 기대와 희망에 즐거운 구석이 있는 건 사실이다.

사람들은 로또를 사면서 머릿속으로 즐거운 계획을 세우기 시작하고, 현실을 구체적으로 고민할 필요가 없으니 모든 것이 지금보다 나아 보인다. 가난한 집에서 자란 나의 할머니도 수요일마다 로또를 샀다. 그건 거의 의식에 가까웠다. 심지어 할머니는 늘 같은 번호를 구입했다. 로또가 할머니의 일주일에 리듬을 만들어줬다. 결국 몇 덴마크 크로네 이상 당첨된 적은 없지만, 기대감이 늘 할머니를 웃음 짓게 했다. 할머니는 당첨금으로 무슨 일을 하실지, 세세한 목록을 우리에게 즐겨 말씀하셨다. 첫 번째는 손자들에게 돈을 나눠주시는 것이었다.

정말 좋은 번호를 뽑은 사람들도 있다. 그래서 그들이 정말 더 행복해졌을까? 바로 그게 우리의 관심사항이다. 이 주제에 관한 연구가 1978년에 이뤄졌다.[34] 연구자들은 복권에 당첨된 사람들, 당첨되지 않은 사람들, 사고로 몸이 마비된 사람들에게 같은 질문 목록으로 설문조사를 했다. 행복 수준을 측정하는 것이 질문의 목적이었다. 이 실험으로 로또 당첨 직후에는 당첨자들의 행복 수준이 높아지지만, 겨우 몇 달만 지나도 원래 수준으로 떨어진다는 사실이 밝혀졌다. 장기적인 행복의 관점에서, 로또 당첨자들은 비당첨자에 비해 특별히 더 행복해 보이지 않았다. 또한 이 연구에서는 몸이 마비된 사람들이 초기에는 불행하지만, 시간이 흐름에 따라 행복 수준이 원래대로 돌아온다는 사실도 관찰됐다. 이 연구의 주요 결론에 따르면 대부분의 개인은 일정한 기본 행복

수준을 지니고 있고, 부정적인 것이든 긍정적인 것이든 인생의 갑작스러운 사건에 그 수준은 일시적인 영향을 받을 뿐이다. 시간이 얼마간 지나면 개인은 초기의 행복 수준을 회복하는 경향을 보인다.

첫 책을 홍보하러 아시아에 갔다가 돌아오는 비행기에서, 옆자리에 앉은 매우 상냥한 신사와 대화를 나누게 됐다. 우리는 그의 아이들에 대해 이야기했다. 그에게는 스물다섯부터 서른 사이의 성인이 된 자녀 셋이 있었다. 그가 말했다. "안타까운 일이 있다면, 셋 중 가장 마음 약한 아이가 긁는 복권에서 80만 유로에 당첨됐다는 거죠." 나는 놀라서 대답했다. "네? 그건 정말 잘된 일 아닌가요?" 그가 한숨을 쉬었다. "사실 그렇지가 않답니다. 처음에 그 애는 좋아서 어쩔 줄 몰랐죠. 하지만 복권에 당첨됐다고 해서 인생의 진짜 문제가 해결되진 않는다는 걸 깨닫더니 다시 가라앉더군요. 일자리도 못 찾았고, 여자 친구와 잘되지도 못했고, 자기 인생은 아무 의미 없다는 말을 계속 하고 있어요. 이제는 그런 기회를 잡고도 행복해지지 못했다고 죄책감까지 느낍니다."

큰 당첨금을 꿈꾸는 사람들은 이 이야기에 조금 실망했을 것이다. 하지만 로또 당첨자들이 무엇을 얻을지만 알고 무엇을 잃을지는 몰랐다는 사실이 더 안타깝다. 구글에 '로또 당첨자'를 검색해보면 '최후', '협박', '비극', '죽음' 같은 무서운 단어들이 함께 등장한다. 이 검색 결과에 포함된 온갖 역겨운 사건을 보면 '복권의 저주'가 아닌가 싶을 정도다. 저주라고 해도 과언은 아니다. 당첨자들 자신도 저주라는 표현을 쓴다. 돈 맥네

이 Don McNay 는 복권 당첨자와 상담한 경험이 많은 금융 컨설턴트인데, 《복권에서 얻은 삶의 교훈 Life Lessons from the Lottery》[35]이라는 제목의 책을 내기도 했다. 그 교훈은 고통스럽다. "그들은 자살한다. 그들은 돈을 탕진한다. 이혼과 죽음의 위기에 처한다." 끝으로 저자는 이렇게 단언한다. "로또에 당첨되면 당첨자들의 삶은 당첨 전보다 훨씬 더 나쁜 상황에 빠진다." 지나치게 단순한 결론일 수도 있지만, 실제로 당첨 복권을 뽑은 후 삶이 엉뚱한 방향으로 변해버린 수많은 '행운아' 이야기가 존재한다는 걸 인정할 수밖에 없다. 가장 빈번한 위험은 재산을 탕진하고 전보다 더 가난해지는 것이다. 금융교육을 장려하는 어느 미국 협회에 따르면, 갑자기 큰돈을 손에 넣은 사람의 약 70퍼센트는 그 돈을 수년 이상 보전하지 못한다.[36] 수입이 보잘것없던 사람이 복권으로 받은 '선물'을 주체하지 못하는 모습이 쉽게 떠오른다. 영국인 마이클 캐럴이 바로 그런 예다. 빈민에 가까웠던 그는 당첨금 970만 파운드(약 144억 원)를 받았으나, 그 자신의 고백에 따르면 마약, 도박, '수많은 매춘' 등으로 8년 만에 그 돈을 모두 탕진했다. 이 난리로 그는 몸을 망쳤고, 끝이 보이지 않는 재정적·법적 문제에 휘말렸다. 돈에 대해 미리 잘 알아보고 관리하지 못한 그의 잘못일까? 그러나 상류층 사교계를 제외하고는 사행성 놀이가 매우 오랫동안 금지됐었다는 걸 고려하면 그의 탓만 할 수도 없다.

사실 막대한 이익으로 인한 갑작스러운 변화는 모든 사회계층에서 개인의 균형을 깨뜨릴 수 있다. 잭 휘태커의 사례가 눈길을 끈다. 미국 건축회사의 사장이었던 그는 2002년 3억 1,500만 달러(약 3,500억 원) 복권에 당첨되었을 때 이미 백만장자였다. 그런데 4년 뒤 휘태커는 몰락했고, 엎친 데 덮친 격으로 딸과 손녀가 약물 과용으로 연이어 세상을 떠났다. 당사자인 휘태커가 보기에, 그 죽음은 의심의 여지없이 쉽게 손에 넣은 더 많은 돈과 관계가 있었다.[37]

돈 문제 이상으로, 복권 당첨자들은 흔히 타인과의 관계 변질을 경험한다. 친한 사람도, 덜 친한 사람도 욕심을 내면서 당첨자에게 모든 것을 기대한다. 애정을 볼모로 삼기까지 한다. 예를 들어 1,900만 달러에 가까운 복권에 당첨된 샌드라 헤이스는 자신의 책에 당첨금이 인생을 어떻게 바꿨는지를 썼다. 그녀는 완곡한 표현을 사용하면서, 특히 자신이 추진할 수 있었던 프로젝트에 관해서는 긍정적인 면을 많이 소개한다. 하지만 마치 '흡혈귀'처럼 굴었던 몇몇 친구와 친척을 떠올리면서는 역겨움을 내비친다. 도나 미킨(2007년에 3,450만 달러 당첨)도 예전에 자신은 행복한 사람이었지만 하늘에서 떨어진 돈 때문에 그 삶을 잃어버렸고 사랑하는 사람들과 돈독한 관계를 맺지 못하게 됐다고 블로그에 썼다. 그녀는 재산을 비밀처럼 간직하고 마음의 문을 조금씩 닫았다. 또 다른 당첨자 에이브러햄 셰익스피어는 2006년에 3,000만 달러에 당첨됐는데 3년 후, 돈을 노리고 친구가 된 사람에게 살해당했다. 1998년 1,620만 달러에 당첨된 윌리엄 버드 포스트는 살해될 뻔했는데, 청부업자를 고용해서 그와 그의 아내를 죽이려 한 사람은 다름 아닌 친형제였다.

심지어 스스로 생을 마치는 사람들도 있다. 1997년 3,100만 달러에 당첨된 빌리 밥 해럴 2세는 당첨금을 친척들 그리고 자신이 속한 종교 공동체와 후하게 나눴으나, 그가 느끼는 사회적 압박은 점점 더 커졌고 심지어 아내까지 압력을 가했다. 새로운 인생이 열린 지 20개월 만에 그는 자살했다. 겨우 열여섯 살에 300만 달러에 당첨된 영국인 칼리 로저스는 자동차, 마약, 유방 확대 등에 돈을 펑펑 쓰다가 2009년에 두 차례 자살을 시도했다.

얼마나 어이없는 일인지! 물론 이는 수많은 복권 당첨자 중 일부가 겪은 특수한 일일지 모른다. 그러나 '뜻밖의 행운' 이후 그들에게 닥친 비극적 운명은 되새겨볼 만하다.

리처드 러스틱은 그런 성찰을 한 듯하다. 이 남자는 20년간 일곱 번 로또에 당첨되는 위업을 달성했다. 당첨금 총액이 80만 달러를 넘지 않는 '상대적으로' 소박한 액수이긴 했다. 그는 좋은 일도 나쁜 일도 있었다고 인정했지만, 조화로운 가정(30년 전에 결혼해서 슬하에 두 아이를 뒀다)과 좋은 친구들을 변함없이 지킬 수 있었다. 그는 이렇게 설명한다. "이 경험을 통해 배운 사실은 발을 땅에 딛고 서되 미래에 대해 생각하기를 멈춰서는 안 된다는 겁니다." 갑작스레 쏟아진 돈벼락에 대처하려면 사실 상당한 통찰력과 지혜 그리고 때로는 약간의 도움도 필요하다. 예를 들어 프랑스의 주요 복권 사업자인 프랑세즈 데 쾨 Française des Jeux 는 1993년 '당첨자 관련 서비스'를 개시해서 당첨자를 무료로 지원한다. '소액' 당첨자를 위한 서류 작업부터 시작해 고액 당첨자는 개별 추적하여 금융, 세금, 부동산에 대한 조언은 물론 심리적 도움까지 제공한다. 2007년 고액 당첨자의 80퍼센트가 지원을 받아들였고 대부분 당첨 후 수년 뒤까지 계속 도움을 받았다.[38]

복권 당첨자들의 삶을 찬찬히 짚어보면 당첨을 계기로 더 행복해지지는 않는다는 결론을 얻을 수 있다. 그들에게는 모두 나름대로의 행복의 '토대'와 삶에 대한 가치관, 사랑을 주고받는 주변인들이 있었다. 큰 이익을 손에 넣은 경험이 긍정적 변화가 될지 아닐지는 사실 이제까지의 삶에 달려 있다. 달리 말해 벼락부자가 되는 사건이 이전의 삶을 증폭시키는 결과를 낳을 수 있다는 뜻이다. 당첨 전에도 행복하지 않았다면, 돈만 밝히는 친구들에게 둘러싸여 있었다면, 게다가 돈 관리를 못하는 사람이라면 로또에 당첨돼 문제가 해결되기는커녕 더 큰 문제가 생길 것이다. 반면 신뢰하는 사람들과 의미 있게 살아가던 평온한 사람이라면 복권이 가져온 깜짝 행운으로 건전한 삶의 토대가 더욱 탄탄해질 것이다. 돈은 오직 수단으로써의 역할을 다할 것이다.

운이 결정하는 도박은 행복으로 가는 지름길이 될 수 없다. 평안한 행복은 완전히 다른 방식으로 움직인다.

최고 부자가 최고로 행복할까?

> "돈이 좀 있으면 누구나 그에 감사하지요.
> 하지만 나만큼 돈이 많으면 팝콘을 먹는 것과 좀 비슷한 느낌이에요.
> 배는 부르지만 영양가가 없죠."
>
> 테드 터너(Robert Edward Turner III)[39]

부자의 배우자, 상속자, 로또 당첨자를 살펴봤으니 이제 부자 중에서도 최고 부자들의 '행복 바로미터'를 점검해볼 차례다. 재산이 3,000만 달러, 즉 약 335억 원 이상인 사람들을 '초갑부 Ultra high-net-worth individual, UHNWI'라고 부른다. 세계 인구의 0.004퍼센트가 여기 속한다. 그들 중 68퍼센트는 유산이 아니라 자기 일로 부를 일궜다.[40]

초갑부들은 사람들이 상상조차 하기 어려울 만큼 호화롭게 생활한다. 그들은 스콧 피츠제럴드의 《위대한 개츠비》[41]에 나온 표현처럼 "당신 그리고 나와는 다르다".

수년 전, 나는 운 좋게도 웅장한 성에 사는 한 친구의 초대를 받았다. 성에 도착한 나는 그곳의 아름다움과 200년이라는 역사에 압도됐다. 그 정도로 호화로울 줄은 정말 몰랐다. 전 세계에서 온 손님들은 모두 매우 친절했고 그곳에 온 것을 행복해했다. 한 명만 빼고. 아페리티프를 마시러 응접실로 내려가다가 그 사람과 처음 마주쳤다. 그는 성의 주인에게 자기 방 욕실에 대해 불평하고 있었다. "솔직히 형편없어요. 욕조에 완전히 누울 수도 없더군요." 그는 쉬지 않고 불만을 터뜨렸다. "집에서 쉬는 게 나을 뻔했어요. 매번 똑같잖아요. 손님을 제대로 대접할 줄을 몰라요!" 성 주인은 매우 당황했다. 그 억만장자는 회사의 중요한 고객이기도 했기 때문이다. 게다가 그에게는 성에서 가장 아름다운 침실을 내준 터였다. 저녁을 먹을 때 나는 그 남자 옆에 앉는 '특권'을 얻었다. 그는 나에게 자기 이야기를 많이 했고 별로 거슬리지는 않았다. 아주 놀라운 이야깃거리가 많았기 때문이다. 대화는 물 흐르듯 흘러갔고 꽤 재미있었다. 하지만 그가 인생의 모든 분야에서 거둔 성공과 영광을 다 훑고 나자 뭘 더 물어야 할지 알 수 없었다. 묻고 싶어서 입이 근질근질한 마지막 질문이 하나 남아 있긴 했지만. "살면서 재능이 없다고 생각하신 일은 없었나요?" 깜짝 놀란 그는 잠시 가만히 있다가 그런 질문은 한 번도 받아본 적이 없다고 인정했다. 그는 나중에 내게 다시 가까이 와서는 고민 끝에 답을 찾았다고 말했다. "전 행복해지는 데는 별로 재능이 없습니다." 나는 그의 대답이 아니라 그의 진실성에 놀랐다. 그는 정말로 파티가 열린 주말 내내 작은 흠이나 사소하지만 신경 쓰이는 부분을 찾아내며 지금 이 순간과 특별한 상황을 전혀 만끽하지 못했다.

초갑부들은 우리의 환상을 자극하고 부풀린다. 어마어마한 부에는 어마어마한 행복이 따를 것만 같다. 멀리 떨어진 그들의 세계는 닫혀 있는 것처럼 보이며, 그 안으로 행복 측정기를 밀어 넣기는 쉬운 일이 아니다. 다행히 방대할 뿐만 아니라 대단히 흥미롭고 정확한 미공개 자료를 발견했다. 바로 보스턴대학교와 빌 게이츠 재단을 비롯한 여러 재단이 극도로 부유한 165개 가정을 대상으로 일상에서 받는 느낌에 대해 설문조사를 하고 그걸 익명으로 수집한 결과이다.[42] 이 가정들의 평균 자산은 7,800만 달러(약 870억 원)이었으며 개중에는 억만장자도 두 집 있었다. 몇 줄 혹은 몇 쪽에 이르는 참가자들의 답변은 '부의 기쁨과 딜레마'(이 연구의 제목)를 고스란히 담고 있다. 기쁨이야 잘 알려져 있으니, 흥미를 불러일으키는 것은 딜레마 부분이다. 사실 이 익명의 증언 거의 대부분은 딜레마에 관한 것이다. 물론 조사 표본이 대표성을 띤다고 보기는 어렵다. 거리를 두고 비판할 수 있는, 더 열린 마음을 보여준 선의의 부자들만이 조사에 참여했을 것이기 때문이다. 대신 참여자들은 전반적으로 깊은 성찰을 담아 매우 상세하게 그들의 두려움과 희망을 고백했다.

이 연구에서 가장 눈에 띄는 현상은 세계 최고 부자들이 돈으로 쌓은 산꼭대기 위에서 몹시 외로워하고 있다는 사실이다. 사회적 관계가 그들의 가장 큰 불안 유발 요인이다. 이 관계에는 사랑과 우정은 물론 부모-자녀 관계도 포함된다. 많은 참여자가 돈독한 우정을 쌓기 어렵다고 토로했다. 실제로 조사에 참여한 몇몇은 인간관계를 망치지 않기 위해 천문학적인 계좌 잔고를 숨긴다고 털어놨다. 이해할 수 없는 일이다.

어느 날 업무차 만난 남성이 대화를 하는 중에 문득 친구가 큰돈을 빌리러 왔다는 이야기를 꺼냈다. 대단히 유쾌한 그 사람은 수년 전 회사를 매각해 돈을 많이 벌었다. 친구의 부탁이 신경 쓰인 나머지 업무상 만난 나에게라도 속내를 털어놔야 속이 풀릴 상황이었던 것이다. 나는 이해한다는 뜻을 내비치고는 이렇게 말했다. "정말 힘든 상황이실 것 같네요. 그래도 이런 일이 흔치는 않을 테니 다행이에요. 친구 분들도 돈을 빌려달라고 말하기가 얼마나 난처하시겠어요." 그런데 그가 어딘지 씁쓸하게 웃었다. "흔치 않다고요? 일상에 가깝죠! 돈 빌려달라는 말을 꺼내지 않은 친구가 한 명도 없는 것 같군요. 아, 흔치 않은 건 돈을 갚는 경우랍니다." 그렇다. 복권 당첨자나 상속자와 마찬가지로 억만장자의 인간관계도 돈으로 인해 변질된다. 시간이 흐르면 타산적인 사람들을 구별해낼 수 있게 되지만, 의심은 먹구름처럼 영원히 머리 위를 떠난다. 결과적으로 억만장자들은 자기들끼리 모이는 걸 선호하게 된다. 최소한 '돈을 뜯길' 일은 없어 안심인 데다 같은 언어를 쓸 수 있기 때문이다.

아주 부유한 한 지인이 이렇게 털어놓은 적이 있다. "전용 제트기 기장이 아파서 곤란하다고 누구한테 말할 수 있겠어? 별장을 여러 채

관리하기 어렵다는 얘기도. 남들은 이해할 수 없는 별난 이야기라는 걸 나도 알지. 하지만 이게 내 일상인걸……. 그러니 나와 비슷한 걱정거리가 있는 사람들과 만나는 편이 더 좋아." 그들은 새로운 만남의 기쁨, 자신과 다른 관점을 지닌 사람들을 통해 얻을 수 있는 정신적 풍요는 포기하고 만다. 위대한 개츠비의 고독이 떠오른다. 그는 집에서 호화로운 파티를 열지만, 자리에 나타나지도 않고 멀찍이서 손님들을 바라볼 뿐이다. 그리고 결국은 돈을 먹고 자라나 뒤엉킨 원한과 질투 속에서 비극적인 최후를 맞는다. 앞의 보스턴대학교의 연구에서, 설문에 참여한 어느 기혼 여성 역시 타인과 걱정을 나누기 어렵다고 답했다. 거의 자동적으로 이런 반응이 나오기 때문이다. "내 참! 나도 그런 걱정 좀 해봤으면 소원이 없겠다." 이에 대해 고찰한 심리학자 바버라 누스바움 Barbara Nusbaum 도 이들의 상황을 다음과 같이 요약한다. "나는 돈이 산더미처럼 많아. 사는 게 힘들어'보다 '난 빈털터리야. 사는 게 힘들어'라고 말하는 편이 사회적으로 훨씬 더 널리 용인된다."[43] 불평, 나아가 속마음을 털어놓는 것은 자연스럽고 꼭 필요한 행동이다. 그러나 행복의 모든 조건을 갖춘 것처럼 보이는 사람이 너그러운 귀를 가진 대화 상대를 찾기란 대단히 어렵다.

사랑하는 사람에 대한 의심은 더욱 잔인하다. 이 사람이 나를 있는 그대로 좋아하는 걸까, 아니면 돈 때문에 좋아하는 걸까? 앞서 살펴본 '돈을 목적으로 하는 결혼'에도 똑같은 문제가 있었다. 여성이 부유한 경우, 전통적인 가족 도식 내에서 양가감정은 한층 더 심해진다. 억만장자를 대상으로 한 조사에서 어느 어머니는 이렇게 진술한다. "사위들이 가족을 부양하는 역할을 빼앗겼다고 느끼진 않을까, 유산 때문에 딸들의 결혼생활이 불행해지진 않을까 걱정이에요." 그래서 한참을 기다렸다가 사랑을 그리고 재산에 대해 고백하기로 결정하는 사람들도 있다.

억만장자에게는 가족관계도 수월하지 않다. 조사에 참여한 거의 모든 부모의 답변에서 근심을 엿볼 수 있다. 바로 재산 때문에 자녀들의 인격이 '빈곤'해질지도 모른다는 두려움이다. "아이들이 모든 것을 당연하게 여길까 봐 걱정"이라는 답변도 있었다. 돈의 가치는 특별히 더 신경 써서 교육해야 하는 항목이다. 어느 부모는 이렇게 고백한다. "돈을 너무 많이 줬다가 애들이 망나니가 되면 어쩌나 걱정된다. 그렇다고 충분히 주지 않으면 벌써부터 불만을 터뜨린다." 자료를 조사하던 중, 부자 부모들이 자녀를 '책임감 있는 아이'로 키우기 위해 읽는 교과서라는 책을 많이 발견했다. 특히 미국에서 나온 책이 많았다. 그러나 억만장자에 관한 이 연구에 따르면 아이들은 그런 전략에 속지 않는다. 앞서 고민을 말한 부모는 이렇게 표현했다. "억만장자의 가정에서는 모든 것이 거래됩니다."

그러나 부자 중의 부자들이 세상에 대해 느끼는 거리감이 어느 한 부문에서는 약간 줄어든다. 설문 참여자 대다수가 구호재단의 일원이며 1인당 평균 1,100만 달러를 자선사업에 기부했던 것이다. '세금 면제'

를 위한 전략이라고 할 수도 있겠지만, 어쨌든 이는 공공 프로젝트에 참여하는 한 가지 방법이다. 설문 답변을 살펴보면 많은 사람이 기부를 통해 성취감을 얻었고 이에 높은 가치를 부여했다. 같은 취지로 빌 게이츠와 멜린다 게이츠가 2010년에 발의한 '기빙 플레지 The Giving Pledge (기부 서약)' 운동은 미국 최고의 부자들에게 재산의 99퍼센트를 자선사업에 기부하도록 권하고 있다. 젊지만 이미 대단히 부유한 페이스북의 설립자 마크 저커버그도 이 운동에 동참했으며 사업가 워런 버핏도 함께했다. 게이츠, 저커버그, 버핏의 공통점은 땅에 발을 딛고 있다는 사실이다. 그들의 부는 과시적인 생활로 표현되지 않는다. 자산 총액이 400억 달러가 넘는 워런 버핏은 안락하지만 소박한(방이 다섯 개이긴 해도) 집에 1958년부터 계속 살고 있다. 실제로 그는 재산 때문에 일상생활이 달라지지 않았다고 단언한다. 요트도, 스포츠카도 없지만 자신이 무엇을 좋아하는지는 알고 있다. TV로 운동경기 보기 그리고 햄버거 먹기다. (그렇다, 그것뿐이다!) 어쨌든 버핏은 행복해지기 위해 뭐가 필요한지 알고 있는 듯하다. 그리고 그건 터무니없는 지출을 해야만 얻을 수 있는 것은 아니다.

고독감 외에 억만장자들이 두 번째로 자주 언급한 일관된 감정은 '불만족'이다. 이 불편한 감정을 불러일으키는 요인 중 하나는 특권계층 내에 존재하는 잔혹한 경쟁이다. 누가 가장 찬란한 성공을 거두었나, 누구의 요트가 가장 호화롭고 누구의 자동차 컬렉션이 가장 멋지며, 누구 집이 가장 낙원 같은가…… "세상에! 그렇게 비즈니스 성적이 나빴을 줄이야!" 한 러시아 억만장자의 아들이 절규한다.[44] 가족의 파산 소식이라도 들은 것일까? 전혀 그렇지 않다. 그저 《포브스》 선정 세계 부자 순위에서 자기 아버지가 '겨우' 80위에 머무른 사실을 알게 됐을 뿐이다.

타인과의 비교는 하면 할수록 결국 실망할 수밖에 없고, 끝없이 달려야 하는 경주와 같다. 언제나 더 아름답고, 더 똑똑하고, 더 강한 자가 있듯 언제나 더 부유한 자가 있기 때문이다. 로버트 프랭크 Robert Frank 는 신흥 부자들의 소우주를 파헤친 저서 《리치스탄: 새로운 백만장자의 탄생과 부의 비밀》[45] 에서 극도로 높은 수입에도 불구하고 모든 가정이 재정적 안전을 위협하면서까지 능력 이상의 생활수준을 유지하려 한다고 말한다. 그들의 사회에서 배제되지 않기 위해서다. 그러나 방탕한 소비가 신나기만 할까? 항상 사치스러운 생활을 하다 보면 결국은 일상을 벗어난 놀라움에 대한 개념을 잃게 된다고 프랭크는 설명한다. 더는 그로부터 만족감을 느끼지 못하게 되는 것이다. 한마디로 무감각해진다. 심리학에서는 이를 '쾌락 적응'이라고 부른다. 최신 유행(인피니티 풀, 최신 스마트폰, 디자이너 의상 등)은 처음에는 기쁨을 안겨주지만 그 기쁨은 빠른 속도로 줄어든다. 사람은 가진 것에 적응하므로 특별함도 결국은 모두 일상에 삼켜지기 마련이다. 그러한 흐름이 곧장 권태로 이어지기도 한다. "억만장자가 된 그는 따분해 죽을 지경이다." 프랑스 잡지《르 푸앙 Le Point》이 유명한 비디오 게임 마인크래프트를 개발해 경이로운 매출을 올린 마르쿠스 페르손 Markus Persson 을 취재한 기사에 붙인 제목이다.[46] 페르손은 트위터에 '감히' 이렇게 불평했다. "이비자에서 수많은 친구들과 놀고, 유명한 사람들과 파티도 하지. 하고 싶은 건 뭐든 할 수 있어. 하지만 그 어느 때보다도 고독해. (…) 스웨덴에서는 모니터에 비친 내 모습이나 보면서, 친구들이 시간을 내줄 때까지 기다릴 거야. 다들 자기 일과 가족이 있지만." 이 솔직한 고백은 공감을 얻지 못했다. 모욕적이기까지 한 떠들썩한 반응이 SNS에 퍼져나갔다.

어떤 사람들은 재산 자체에서도 결국 만족을 느끼지 못하게 된다. 편안하게 살기에는 재산이 충분하지 않다고 생각하는 것이다. "사실 은행에 10억 달러 정도 넣어놓지 않는 한 내 재정 상황에 안심할 수 없어요!" 보스턴대학교 연구 참여자 중 한 명은 이렇게 불안에 떨었다. 연구자들의 분석은 이렇다. "가난한 사람보다 돈에 대해 더 많이 걱정하는 유일한 사람이 대단한 부자인 듯하다."

'돈이 더 많았더라면'이라는 후회

"우리의 행복을 이루는 요소가 모두 돈과 관계된 것은 아니다.
행복한 인생을 살기 위해 돈은 아주 조금만 필요하다.
모든 것은 당신의 내면, 당신의 사고방식에 달려 있다."

마르쿠스 아우렐리우스, 《명상록》

결국 우리가 자세히 살펴본 네 가지 시나리오(백만장자와 결혼하기, 막대한 유산 상속하기, 당첨금이 큰 복권에 당첨되기, 어마어마한 부자 되기) 중 어떤 것도 행복으로 가는 지름길은 아닌 듯하다. 사람들은 돈이 인생의 모든 문제를 해결해줄 '요술 지팡이'인 양 환상을 품지만, 그리 간단하지가 않다.

물론 우리가 사는 세상에서 돈은 존엄한 삶을 위한 필수적인 물질적 기반이다. 필수요소일 뿐 아니라 누구나 자연스레 원하는 크고 작은 특별한 쾌락의 원천이기도 하다. 그러나 이제껏 살펴본 모든 예를 통해, 영혼과 삶의 기쁨이 말 그대로 메마르지 않게 하려면 돈은 목적이 아닌 수단에 머물러야 한다는 걸 알 수 있다. 우리가 자신의 욕망에 대해, 더 행복해지기 위해 진정으로 필요한 것에 대해 깊이 고민하지 않는 한, 돈으로는 사는 맛을 찾을 수 없고 아무것도 바꿀 수 없다.

"26과 5, 30과 1. 이런! 그러면 5억 162만 2,731이 되는구나."[47] 나는 생텍쥐페리의 《어린 왕자》에 담긴 지혜로운 세계관에 큰 감동을 받았다. 별에서 별로 여행하던 어린 왕자는 책상 앞을 떠나지 못하는 한 사업가를 만난다. 사업가는 자신이 소유한 별의 수를 세고 또 센다. 다른 일은 절대 하지 못한다. 어린 왕자는 "어른들은 정말이지 너무너무 이상해"라고 말하며 그 별을 떠난다. 어린 왕자는 사실 본질 비껴가기가 많은 어른들의 운명임을 모른다. 본질은 어린 주인공의 말처럼 "눈에는 보이지 않는 것"이다.

분명 돈으로는 그 '본질'을 살 수 없다. 돈으로 권력, 통제력, 안락함을 확보하고 성까지 살 수 있지만, 행복한 삶의 근본적 요소는 돈으로 구할 수 없다.

돈으로는 사랑을 살 수 없다. 돈으로 마음을 살 수 없다는 사실은 온갖 힘을 지닌 부유한 사람들의 가장 큰 비극 중 하나임에 틀림없다. 마음 깊은 곳에 와 닿는 진실한 사랑 앞에서는 강한 사람도 완전히 힘을 잃는다.

건강도 돈으로는 살 수 없다. 돈이 있으면 최고의 치료를 받을 수 있지만, 병에 걸리지 않는다는 보장은 어디에도 없다. 그래서 달라이라마는 이렇게 말했다. "인간은 너무나도 놀라운 존재다. 인간은 돈을 벌기 위해 건강을 희생한다. 그러고 나서 건강을 되찾기 위해 돈을 희생한다. 미래가 불안한 나머지 현재를 누리지 못한다. 이렇게 현재에도 미래에도 살지 못하고, 절대 죽지 않을 것처럼 살다가 결국 한 번도 살아보지 못하고 죽는다."

돈으로는 재능을 살 수 없다. 예술가와 장인은 돈이 아니라 타고난 능력 또는 결정력과 실행력을 발휘해 모든 면에서 주목을 받는다.

돈으로는 우정을, 진정한 우정을 살 수 없다. 물론 돈을 후하게 쓰면 온갖 사람이 모여들지만, 우정이 쌓이는 데는 시간이 걸린다. 좋았던 시간도, 좋지 않았던 시간도 모두 필요하다.

존경심 그리고 신뢰, 기품, 청렴, 인내, 낙관주의, 너그러움, 교양 같은 자질은 더더욱 돈으로는 살 수 없다. 그러나 이런 자질이야말로 인생을 잘 살기 위한 귀중한 열쇠다.

게다가 안타깝지만 평화도 돈으로 살 수 없다. 내면의 평화, 즉 나 자신과 하나가 되어 자신감 넘치고 평온한 상태를 이룰 수 없고, 국가와 대형 자선단체들이 아무리 돈을 퍼부어도 세계 평화 역시 이룩할 수 없다.

끝으로 돈으로는 시간을 살 수 없다. 시간은 예외 없이 흐르고, 참다운 자신으로 살아가기 위해 좋은 재료로 시간을 채우는 일은 우리 몫이다. 이 고민을 늘 머릿속에 품고 있어야 한다. 시간을, 하루하루를 보내는 방식이야말로 우리가 인생을 보내는 방식이기 때문이다. 누구나 이런 말을 해본 적이 있을 것이다. "시간이 좀 더 있었더라면……."

오스트레일리아 출신 간호사 브로니 웨어Bronnie Ware 는 병원에서 일하면서 죽어가는 환자를 많이 지켜봤다. 그들이 보낸 생의 마지막은 모두 후회로 가득했다. 브로니는 사람들이 많이 후회한 것을 순서대로 정리했다.[48]

> 1. 다른 사람들이 기대하는 대로가 아니라, 내가 진정 원하는 대로 살아갈 용기를 냈더라면.
>
> 2. 일을 덜 했더라면.
>
> 3. 용기를 내서 감정을 표현했더라면.
>
> 4. 친구들을 더 자주 만났더라면.
>
> 5. 나 자신에게 좀 더 행복을 허락했더라면.

"사는 법을 알게 됐을 때는 이미 너무 늦다." 시인 루이 아라공은 이렇게 썼다. 우리는 브로니의 환자들이 남긴 아름다운 삶의 교훈 덕에 시간을 조금 벌 수 있다. 나답게 살아갈 용기. 우정. 나눔. 즐거움. 타인과 나 자신에게 주의를 기울이기. 죽음의 문턱에서 "돈이 더 많았더라면"이라고 말한 사람은 아무도 없었다.

3장

권력

내 자리가 곧 내 존재는 아니다

·

역경은 거의 누구나 극복할 수 있다.
그러니 사람의 진짜 성품을 시험하고 싶다면,
그에게 권력을 줘라.

에이브러햄 링컨

·

20여 년 전, 나는 파리에서 살고 싶다는 꿈을 이루기 위해 고국 덴마크를 떠났다. 프랑스에 도착한 지 얼마 되지 않아, 어느 저녁 식사 자리에서 옆자리에 앉은 매력적인 청년을 알게 됐다. 그의 학력은 남달랐다. 가장 명망 높은 학위를 수여하는 세계 최고의 학교를 두루 거쳤다. 그는 교양이 넘치는 데다 부유한 집안 출신에 잘생긴 젊은이였지만, 무엇보다 사람을 무장해제시키는 카리스마를 지니고 있었다. 유머 있고 임기응변에 능하면서도 사람을 절대 깎아내리지 않았으며 언제나 재치가 넘쳤다. 간단히 말해 그는 모든 것을 갖췄다. 디저트가 나올 무렵, 그는 내게 정계에 들어가는 게 인생 최고의 야망이라고 고백했다. "권력을 가지면 행복해진다"는 것이 그가 말한 이유였다. 자기 삶의 주인이 되고 다른 사람의 삶에 어느 정도 영향을 미치고 싶다는 생각은 합리적으로 보였다.

　솔직히 나는 권력과 연결해서 행복을 살펴본 적이 한 번도 없었다. 그래서 그의 관점을 이해하는 데서부터 시작했다. 우리는 친구가 됐고, 나는 이 명석한 청년이 전설적인 경력을 쌓아가는 과정을 가까이에서 지켜볼 수 있었다. 그는 만날 때마다 정치와 비즈니스 세계에 더 깊이 발을 들였고, 그 안에서 권력관계가 어떻게 맞물려 돌아가는지 몇 시간이고 내게 설명하기에 이르렀다. 언론에 스캔들이 터지면, 거기에 어떤 배후 공작이 있는지 알려주곤 했다. 하지만 이 간접 체험이 계속될수록 나는 권력의 진짜 얼굴에 점점 더 환멸을 느끼게 됐다. 그런 체계가 사람을 행복하게 만들 수 있을 것 같지 않았다. 조작, 배신, 가식, 부패, 계산, 기만 위에 세워진 권력은 오히려 불행의 모든 요소를 품고 있는 듯했다.

권력의 문제는 우리 일상에서도 피할 수 없다. '권력'은 까마득히 높은 '권력자'들과만 연관된 게 아니기 때문이다. 권력은 어디에나 존재하며 우리는 모든 사회관계 안에서 권력을 경험한다. '권력'은 크게 보면 어떤 일을 할 수 있는 능력이나 기회를 뜻한다. 정치학에 지대한 영향을 미친 20세기 초 독일의 사상가 막스 베버는 권력을 "사회적 관계 내에서 저항에도 불구하고 자신의 의지를 관철할 가능성"[1]이라고 정의한다. 타인의 인생을 통제한다는 생각은 유혹적일 수밖에 없다!

어떻게 해야 권력자가 될 수 있을까? 이런 방법이 있다. "친구를 믿지 말고 적을 이용해라."(법칙 2) "일은 다른 사람에게 맡기되 그 영광은 차지해라."(법칙 7) "타인의 불운과 불행이 전염되는 것을 피해라."(법칙 10) "가짜 친구이자 진짜 첩자가 돼라."(법칙 14) 1998년에 출간된 로버트 그린Robert Greene 의 베스트셀러 《권력의 법칙》에 실린 충고 중 일부다.[2] 이 책은 세계적으로 수백만 부가 판매되며 어마어마한 성공을 거뒀다. 이 제안을 따를 수도, 따르지 않을 수도 있다. 하지만 이게 행복과는 무슨 관계가 있단 말인가? 그린은 무려 힘을 갖는 것이 삶에 만족할 수 있는 유일한 방법이며, 권력이 게임처럼 흥미진진하다고까지 주장한다! 이 책은 인정사정없이 권력을 쟁취하고 유지하는 방법을 차근차근 가르치는 교과서로 소개된다. 그리고 측천무후부터 절대군주 루이 14세까지, 미국의 록펠러 가문부터 할리우드의 제작자들까지, 예술가 미켈란젤로부터 외교관 탈레랑까지 수많은 역사적 예를 근거로 들어 권력을 얻는 유일한 길은 기만, 계산, 조작에 있다는 최종 결론을 이끌어낸다. 그린에 따르면 무슨 수를 쓰더라도 '좋은 사람'처럼 보여야 한다. 목적을 이루기 위해서는 그 어떤 비열한 방법이라도 가리지 말고 써야 한다. 그린의 주장은 사실 이탈리아의 사상가 니콜로 마키아벨리에게서 영감을 얻은 것이다. 마키아벨리는 16세기에 유명한 저서《군주론》에서 이렇게 설파했다. "모든 면에서 호인으로 보이려는 사람은 수많은 악인들 사이에서 위험에 처할 수 있다. 그러니 자리를 지키려는 군주는 언제나 선할 것이 아니라 선악을 필요에 따라 이용하는 법을 배워야 한다."[3] 마키아벨리의 이론은 지금도 중요한 지침으로 남아 있으며 '마키아벨리즘'이라는 용어를 낳았다.

세상을 살펴보면 결국 마키아벨리가 옳은 건 아닌지 자문하게 된다. 그렇다. 권력을 차지하고 보전하려면 교활하고 타산적인 사람이 되는 편이 낫다. 현실에서는 분야를 불문하고 가장 양심 없는 사람이 이득을 본다. 요즘 가장 인기 있는 텔레비전 드라마 중에 〈하우스 오브 카드〉와 〈왕좌의 게임〉이 있다. 배경은 완전히 다르지만, 둘 다 권력에 대한 호기심을 불러일으킨다. 덴마크 드라마 〈여총리 비르기트〉도 같은 분위기의 작품이다. 다만 '스칸디나비아 국수주의'에 빠지지 않았고 좀 더 온건하며 인간적이다. 그러나 실제 세계에서 모든 것이 계략과 거짓말, 조작에 의해 움직이는 환경 속에서 살아야 한다면 어떨까? 친구와 가족을 포함해서 모두를 경계해야 하고, 어떤 방식으로 적을 박살낼지 고민해야 하고, 어떤 상황에서도 반드시 냉정을 유지하기 위해 모든 감정을 억눌러야 하는 것이 기본인 세상에서 개인적으로든 집단적으로든 어떻게 행복할 수 있을까?

정치판의 냉혹함에도 불구하고, 권력은 여전히 많은 사람이 구하는 '성배'이다. "대부분의 인간은 타인에게 권력을 행사하려는 욕구를 지닌다. 인정받고 더 높이 평가받고 싶은 욕구, 자신의 힘을 표현하지 못해 생긴 깊은 욕구 불만, 자존감 결여, 사랑받지 못하리라는 두려움, 나아가 타인에 대한 두려움이 권력욕을 부추긴다. 인간은 흔히 권력 그 자체가 아니라, 권력으로 누릴 수 있다고 여기는 권리에 흥미를 느낀다."[4] 직업적·개인적 리포지셔닝을 전문으로 하는 한 심리치료사는 이렇게 지적한다.

20년이 지난 지금, 그 청년이 저녁 자리에서 내게 했던 말을 진지하게 검증해볼 때가 드디어 온 듯하다. 과연 '권력을 가지면 행복해진다'는 말은 사실일까? 권력은 어디에나 존재하니 피라미드의 위아래를 함께 살펴보자. 맨 위에는 세상의 거대권력이, 맨 아래에는 보통 사람도 누구나 한 번쯤 얻을 수 있는 미시권력이 있다. 권력을 손에 넣은 사람들은 정말 더 행복할까? 심리적이든, 감정적이든, 관계에 있어서든 뭔가 대가를 치러야 하는 것은 아닐까? 사람이 권력을 소유하는 것일까, 아니면 권력이 사람을 소유하는 것일까? 끝으로 '행복한 권력'을 손에 넣고 행사하는 길을 그려볼 수 있을까?

나는 뭐든 할 수 있다

"힘을 원하지만 힘이 없는 사람은 불행하다."

블레즈 파스칼, 《팡세》, 1669

권력과 행복의 관계에서 권력을 완전히 배제한다면 물론 잘못일 것이다. 권력은 인간 존재가 자기를 실현하는 데 없어서는 안 될 메커니즘이다. 어떤 의미에서 내 명석한 파리 친구는 틀리지 않았다. 권력을 자각하면 도파민, 즉 쾌감과 자신감을 불러일으키는 물질이 분비된다는 사실이 과학적으로 증명됐기 때문이다.[5] 도파민 농도가 매우 높아졌을 때의 감각은 취했을 때와 대단히 유사하다.[6] 권력이 기질에 따라서는 행복에 기여하는 다양한 만족을 불러일으킬 수 있다는 사실은 분명하다. 타인이 내 말을 경청한다는 만족감, 내 뜻대로 선택한다는 만족감, 주변에 영향을 미친다는 만족감, 꿈을 이룬다는 만족감까지……. 또한 권력이 생기면 그 강도나 범위에 관계없이 사회에서 어떤 지위가 주어진다. 회사 사장이든, 가정의 부모든, 기업가든, 정치가든, 학교 교사든, 경비원이든, 간호사든 권한을 얻으면 자신이 속한 환경에서 정해진 역할을 수행하며 자신이 유용하고 가치 있는 사람이라는 느낌을 받을 수 있다. 또한 권력은 일반적으로 성공과 연관돼 자존감을 북돋우며, 많은 학술 연구가 이를 증명한다.[7] 로버트 그린은 《권력의 법칙》에서 인간 존재는 보편적으로 권력을 추구한다고 설명한다. 더 나아가 사회의 알력 관계 속에서 살아남으려면 힘이 필요하다고 단언한다. 널리 알려진 《우화》에서 장 드 라 퐁텐이 "가장 강한 자의 논리가 언제나 가장 좋은 것"이라고 주장한 것과 비슷하다.

일단 권력자의 자리에 오르면 명백한 특권을 누릴 수 있고, 일상을 개선하는 이 특권을 어떤 이들은 매우 높이 평가한다. 거리에서 존경 어린 인사를 받거나, 업무용 차량을 개인기사가 운전해주거나, 레스토랑에 전용 테이블이 준비되거나, 화려해 보이는 행사에 정기적으로 초대되거나, 열정적인 사람을 만나거나, 크리스마스에 온갖 선물과 카드를 받는 것 같은 특권 말이다. 내가 만났던 사람 중 수준에 관계없이 '권력' 있는 자리에 올랐던 사람은 누구나 같은 일을 겪었다. 어떤 지위에 오르자마자 사람들의 태도가 마술처럼 달라진다. 사람들은 감탄하고, 당신을 알고 싶어 하며, 더 다정하고 친절해진다. 이 모든 특권이 처음에는 대단히 좋아 보인다. 언뜻 보기에는 심지어 행복과 비슷해 보이기까지 한다……

그 반대도 성립한다. 모든 권력을 잃었다고 느끼는 사람은 괴롭다.

로버트 그린은《권력의 법칙》서문에서 이렇게 표현한다. "타인과 상황에 어떤 권력도 행사할 수 없다는 느낌을 우리 모두는 대개 견딜 수 없다. 무력하고 불행하기 때문이다." 실제로 한 심리학 연구에 따르면 어깨를 늘어뜨리고 팔짱을 낀 채 발을 안으로 모으고 앉는 등, 무력한 자세를 취하기만 해도 흔히 '스트레스 호르몬'이라고 부르는 코르티솔 농도가 높아진다.[8] 코르티솔이 장기적으로 과다 분비되면 신체적으로는 소화 장애가 나타난다. 마치 장기가 어떤 위협에 대비해 영양을 축적해두려는 듯하다.

20년 이상 권력의 심리학적 메커니즘을 연구해온 미국의 심리학자 대커 켈트너는《선한 권력의 탄생》에서 한 장 전체를 할애해 권력 부재에 관해 다룬다.[9] 켈트너는 권력 부재를 "기후변화를 제외하고 우리 사회에 가장 큰 위협"이라고까지 평한다. 그리고 아무런 권력이 없는 사람들이 일상생활에서 느끼는 불안정을 보여준다. 그들은 부정직한 고용자로부터 스스로를 방어할 '권력'을 별로 행사하지 못한다. 교수에게 문제를 이해하지 못했다고 솔직하게 말하거나, 복잡한 단어를 사용하는 의사에게 질문을 하거나, 시비 거는 사람을 고발하는 경우도 적다. 삶과 자신이 처한 상황에 대한 '권력'이 없으면 사람은 주눅이 들고, 늘 되풀이되는 위험이 두려워 감히 행동하지 못한다.[10] 친구 집에서 집안일을 하던 젊은 필리핀 여성이 기억난다. 그녀는 어딘지 늘 불편하고 근심스럽고 자신 없어 보였다. 불법체류자 신분에서 벗어나기 위해 비자를 기다리는 중이라고 친구가 알려줬다. 그녀는 명백히 위협에 시달리고 있었으며, 이 상황에 맞서 아무것도 할 수 없음을 느끼고 있었다. '매달 가족에게 돈을 보내고 있지만 그 정도면 먹고살기 충분할까? 경찰에 잡히면 추방당하지 않을까?' 이런 걱정 때문에 그녀는 겁을 먹고 모든 상황을 피하려 했다. 친구가 유통기한 지난 고기를 판 슈퍼마켓에 가서 따져달라고 부탁해도 가려 하지 않는다. 이것은 악순환이다. 한번 약해진 사람은 더더욱 약해진다. 무력함에 빠져 있는 사람이 자아를 마음껏 실현하기란 몹시 어렵다. 그러므로 상황을 마냥 참으면서 버티지 않으려면 힘을 되찾는 것이 매우 중요하다. 자기 인생을 실현할 힘을.

개인이 소유한 권력뿐 아니라 개인에게 가해지는 권력도 있다. 특히 정치계와 직업세계에서 이 권력이 작용한다. 권력의 개념과 그 사회적·철학적 함의가 우리 마음에 들든 안 들든 권력은 한 사회를 관리하기 위한 도구로만 쓰이지 않는다. 위대한 영국 철학자 토머스 홉스는 "공권력이 없는 곳에는 법이 없고, 법이 없는 곳에는 불의도 없다"[11]라고 말했다. 권력이 있기 때문에 모두에게 보편적으로 통하는 법률을 만들고, 무엇이 정의롭고 정의롭지 않은지 함께 결정하며, 어느 정도 집단의 조화를 이룰 수 있다는 의미다. 정치학 박사가 아니어도 이 사상을 이해할 수 있다. 어린 시절 내게 깊은 인상을 남긴 소설 《파리대왕》[12]에서는 비행기가 추락해 아이들만 살아남는다. 아이들은 재빨리 호감 가고 책임감 있는 랠프를 대장으로 뽑는다. 랠프는 큰 아이들에 맞서 어린아이들을 지켜준다. 작품과 직접적인 관련은 없지만 홉스가 말하듯, "인간은 인간에게 늑대"이기 때문이다. 소설 속 아이들은 그 위협을 이해하고, 공익을 위해 자신들이 지닌 개인 권력 일부를 대장에게 넘기기로 한다. 이 과정이 바로 많은 철학자들이 '사회계약'이라고 부르는 것이다.

하지만 아이들이 섬에서 누리는 조화는 오래가지 못한다. 권력이 생기면 이를 노리는 반대 세력도 나타나기 마련이다. 잭이라는 몹시 거친 소년이 권력을 차지하기 위해 마키아벨리와 같은 전략을 실행한다. 잭은 급기야 살인까지 한다. 이렇게 급변하는 사태 속에서 소설뿐 아니라 현실에서도 권력 행사는 늘 복잡하고 양면적임을 되새기게 된다. 권력은 그것을 소유한 사람은 물론 따르는 사람에게도 위협이 될 수 있다. 권력의 '장점'은 언뜻 봐도 대단히 조심스럽고 냉철하게 다뤄야 한다. 하물며 권력과 행복 사이의 관계는 이루 말할 수 없이 복잡하다.

거대권력의 명과 암

"권력은 미치광이를 만들고,
절대권력은 절대적 미치광이를 만듭니다."

액턴 경이 만델 크레이턴에게 보낸 편지, 1887년 4월 5일

힘. 권위. 위로부터 어떤 지시도 받지 않고 행동하고 '아래'에 둔 수많은 사람에게 영향을 미칠 수 있는 능력. 이런 권력을 사람들은 '궁극'의 권력이라고 생각한다. 군주, 정치가, 회사의 총수, 스포츠 또는 연예계 스타 등 세상의 '거물'들이 손에 쥔 권력이다. 가장 높은 권력이 반드시 절대적, 자의적, 극단적인 것은 아니다. 예를 들어 오늘날 민주주의 체제 내에서 '정치'권력은 독재를 막으려는 제도적 장치와 시민에 의해 제재받게 돼 있다. 그래도 정치권력은 현실에서 많은 것을 바꿀 수 있는 매우 중요한 권력이다. 마찬가지로 큰 기업의 총수가 '전지전능'하지는 않지만 영향력은 상당하다. 월마트 유통 그룹의 CEO는 직원 2,100만 명을, 맥도날드 CEO는 1,700만 명을 이끈다. 그들이 사업을 통해 영향을 미치는 수천만 명의 고객과 소비자는 또 어떤가![13] 엔터테인먼트 분야에서도 한 개인의 흡인력은 어마어마하다. 예를 들어 가수 레

이디 가가는 트위터 팔로어가 6,200만 명이며, 이를 활용해 젠더문제 등 사회문제에 대한 주장을 널리 알렸다.

이런 종류의 권력은 환상을 불러일으킬 수 있다. 권력자는 손가락한번 까딱해서 운명의 흐름을 바꾸고, 감탄을 받고, 어딜 가나 존경받고, 누구의 지시도 따르지 않으며 '하고 싶은 것'을 한다고……. 아름다운인생임에 틀림없다! 그런 삶을 손에 넣고 싶다는 욕망은 이스라엘 역사학자 유발 하라리Yuval Harari가 경이로운 저서 《사피엔스》에서 밝힌 바와 같이 인류 사회 발전의 원동력이다.[14] 저자는 권력 추구가 어째서 인간 진화를 촉진하는 원인 중 하나인지 설명하지만 이렇게 지적하기도한다. "인간은 권력을 쟁취하는 데 특별한 재능이 있지만, 권력을 (…) 행복으로 전환하는 데는 별로 뛰어나지 못한 듯하다."[15] 그것이 바로 우리의 궁금증을 불러일으키는 지점이다. 거대권력을 지닌 사람들은 더 행복할까?

황제를 예로 들어보자. 황제 하면 곧바로 절대권력의 화신이 떠오른다. 2세기의 황제이자 철학자 마르쿠스 아우렐리우스처럼 비교적 지혜와 교양을 갖췄던 황제도 있지만, 이 '전능한' 권력자 중 다수는 별로평온한 모습을 보여주지 못한다. 3대 로마 황제 칼리굴라는 가족 절반을 살해하고, 좋아하는 말을 재상으로 임명하려 했다. 그의 후손 네로는 로마를 파괴한 대화재를 바라보며 노래를 부르고 리라를 연주했다. 강력한 권력 탓에 이성이 흐려진 군주가 즐비하다. 여기서는 18세기에 나의 조국 덴마크를 지배한 크리스티안 7세만 언급하겠다. 그는 평생 편집증, 정신분열증, 환각 증세를 겪었으며 자해를 하기도 했다. 즉위 직후에는 1년간 '격렬한 광기의 삶'을 보냈고, 그 와중에 무슨 짓을 해도 허용되는 난교파티를 벌이기도 했다. 통제 불가능한 지나친 행위 탓에 결국 폐위된 그는 왕국의 관리를 주치의인 요한 프리드리히 슈트루엔제Johann Friedrich Struensee에게 넘겼다.

그렇다면 그보다 덜 극단적이었던 군주, 왕, 여왕, 공주는 행복했을까? 잡지에 실리는 그들의 기상천외한 생활은 독자들을 쉽게 꿈꾸게한다. 동화 속에 나올 법한 웅장한 결혼식, 화려한 드레스, 호화로운 거처, 인기……. "분명히 행복할 거야!" 하지만 문제는 그렇게 간단하지 않다. 왕관, 즉 특별한 지위에는 어마어마하게 무거운 책임이 따른다. 권좌에 오르는 과정이 드라마로 만들어지기도 한 영국 여왕 엘리자베스 2세는 세계 곳곳에서 군주의 의무를 다하기 위해 남편, 아이들과 함께하는 일상 등 인생의 많은 '소박'한 행복을 포기해야 했다.[16] 그의 아버지 조지 5세도 마찬가지로 한없이 무거운 짐을 넘겨받기라도 하는 듯 왕좌에 올랐다. 원래대로라면 그의 형이 왕위를 계승했겠지만, 형은 이혼한 여성과 사랑에 빠졌고 그녀와 자유롭게 결혼하기 위해 왕위를 포기했다. 왕실로서는 악재였다. 조지 5세는 병적인 수줍음과 말 더듬 증세를 극복해야 했다. 수백만의 국민 앞에서 연설해야 하는 왕에게는 치명적인 약점이었다. 그는 가족생활의 사적인 기쁨도 포기해야 했다. 사람들은 흔히 가장 강한 권력자는 삶의 근심에서 벗어나 있으리라는 인상을 받는다. 하지만 아이러니하게도 권력자는 바로 그 '평범한' 삶을 바라곤 한다. 예법의 압박과 어디에나 있는 기자들에게서 벗어난 삶을.

우리도 동의하는 바다. 하지만 권력자들에게서 일상의 짐을 덜어주기 위한 온갖 배려가 마련돼 있으니 어쨌든 그건 장점 아닐까? 멋진 관저(성이나 다름없는!), 이동할 때 자유롭게 이용할 수 있는 운전기사와 비행기, 24시간 지켜주는 경호원까지……. 이 모든 특권 때문에 그들은 고된 삶에서 '보호받고' 있는 것처럼 보인다. 그러나 고급스러운 부수적 혜택이 인간이라는 복잡한 존재를 완전히 지켜주지는 못한다.

예를 들어 어떤 정치가는 당연한 행복의 일부를 요구하는 것조차 미안하게 여긴다. 정치가는 피와 눈물과 동행해야 하는 성직자로 여겨지기도 한다. 남아프리카 공화국의 넬슨 만델라, 미얀마의 아웅 산 수치, 미국의 마틴 루터 킹 같은 인물은 자신의 자유와 안전, 즉 인생을 희생해가며 신념에 헌신했다. 국민에 대한 '의무'는 자기 자신과 사생활, 간단히 말해 인생의 모든 즐거움을 희생하는 것을 전제로 한다. 그리고 유머감각까지도. "프랑수아 올랑드를 보세요. 그는 유머감각이 아주 풍부하죠. 하지만 그걸 발휘하는 걸 금지당했어요. 지금은 아주 뻣뻣한 사람이 됐죠."[17] 2012년에 당선된 프랑스 공화국 대통령에 대해 한 사회당 소속 전 장관은 이렇게 지적했다. 실제로 올랑드는 국가 수장이 되기 전까지는 솔직하고 섬세하며 익살스러운 기질로 자주 칭송받았다. 하지만 당선 이후에는 권력 때문에 엄격해지기라도 한 듯, 그런 기질이 싹 사라져 버렸다.

"나는 평범한 삶을 사는 사람이었다. 스쿠터를 타고 마드리드를 돌아다니고, 사생활을 위한 공간이 있었다. 그런데 어느 날 갑자기 유명해졌고, 그에 따르는 유명세를 치러야 함을 깨달았다. 그 유명세가 영원히 계속되지 않길 바란다. 그로 인해 행복하지 않은 것은 사실이다. 하지만 내가 책임을 맡기로 선택한 이상 피할 수 없는 일이라는 것도 알고 있다."[18] 로스 인디그나도스 Los Indignados ('분노한 자들'이라는 뜻의 스페인어로 2011년 봄 스페인의 젊은 층이 정부의 개혁을 촉구하며 주도한 시위_옮긴이)로 등장한 스페인의 신생 정당 포데모스 Podemos 당의 카리스마 넘치는 리더 파블로 이글레시아스 Pablo Iglesias 가 한 말이다.

수년 전부터 프랑스 공공기관에 헌신해서 정치권 최고 요직을 얻은 한 여성도 나에게 같은 속내를 털어놨다. 그녀를 만났을 때, 나는 변화를 일으키고 싶어 하는 그녀의 욕구에 곧바로 열광했다. 만남이 계속되는 동안, 큰 책임을 맡고 있으면서도 자기 자신을 잃지 않는 능력에 또 한 번 감탄했다. 하지만 그녀가 승진한 뒤로는 거의 얼굴을 보지 못했다. 24시간 내내 쉼 없이 출장을 다니거나 '위기관리' 같은 업무 중이었기 때문이다. 마침내 다시 만났을 때는 새로운 삶이 강요한 쉴 없는 생활 리듬에 진이 빠진 듯했다. 나는 여름휴가가 얼마 남지 않아 다행이라고 위로했다. "올해는 어디로 가요? 몇 년 전부터 꿈꿔왔던 여행을 드디어 가는 건가요?" 그녀는 기어들어가는 목소리로 대답했다. "아뇨, 아뇨, 아뇨. 그런 거 없어요. 올해는 휴가를 몰래 가야 해요." 나는 좀 놀랐지만 다시 말했다. "미디어에 시달린다는 건 잘 알고 있어요. 하지만 1년 내내 무시무시하게 바쁜데, 지금이 재충전하기에 최고의 기회잖아요……." 그녀의 얼굴을 보자 내가 한 말이 그녀의 현실과는 동떨어진, 완전히 빗나간 이야기라는 걸 알 수 있었다.

정치가들은 고통에 시달리고, 때로는 자신의 고통을 뚜렷하게 표현한다. 심지어 어떤 이들은 자살에 이르기도 한다. 전 프랑스 총리였던 피에르 베레고부아 Pierre Bérégovoy 는 1990년대 초, 직무 수행과 관련된 여러 논쟁 끝에 자살했다. 당시 대통령이었던 프랑수아 미테랑은 정치계의 모진 풍토를 상기시키며 그에게 경의를 표했다. "감동, 슬픔, 고통…… (…) 이런 감정이 새로운 흐름을 불러일으킬 수 있을까요? 서로 대립하더라도 전적으로 존중한다면 정치에 또 다른 의미가 생기지 않을까요?" 물론 모든 정치가가 이 정도로 괴로워하는 것은 아니다. 이전 백악관 거주자인 버락 오바마는 기꺼이 느긋한 분위기를 유지했다. 한없이 무거운 책임을 수행하면서도, 카메라 앞에서 언제고 춤을 추거나 자조 섞인 유머를 구사할 준비가 돼 있었다. 43세에 캐나다 총리로 선출된 카리스마 넘치는 쥐스탱 트뤼도 Justin Trudeau 도 마찬가지다. 그는 언제나 활짝 웃는 모습을 보이고, 긍정적 권력을 행사한다는 의미에서 성숙한 사람이라는 인상을 준다. 그러나 오바마나 트뤼도의 사례는 예외에 가깝다.

권력이 언제나 행복의 일부인 것 같지는 않다. 승리는 더더욱. 2007년 5월 6일 일요일, 프랑스 대통령 선거 2차 투표가 있었다. 나는 덴마크인이어서 당시에는 투표권이 없었지만 선거 결과에 모든 관심을 기울이고 있었다. 몇 달에 걸친 격렬한 전투 끝에 니콜라 사르코지가 프랑스 대통령으로 선출됐다. 하지만 결과를 알리는 뉴스에서, 눈에 확 들어온 인물은 새 대통령이 아니라 그의 아내 세실리아 Cecilia 였다. 승리 연설이 끝날 무렵, 화면에 비친 그녀의 눈빛이 너무나 슬퍼 보여서 충격을 받았다. 나는 불행한 여인, 어쨌든 완전히 넋이 나간 여인을 봤다. 정상에 오른 남자는 아마 자기 존재의 가장 아름다운 나날 중 하루를 보내고 있었겠지만, 그의 사생활에는 끔찍한 상처가 있는 게 분명해 보였다. 니콜라 사르코지는 나중에 한 기자회견에서 이렇게 인정하기도 했다. "프랑스 대통령이라고 해서 남들보다 행복할 권리가 더 많은 건 아니지만 적은 것도 아니죠!"[19] (사르코지는 2007년 10월 세실리아와 이혼하고 2008년 카를라 브루니와 재혼했다._옮긴이)

10년 뒤인 2017년, 프랑스 정치판이 재구성된 이 시기에 사람들은 중심인물들 앞을 가로막은 많은 장애물을 목격했다. 동맹과 반동맹, 배신, 언론의 고발, 자비 없는 조사……. '승리'의 기쁨과 만족이 처음에 아무리 클지라도 정치가는 분명 도중에 많은 환상을 버리게 될 것이다.

나는 덴마크인으로서, 정치인이 유권자의 깊은 불신 앞에서 느낄 정신적 고통 또한 상상해본다. 첫 책에서 길게 이야기했듯, 덴마크에서는 신뢰가 사회를 이끌고 사회적 기틀을 만드는 가치다. 덴마크인 열 명 중 여덟 명이 권력기구를 신뢰하는 반면, 세계경제포럼의 최근 보고에 따르면 세계인의 58퍼센트가 정치를 신뢰하지 않는다고 답했다. 중국인 90퍼센트, 브라질인 78퍼센트, 인도인 83퍼센트는 지도자들의 부정이 문제라고 생각했다. 마지막으로 이 보고서는 전 세계 모든 지역 주민이 그들의 지도자가 국민을 이끌 능력이 없다고 생각하며, 진정한 '리더십'의 부재를 느낀다는 결론을 내린다.[20] 이렇게 일반화된 불신은 세계적인 포퓰리즘의 대두로 표현된다. 미국 대통령 선거에서 트럼프가 당선되는가 하면, 유럽에서는 극단주의 정당의 득세를 두고 논쟁이 일고 있다. 국민이 정치적 제안을 모두 거부하기도 한다. 영국인들은 유럽연합을 탈퇴하는 '브렉시트'를 선택했고, 이탈리아인은 마테오 렌치 Matteo Renzi 정부가 제안한 개헌안 국민투표에서 당연히 '찬성'이 나오리라는 정부의 기대에도 불구하고 '반대'에 투표했다. 정치 지도자들이 크나큰 실망 앞에서 평정을 유지할 수 있을지는 확실하지 않다.

끝으로 대단히 역설적이지만, 권력자가 잃어버린 것처럼 보이는 가장 중요한 가치는 바로 자유다. 자기 자신으로 있을 자유. 평범하게 살아갈 자유. 이는 물론 정치인만의 문제는 아니다. 강력한 전자상거래 사이트 알리바바의 설립자 마 윈은 최근에 회사를 세운 것이 인생에서 '가장 큰 잘못'이었다고 밝혔다. 약 29조 원에 달하는 부의 소유자로, 전 세계 사업가에게 존경과 감탄, 두려움의 대상인 그가 과거로 돌아갈 수 있다면 사업을 하지 않겠다고 단언한 것이다. 그는 이렇게 털어놨다. "나는 나 자신이 되어 내 삶을 누리고 세계 곳곳을 여행하고 싶습니다. 가서 사업 이야기를 하거나 일하지 않고요."[21] 놀라운 고백이다. 그만한 성공을 거둔 사람, 특히 자수성가한 사람은 꿈을 꺾지 않고 자신이 경험한 세상의 고됨을 부인하는 경향이 있기 때문이다.

열정적인 기자인 한 친구도 비슷한 고백을 했다. 그 유능한 친구는 유력한 미디어그룹의 수장으로 임명됐다. 그 업계에서 힘 깨나 있는 자리로 놀라운 승진을 한 그녀를 모두가 축하하고 부러워했다. 하지만 나중에 저녁을 먹으며 친구는 긴장을 풀고 혼란스러운 마음을 털어놨다. 모두가 탐내던 책임자 자리에 앉은 뒤로, 그녀는 좋아하던 기자 일, 즉 취재하고 기사를 써서 널리 알리는 일에 더는 전념할 수 없게 됐다. 광고 예산과 언론을 전혀 모르는 주주들의 요구와 직원들의 압력을 끊임없이 관리해야 했다. 온갖 곳에 끌려 다니면서 기진맥진해지고 공허함을 느꼈다. 일상의 업무가 전혀 즐겁지 않으니 그럴 만도 했다. 정작 그녀는 한계에 달해 있는데도 주변 사람들은 계속 그녀를 부러워했다.

물론 '절대권력'이라는 그림이 온통 새까만 건 아니다. 권력은 행사하는 사람에게 굉장한 만족감을 주기도 한다. 정치인은 선거전을 치르며 느끼는 희열과 선출된 뒤 공약을 이행하며 얻는 깊은 만족감에 관해 말한다. 위대한 기업 총수는 개인적 계획을 실현하고 열정과 부를 창조하며 자부심을 느낀다. 권력이 있든 없든 신념을 지키고 삶에서 의미 있는 계획을 발전시키는 일은 인생을 탄탄히 뿌리내리기 위해 절대적으로 필요하다. 그러나 높은 지위에 오르면, 부여받은 권력과 실제 행동력 사이에서 균형을 이루기 위해 손에 넣기 몹시 어려운 지혜를 확보해야 한다는 사실을 명심해야 한다. 시간, 실행 가능한 방법, 경쟁, 대중의 시선과 반응 그리고 사적 영역의 문제에 구속을 받기 때문이다.

하찮은 권력에도 인간은 취한다

"할 수 있다고 믿기 때문에 그럴 수 있다."

베르길리우스

나이트클럽이 좋았던 적은 단 한 번도 없다. 하지만 열여덟부터 스물다섯 살 사이에는 안 가려야 안 갈 수가 없다. 친구들은 나이트클럽이라면 껌뻑 죽었고, 특히 여름방학 동안에 많이 갔다. 음악이 쿵쿵 울리고 광선이 번쩍이는 숨 막히는 분위기 속에서 나는 자주 멍해지곤 했다. 결국에는 입구에서 경비원과 이야기 나누는 편을 더 좋아하게 됐다. 그곳에서 그들은 드물게도 취하지 않은 사람이었기 때문이다! 나는 입구 앞에서 오래 시간을 보내며 안에 들어가려는 사람과 문을 지키는 사람 사이에 작용하는 매혹적인 '미시'권력을 관찰할 수 있었다. 나이트클럽이 유행하던 때는 특히 흥미진진했다. 지역 유명인과 다양한 직업을 가진 영향력 있는 사람이 줄지어 들어왔다. 그러나 나이트클럽 안으로 누구를 들여보낼지 결정하는 단 한 사람은 바로 경비원이었다. 경비원은 매일 밤 자정부터 아침 6시까지 자신이 어떤 힘을 쥐고 있는지를 완벽히 인지하고 있었다. 그들은 마치 어깨가 떡 벌어진 신데렐라처럼 새벽이면 평범한 생활로 돌아갔다. 주머니 속에는 손님들이 몰래 꽂아준 100유로짜리 지폐가 가득했지만 말이다. 누구보다 먼저 나이트클럽 안에 들어가기 위해 사람들은 어처구니없는 액수의 돈을 얼마든지 냈다. 어느 날 밤, 한 경비원이 내게 이렇게 털어놨다. "밤에는 내 손에 입을 맞추지만, 낮에는 아무렇지 않게 나를 밟고 지나갈 사람들이지." 그의 결론은 이랬다. "사실은 그들이 날 경멸한다는 걸 알아. 나도 마찬가지지만 말이야. 이런 종류의 힘으론 아무도 행복해지지 않아. 다 꾸며낸 거니까." 나는 아주 젊었고 그 말이 가슴에 남았다. 몇 년 뒤, 호텔에서 일하던 지인도 똑같은 말을 했다. 그녀는 레스토랑에서 손님을 맞고 테이블을 찾아 안내하는 일을 했었다. "세상에서 가장 힘 있는 사람들이 길에서 나에게 인사를 하곤 했죠. 좋은 테이블을 잡아주고 훌륭한 손님들 사이에서 식사할 수 있도록 보장해줄 결정권이 내게 있었으니까요." 그녀가 레스토랑을 그만두던 날, 그 작은 권력도 함께 끝났다. "호텔 근처 길거리에서 적어도 50명은 만났는데, 딱 한 여자 분만 인사를 하더군요."

　　권력의 단맛을 보기 위해 반드시 '정상'에 오를 필요는 없다. 권력은 인간관계 어디에나 작용하기 때문이다. 타인에게 영향을 미치거나 뭔가를 하도록 강요하는 힘이 바로 권력이다. 게다가 권력을 사랑하는 사람은 항상 어떻게든 권력을 만들어낸다. 문제는 그들이 폭군처럼 행동하는 경향이 있다는 것이다. 미시권력을 행사하는 사람은 자아가 비대한 경향도 있다. 직업세계에서는 직무가 부여한 권력을 남용하는 사람을 심심찮게 만날 수 있다. 사실 그 권력이 제한적일수록 더욱 남용한다. 성가신 '꼬마 대장petit chef'이 바로 그런 부류다. 이는 원래 군대에서 나온 표현으로, 자신을 항상 세력 관계 속에서 인식하고 그 안에서 두각을 나타내려는 '하급 부사관'을 가리키는 말로 쓰였다. 그들은 언제나 자신의 지위를 상기시키면서 스스로를 부하들과 구별하고, 상급자 앞에서는 눈에 띄는 행동으로 돋보이고자 한다. 분야와 상관없이 권력 추구에 눈이 먼 꼬마 대장들은 동료를 비난하고 모욕하고 공격하며 업무에 해로운 환경을 만든다.

직업세계 밖에서도 마찬가지 상황이 펼쳐진다. "좀 비켜주시겠어요?", "미안합니다, 미안해요."(정말 미안하긴 한 걸까……) 이런 성의 없는 사과를 살짝 고압적으로 던지면서 지나가는 사람들을 볼 수 있다. 바로 저가 항공 비행기를 탈 때다. 저가 항공사들은 탑승 시 우선권을 누릴 수 있는 'VIP' 서비스를 개발했다. 10에서 20유로 정도의 적은 돈만 더 내면 되지만, 서비스 이용자는 이로써 '중요한' 사람이 된 듯한 느낌을 받는다. 어쨌든 그 순간에는 다른 승객보다 중요한 사람이다. 그리고 이 서비스는 날개 돋친 듯 판매되고 있다.

*　*　*

　　권력을 행사하는 방법은 대단히 다양하다. 언젠가 공항 탑승수속 카운터에 숨을 헐떡이며 도착한 적이 있다. 고속도로에서 사고가 나는 바람에 늦었다고 직원에게 설명했지만 직원은 나를 거의 보지도 않다가 자기와는 전혀 상관없다는 투로 대답했다. "저런, 안됐네요. 3분 전에 마감했는데." 나는 눈물을 글썽이며 비행기를 꼭 타야 한다고 말했다. 크리스마스 전에 코펜하겐에 돌아갈 수 있는 마지막 비행기였기 때문이다. 젊은 남자 직원은 더는 듣고 싶지 않다는 듯 이렇게만 말했다. "그럼 오슬로에 있는 항공사 콜센터에 전화해보세요." 공감이라고는 전혀 모르는 직원의 태도에 실망하고 얼마 남지 않은 이륙 시간에 초조해진 나는 그 어떤 의욕도 희망도 가질 수 없었다. 유럽 반대편 끝에 있는 콜센터에 전화를 걸어서 나를 모르는 데다 내 말을 들어주지 않을 것 같은 사람을 설득하라고? 하지만 어쨌든 크리스마스를 파리에서 혼자 보내는 것보다는 운을 시험해보는 게 나을 것 같았다. 젊은 여성이 마치 노래하는 듯 즐거운 목소리로 전화를 받았다. 내 사정을 들은 그녀는 자기 위 책임자에게 연락해주겠다고 했다. 그러고 나서 그 책임자가 공항으로 와서 카운터를 열고 내가 마지막 비행기를 탈 수 있게 해줬다. 사실 맨처음 남자 직원에게도 마감 시간이 3분 지났지만 탑승 수속을 해줄 힘은 충분했다. 단지 그러고 싶지 않았을 뿐이다. 반면 같은 힘을 지닌 콜센터 직원은 나를 돕기로 결정했다. 우리 삶은 이렇게 이뤄진다. 모든 것이 권력의 문제…… 그리고 선의의 문제이다.

권력이 개인에게 미치는 영향은 대단히 많이 연구됐다. 아주 사소한 권력도 연구 대상에 포함된다. 그런데 그 결과가 너무나 뜻밖이라 믿을 수 없을 정도다. 연구실에서 이뤄진 몇몇 실험에서 권력은 방 안에 있는 사람들에게 음식을 나눠줄 권한 같은 아주 사소하고 상징적인 수준에 불과했다. 그러나 권력은 놀라운 행동을 일으켰다. 권력을 부여받은 실험 참가자는 점점 불손해지거나, 다른 참가자에게 집요하게 추근거리거나, 점점 더 위험한 일을 감행하거나, 다른 사람을 배려하지 않고 자기 관점을 강요했다. 실제로 연구자들은 권력이 동반하는 전형적인 특징을 토대로 한 '역할'을 실험 참가자들이 매우 빠르게 받아들였다고 입을 모아 말한다.[22]

가장 유명하고 가장 당혹스러운 연구는 일명 '스탠퍼드' 실험이다. 1971년 미국의 심리학자 필립 짐바르도 Philip Zimbardo 가 명망 높은 미국 대학에서 한 실험을 실시한다.[23] 실험에 지원한 학생들은 두 그룹으로 나뉘었다. 한 그룹은 교도관 열두 명, 다른 그룹은 수감자 열두 명이었다. 그룹은 임의로 결정됐다. 특별히 사전에 명령하거나 복종하도록 결정된 사람은 아무도 없었다는 뜻이다. 가상 '감옥 생활'은 12일간 진행될 예정이었다. 하지만 피실험자와 연구자들은 금세 통제력을 잃었다. 실험은 짐바르도가 상상했던 것보다 훨씬 더 극단적으로 치달았다. 설정에 몰입한 몇몇 교도관이 조직적으로 수감자에게 심리적 고문을 가한 것이다! '우두머리들'은 '죄수들'을 통제하기 위해 특권 체계를 만들고 죄수끼리 서로 싸우게 부추겼다. 어떤 죄수는 화장실 출입도 금지당해 알아서 볼일을 처리해야 했다. 또 다른 죄수는 벌로 옷을 완전히 벗어야 했고 매트리스를 빼앗겼다. 교도소장 역할을 맡았던 짐바르도는 상황이 심각해지는데도 그냥 내버려뒀다. 그 역시 실험 속 연극에 사로잡혔던 것이다. 실험이 직업윤리를 완전히 거스르는 방향으로 나아가고 있었는데도 말이다.

통제 불가능해진 실험은 계획보다 일찍 중단됐다. 짐바르도의 여자 친구가 경고를 했기 때문이다. 괴롭힘은 점점 더 심해졌다. 단 6일 만에! 실험을 중지했을 때 교도관 역할을 한 실험 참가자 대부분이 몹시 실망했다는 사실을 분명히 밝혀둬야겠다. 짐바르도는 다음과 같은 몇 가지 사실을 관찰했다. 교도관은 매 순간 지배력을 증명하고 싶은 욕구를 느꼈다. 그럴 필요가 없는 상황에서도 마찬가지였다. 교도관의 약 3분의 1은 가학적이라고 부를 만한 태도를 보였다. 짐바르도는 참가자의 성격보다는 상황이 극단적 폭력에까지 이른 지배적 행동을 유발했다는 결론을 내렸다. 어떤 사람이 권력을 남용하게 하려면 권력을 주는 것만으로 충분할 수 있다는 뜻이다.

이렇게 '하찮은 권력'에도 인간은 도취되고 흥분하고 이성을 잃을 수 있다. 이 결과로 미뤄볼 때 타인을 무시하고 권력을 휘두르면서 깊은 만족감과 자부심, 행복, 성숙에 이르기는 어려워 보인다.

스탠퍼드 실험이 있기 한 세기 전에, 에이브러햄 링컨은 이렇게 말했다. "한 사람의 인격을 시험해보고 싶다면, 그에게 권력을 줘라." 거대 권력이든 미시권력이든, 권력은 그로부터 얻을 수 있는 만족감을 심각하게 해치는 심리적 영향을 유발해서 결국에는 자신과 타인의 행복을 망가뜨릴 수 있다. 지금부터 권력을 부주의하게 행사하고 취급했을 때 나타날 수 있는 세 가지 중대한 결과를 살펴보려 한다. 중독, 권력 상실에 대한 강렬한 공포, 끝으로 고독이다.

권력 중독, 권력은 더 많은 권력을 원한다

"권력은 한번 맛본 사람은 누구나 빠져드는 마약이다."

프랑수아 미테랑

예전 직장 동료를 만나러 뉴욕에 간 적이 있다. 그녀는 수년 전 큰 기관의 최고 지위에 있는 아주 힘 있는 남자와 결혼했다. 남편은 보통 아침 7시면 집을 나서고 밤 10시쯤 일을 마치고 기진맥진해 돌아온다고 했다. 주말에는 좀 더 오래 얼굴을 볼 수 있지만, 업무에 정신이 팔려 있을 때가 많았다. 그래도 부부는 두 아이를 낳을 만큼은 만날 수 있었다. 그녀는 최근 몇 년간 힘든 상황을 그저 견디기만 했지만, 남편의 임기가 언젠가는 끝나리라는 걸 알았기에 그래도 참을 수 있었다. 몇 달 만에 뉴욕에서 다시 만났을 때, 그사이 마침내 그녀 남편의 임기가 끝났다. 나는 그녀가 무척 행복할 거라고 생각했다. 생활의 변화로 생겨난 여유 시간에 드디어 가족이 함께 지낼 수 있게 됐으니까. 그런데 어쩐 일인지 그녀는 좀 슬퍼 보였고, 끝에 가서는 남편이 '권력자' 지위를 잃은 후 지옥 같은 나날을 보내고 있다고 털어놨다. "늘 의기소침해 있어. 이제 권한이 없다는 걸 견딜 수 없나 봐. 살기를 포기한 사람처럼 보여……." 권력에 취했던 그녀의 남편은 지독한 '숙취'에 시달리고 있는 게 분명했다. 그녀는 이렇게 말을 맺었다. "내가 권력 중독자랑 결혼했다는 걸 깨달았어. 힘이 없으면 그 사람은 불행해."

　권력은 자극을 주거나 흥분을 일으킬 수 있다. 하지만 마약이나 중독까지 운운할 정도일까? 중독은 뭔가가 없으면 견딜 수 없는 상태다. 언제나 같은 정도의 쾌락적 감각을 계속 느끼려면 중독 물질이 점점 더 많이 필요하다. 약을 빼앗기면 중독자는 금단 증세에 빠지고 온갖 종류의 감정, 특히 공포와 망상에 시달린다. 실제로 권력자들에게서는 종종 이런 증세가 나타난다. 네덜란드의 사회학자 마우크 뮐더르Mauk Mulder는 오래전부터 권력 중독에 흥미를 느꼈다. 1977년 뮐더르는 권력을 가지면 가질수록 더 많이 바라게 되고, 특히 아랫사람들을 괴롭히려는 경향이 커진다는 연구 결과를 발표했다.[24] 20여 년 후, 파리경영대학원과 뉴욕 코넬대학교 연구자들은 권력을 잃을 위기에 처한 사람이 권력을 쟁취하려고 애쓰는 사람보다 권력 유지를 위해 더 큰 대가를 지불하는 경향이 있음을 밝혀냈다. 이 실험에서 전자는 후자보다 1.5배 더 큰 대가를 치를 준비가 돼 있었다.[25] 뮐더르 교수도 이 가설을 시험해봤다. 그는 일부 '피험자'에게 상징적 권력을 주고 다른 사람에게는 어떤 권력도 주지 않았다. 그러고 나서 각각에게 질문을 던졌다. "당신의 책임 정도를 높이고 싶으신가요?" 권력을 받지 못한 사람의 15퍼센트가 그렇다고 답한 반면, 이미 권력을 받은 사람은 50퍼센트가 이에 동의했다. 마키아벨리는 수세대에 걸쳐 권력을 손에 넣는 방법만이 아니라, 권력을 지키는데 유리한 전략도 함께 가르쳤다. 의학적으로 인정된 중독과 마찬가지로, 권력 중독도 사실상 같은 중독 상태다. 그들의 모든 행동이 권력을 소유하고 싶은 욕구, 항상 더 많이 소유하고 싶고 잃고 싶지 않은 강박에서 비롯되기 때문이다. 조지 오웰의 소설 《동물 농장》[26]에서 동물들은 인간 세계와 달리 모든 동물이 평등하고 동물로서의 삶에 자부심을 느끼는 조화로운 공동체를 건설하자는 이상을 품고 농장을 지배한다(그래서 동물들이 제정한 첫 번째 법률은 두 발로 걷기 금지다). 돼지인 나폴레옹과 스노볼이 관대한 사상, 특히 "모든 동물은 평등하다"라는 사상을 내세워 대장으로 선출된다. 그러나 나폴레옹은 점점 더 대장 지위에 취해 스노볼을 제거하려는 계획을 세운다. 그는 점점 더 많은 권력을 원하고, 전에 증오했던 농장주처럼 행동하기에 이른다. 옛 주인의 침대 위에서 잠을 자고 위스키도 마신다. 《동물 농장》은 소련 역사에서 영감을 얻었지만, 이 책에서 특히 두드러지는 것은 극도로 중독적인 권력의 속성과 권력에 대한 강박이 낳는 파괴력이다.

강력한 권력자는 권력에 안착하고 어떤 혼란 속에서도 그걸 지킬수 있는 실천 방법을 알고 있고, 그로 인해 중독이 심화되기도 한다. 그 방법이란 바로 어떤 '클럽', 즉 '동류'를 만날 수 있는 그룹의 일원이 되는 것이다. 집단에 소속돼 정체성을 공유하려는 욕망은 아주 오래됐고, 이런 종류의 클럽은 모든 대도시에 존재한다. 특히 파리에서는 르 시에클, 오토모빌 클럽, 앵테랄리에 등의 클럽이 유명하다. 미국에는 샌프란시스코의 보헤미안 클럽, 정치와 비즈니스 엘리트 200여 명으로 구성돼 있고 여러 명의 미국 대통령을 배출한 워싱턴의 알팔파 클럽, 가장 영향력 있는 싱크탱크 중 하나로 여겨지는 외교협회가 있다. 이 클럽에 가입하기 위한 조건은 까다롭다. 기존 회원의 추천을 받고 선거를 거치는 등 매우 엄격한 절차를 통과해야 해서 '로비'에만 수년이 걸린다. 회원 가입 자격을 얻으려면 좋은 배경과 경력, 인맥을 갖춰야 하고 대개 큰 재산도 필요하다. 몬태나의 옐로스톤 클럽과 뉴욕의 코어 클럽도 배타적 클럽에 속하지만 돈이 있으면 더 들어가기 쉽다. 코어 클럽 회원이 되려면 5만 달러의 분담금이 필요하며 연간 1만 5,000달러의 회비를 내야 한다.[27] 영국에서 사업을 하려면 런던의 애너벨스, 화이츠, 헐링엄 클럽, 하드포드 스트리트, 아츠 클럽, 클럽 앳 디 아이비 등 유수의 회원제 클럽에 가입하는 것이 필수이다. "영향력 있는 인사가 클럽에 가입하지 않았다는 건 어딘가 의심스러운 일이죠!" 한 사업가가 내게 슬쩍 알려줬다. 도쿄에는 롯폰기 힐스 클럽이 있고, 홍콩 또는 상하이에는 키 클럽이 있다. 회원이 되면 다른 사람 눈에 상당한 지위에 오른 것처럼 보이고, 클럽에 갈 때마다 충분한 양의 권력이 주입된다.

일단 클럽에 가입되면 그 자리를 지켜내야 한다. 클럽 회원은 정기적으로 제명되며 이는 회원들의 큰 걱정거리다.[28] 예를 들어 런던의 한 클럽에서는 '은행가' 회원들이 새로 들어오자 창립 회원들이 클럽 주인에게 클럽 수준이 떨어졌다고 불평했다. 그들의 '도박꾼' 방식이 마음에 들지 않는다는 것이다. 문제가 된 신입 회원들은 결국 퇴출당했다.

그 강력한 인맥의 일원이 되고 싶다는 욕망이 너무 강해지면 클럽에 들어가기 위해 뭐든 하기도 한다. 나는 그런 모임에 들어가기 위해 모든 존엄을 버리고, 애원하고, 열 번 스무 번 시도하고, 비위를 맞추고 아첨하는 사람을 봤다. 어떤 사람은 가짜 경력을 꾸며내기까지 한다. 런던에서 아주 영향력 있는 사람은 이렇게 말했다. "아주 정교한 가짜 이력서가 주기적으로 도착합니다. 어떤 사람은 학위를 꾸며내고 런던의 고급스러운 지역으로 가짜 주소를 써내지요." 토론토에 사는 한 여성은 남자친구가 클럽 회원이 되려고 빚을 졌다고 증언했다.[29] '인맥'이 있으면 미래가 보장된다는 말을 믿어 의심치 않기 때문이다. 파리 앵테랄리에의 운영자는 "후보자들을 평생 참고 기다리게 하는 경우도 있다"고 말한다. 하지만 그의 말에 따르면 인생을 걸어볼 만한 가치가 있는 일이다. 클럽은 "CAC 40(프랑스의 대표적 주가지수로, 가장 많이 거래되는 40개 우량주식을 대상으로 산출한다_옮긴이)에 포함된 회사의 대단한 CEO와 마주칠 수 있는 장소"이기 때문이다.[30]

* * *

    어느 날 저녁, 만나기로 한 직장 동료가 약속 시간 직전에 전화를 했다. "저녁 약속은 취소해야겠어요. 급한 일이 생겼거든요." 나는 처음에 그의 가장 친한 친구에게 무슨 일이 생긴 줄 알았다. 친구의 건강이 매우 좋지 않았기 때문이다. 하지만 사실 그는 회원을 몹시 가려 뽑는 명망 높은 어느 클럽에 가입하려고 서류를 준비하는 중이었고, 그 클럽의 영구 회원 한 명이 자기 아들이 콘서트를 보고 싶어 하니 특별 배려를 해달라고 그에게 부탁한 것이었다. 후보자의 영향력은 이처럼 흔하게 시험받는 듯했다. 그 동료는 가입 승인을 받으려면 아직도 몇몇 회원의 추천이 더 필요하다고 자세히 알려줬다. "끔찍해요. 모든 회원의 시중을 드는 데 시간을 써야 하죠. 실제로 그게 통할지 아닐지조차 모르는데 말이죠."

    그는 마침내 시험에 성공적으로 통과했다. 그리고 이를 축하하기 위해 나를 클럽 레스토랑에 초대해 저녁을 먹기로 했다. 약속 당일 아침, 나는 약속 장소와 시간, 드레스 코드, 심지어 다른 회원들 앞에서 피해야 하는 화제가 적힌 이메일을 받았다. 무엇보다 마지막 사항이 경악스러웠다. 식사 자리에 도착하자마자 이 이야기를 꺼내고 싶었지만, 그는 먼저 내 첫 책《덴마크 사람들처럼》의 출간과 호텔 일을 그만두고 저자이자 강연자로서 새로운 인생을 열기로 한 결정을 축하했다. 그는 삶의 변화를 향한 내 계획을 무척 지지했지만 마침내 이렇게 속삭였다. 이

메일의 마지막 사항을 다시 당부하기 위해서였다. "저기, 절대 나쁘게 생각하지 마요. 난 당신 책을 정말 좋아해요. 하지만 여기서는 덴마크 사회주의 모델에 대해 너무 많이 말하지 않는 게 좋겠어요. 여기 있는 모두가 그 주제를 편안해할 것 같진 않거든요. 내가 무슨 말 하고 싶은 건지 알겠죠?" 물론 그 말이 무슨 뜻인지 나는 잘 알았다. 바로 이 지점에 '행복'에 대한 환상이 자리하고 있다. 클럽에서는 자기 자신이 될 진정한 자유가 없다. 그런 클럽은 대부분 개성 표현이 환영을 받지 못하는 작은 세계다. 비슷한 사람과 함께 있으면 대개 안정감을 느끼지만, 이런 체제 안에서는 감정을 표현할 기회가 제한되고 나름의 세계관마저 지닐 수 없다.

별도의 장소에서 이뤄지는 클럽의 '부차적' 모임은 사람들 눈에 띌 수밖에 없는 행사다. 거기서 권력자는 자신의 지위를 슬쩍 확인해볼 수 있다. "롤랑 가로스Roland Garros (프랑스 파리에서 열리는 세계 4대 테니스 대회 중 하나_옮긴이) 결승에서 볼까요?" 평범해 보이지만 대회에 초대받거나 연간 좌석 요금을 지불할 '힘'이 있는 사람들끼리만 던질 수 있는 질문이다. 스포츠 행사는 자신이 가장 좋은 자리를 차지할 수 있는 권력 엘리트에 속함을 과시하기 위한 좋은 구실이 된다. 친구 한 명도 '그들 중 하나'가 되고 싶었던 나머지, 비싼 자리를 구하려고 암거래 시장을 뒤졌다. 그에게 있어 그 경기를 관전하지 못한다는 것은 있을 수 없는 일이었다. 더 정확히 말하자면, 계단식 좌석 아래 좋은 자리에서 관전해야 했다.

바로 그 '높은' 자리 때문에 그는 내 초대를 거절했다. "다른 관중과 섞여서 볼 바엔, 아예 안 가는 편이 낫겠어요."

대형 스포츠 행사나 멋진 파티의 초대 손님 목록에 오르는 것은 분명 기분 좋은 일이고, 즐거운 시간을 보낼 확률이 높다. 그 자리가 즐거울 수 있다는 건 사실이지 허상이 아니다. 다만 주최자가 누군가를 초대할 때는 그게 주최자에게 이롭기 때문임을 알아야 한다. 이익이 되지 않는 사람은 더 이상 초대받지 못한다. 어떤 의미에서는 논리적이다. 이런 행사 중 다수는 사업가 또는 '권력이 있는' 사람과 좋은 관계를 유지하는 것이 목적인 기업으로부터 후원을 받기 때문이다.

클럽, 행사 초대, 그 밖의 특권 등 권력세계에 속해 있음을 확인해주는 모든 구조가 중독 심화를 부추긴다. 중독의 주요 위험 중 하나는 권력에 사로잡혀 자기 통제력을 잃고 마는 것이다. "해냈어요, 승진했어요! 나도 이제 결정을 할 수 있을 거야!" 한 친구가 책임자로 승진했다는 소식을 전하며 무척 흥분된 목소리로 이렇게 말한 적이 있다. 그녀는 오래전부터 직급으로 회사에서 평가받고 싶어 했고 젊은 그녀에게는 그럴 만한 가치가 충분했다. 몇 달 뒤 그녀의 소식이 궁금해 전화를 걸었다. 그런데 열정은 이미 온데간데없이 사라진 뒤였다. "권력의 문제는 평온함을 앗아간다는 거예요. 저처럼 별것 아닌 직급도 그래요. 밤에도 집에 갈 수 없고 일 생각 없이 가족과 시간을 보낼 수도 없게 됐어요." 나는 지하철, 회사, 집을 오가는 쳇바퀴에서 잠시나마 그녀를 꺼내주려고 그 주에 커피나 한잔 마시자고 제안했다. 그러나 그녀는 이제 여유 시간 이 조금도 없다고 잘라 말했다. 이렇게 결론을 내리고 그녀는 전화를 끊 었다. "결국 권력을 누리는 건 제가 아니었어요. 권력이 저를 누리는 거 였죠."

권력을 잃을지 모른다는 두려움

> "고통받을 것을 두려워하는 이는
> 두려워하면서 이미 고통받고 있다."
>
> 몽테뉴, 《수상록》, 1580

권력 중독은 권력 상실의 두려움과 쌍을 이룬다. 권력자들은 힘들게 손에 넣은 것, 자신의 정체성과 존재 이유의 토대가 사라질지 모른다는 두려움을 항상 품고 있다. 미얀마 군사 정권에 맞서 민주화 운동을 벌인 인권의 상징 아웅 산 수 치는 권력의 속성을 다음과 같이 매우 정밀하게 요약한다. "권력 때문이 아니라 두려움 때문에 부패한다. 권력을 잃을지 모른다는 두려움이 권력자들을 부패하게 만든다."[31]

이러한 두려움은 행복하고 균형 잡힌 인생으로 향하는 길에서 중대한 장애물임이 분명하다. 권력은 신뢰해주는 사람의 지지가 없으면 순식간에 증발해버리고 권력자는 다른 이로 쉽게 대체될 수 있다. 권력은 주기적으로 시험대에 오른다. 민주주의의 작용과 책임의 쇄신을 위해서는 물론 좋은 일이다. 그러나 권력자들에게는 대단히 큰 걱정거리가 아닐 수 없다. 권력을 잃는 과정이 다소 거칠 수도 있다. 대개 질투 또는 반체제 인사들에 의해 권력을 잃지만, 역사 속 많은 예가 보여주듯 음모, 더 나아가 암살에 의해 제거되는 경우도 드물지 않다.

새 회사로 이직했던 첫날이 기억난다. 사장이 잠깐 이야기하자고 전화로 나를 불렀다. 나는 수화기를 내려놓고 미팅에 필요한 서류를 준비하기 시작했다. 사장실로 가다가 한 동료를 만나 사장님을 보러 가는 길이랬더니 그녀가 내 말을 끊고 말했다. "서둘러요, 이럴 시간 없어요! 사장님이 부르면 2분 안에 사장실에 도착해야 해요. 안 그랬다가는 난리가 날 게 뻔하다고요." 이 경고에 깜짝 놀란 나는 사장실로 달려갔다. 다행히 사장이 앉으라고 하기 전까지 자리에 앉아서는 안 된다는 사실은 이미 들어서 알고 있었다. 그래서 사장이 전화 통화를 끝낼 때까지 서 있었다. 마침내 사장이 앉아도 된다고 허락했다. 그러고는 다짜고짜 회사의 일원이 되기 위해 지켜야 할 규칙을 늘어놨다. 가서는 안 되는 장소와 가까이해서는 안 될 사람까지 콕 집어 알려줬다. 어느 레스토랑 주인과는 사이가 나쁘니 가지 말고, 자기가 싫어하는 신문사의 기자 친구와는 만나서는 안 된다는 식이었다. 사장의 적절하지 못한 태도와 위협적인 제한 사항에 당황한 나는 그 놀라운 규칙을 업무시간에는(그래도 감히 이 부분을 강조했다) 지키겠다고 대답할 수밖에 없었다. 퇴근 후의 내 개인적 자유는 계약서에 포함돼 있지 않으니까. 이 일 이후 모든 회의, 모든 보고 자리에서 모든 것을 통제하려는 그의 욕구를 매번 새삼스럽게 확인할 수 있었다. 사장은 계산과 전략에 따라서만 움직이고, 모든 것과 모든 사람을 두려워했다. 실제로 그가 내리는 모든 결정은 권력의 부스러기 하나라도 잃을지 모른다는 불안과 공포에서 비롯된 것이었다. 직원들의 사생활까지 통제하려 한 것도 그 때문이다.

좋은 자리가 적고 경쟁이 심한 환경에서는 반대 세력에 밀려날지 모른다는 두려움이 몹시 크고 타인에 대한 불신이 커진다. 어느 학술 연구에 따르면 지도자는 일반적으로 타인을 신뢰하는 데 어려움을 겪는다.[32] 배신에 대한 두려움 때문이다. 또한 권력자는 권력을 잃었거나 위협을 느끼기 시작하는 순간 더욱 독재적이고 폭력적으로 변한다. 마치 상처 입은 동물이 점점 더 위험해지는 것과 같다. 같은 연구에 따르면 신뢰를 받지 못한다고 느낄 때 사람은 리더에게 복종하지 않고 배신하려는 경향이 강해진다. 그러면 상황이 더욱 악화된다. 《권력의 법칙》이 다시 떠오르는 지점이다.[33] "당신이 하는 행동의 동기를 절대 밝히지 말고 사람들을 어둠 속에 잡아둬라. 당신이 무엇을 준비하고 있는지 모르면, 그들은 자신을 방어할 수 없다. 그들을 잘못된 지점으로 이끌고, 짙은 안개로 뒤덮어라. 당신의 의도를 깨달았을 땐 이미 늦도록." 타인에 대한 신뢰가 사라지면 모래 늪 위에 펼쳐진 길처럼 무엇도 확실하지 않고 모든 것이 잠재적 위협으로 느껴진다. 최소한 이것은 말할 수 있다. 부정적 환경을 만드는 요소로는 행복을 구성할 수 없다는 사실 말이다.

외로운 정상의 자리, 권력의 고독

> "권력은 고독을 낳는다."
>
> 요한 볼프강 폰 괴테

'외로운 정상의 자리' 또는 '고독한 권좌'. 무거운 책임을 진 위대한 지도자라면 이 표현의 뜻을 잘 알고 있을 것이다. 한 기업, 한 단체, 한 나라를 이끄는 사람은 임무를 가능한 한 완벽하게 수행해야 한다는 기대를 받는다. 국가 수장이나 최고경영자는 업무를 수행하며 느끼는 외로움에 대해 거의 불평하지 않는다. 자신이 사회적·직업적 지위가 부여한 특권, 어마어마하게 높은 보수, 폐쇄적이고 영향력 있는 모임을 통한 인맥을 갖췄고, 그런 자신의 외로운 영혼을 동정하며 이야기를 들어줄 사람을 찾을 가능성은 희박하다는 사실을 그들 스스로 잘 알고 있기 때문이다. 보통 사람에 비하면 그들은 완전히 성공한 인생을 살고 있다. 그러나 그들이 꼭 행복하다고 말할 수는 없다.

알제리 전쟁과 나토 탈퇴, 곧이어 일어난 68혁명 사이에 샤를 드

골 장군이 처한 고립된 상황을 묘사하기 위해 "외로운 권력 수행"이라는 표현이 쓰였다. 대서양 반대편에서도 같은 표현을 사용한 사람이 있다. 버락 오바마는 2008년 미국 대통령으로 당선된 직후에 한 인터뷰에서 전임자들이 느낀 고독과 고립감에 대해 모든 이가 경고했다고 말했다. 1947년 해리 트루먼 대통령은 일기에 이렇게 적었다. "사람들이 백악관이라고 부르는 거대한 감옥에서 벗어날 수 있다면 얼마나 행복할까?"[34]

기업계에서는 최근 경영자들의 고독을 이해하기 위한 연구가 활발히 이뤄지고 있다. 경영자 관리를 전문으로 하는 컨설팅 회사 RHR 인터내셔널을 창립한 토머스 J. 사포리토 Thomas J. Saporito 박사의 의견은 이렇다. "정상은 고독하다는 말은 단지 진부한 표현이 아닙니다. 나는 30년 이상 이 분야에서 일하며 200명이 넘는 CEO와 상담했습니다. 이야기가 깊어지면, 극히 드문 예외를 제외하고 모두가 내게 고독감을 털어놨습니다."[35] RHR 인터내셔널은 2011년에 수익 5,000만 달러부터 20억 달러 사이의 미국 민영 및 공영 기업의 CEO 83명을 대상으로 조사를 실시했는데 조사 결과, CEO 절반이 업무수행 능력이 위험해질 만큼 깊은 고립감을 느끼고 있었다.[36] 막대한 액수의 돈과 중요한 거래의 관리를 책임진 CEO는 그가 내려야 하는 결정의 중대함을 누구와 공유할 수 있을지, 누구를 진심으로 신뢰해도 될지 모른다. 2013년 스탠퍼드 대학교 연구에서도 북미 지역 CEO의 66퍼센트 이상이 기업에 대해 어

떤 외부 자문도 받고 있지 않다는 결과가 나왔다.[37]

권력의 고독은 정상에서 내려오면 더욱더 두드러진다. 업무는 물론이고 사적으로 만나는 사람까지 정해주려 했던 통제력에 목마른 마키아벨리 스타일의 사장 이야기를 다시 해야겠다. 몇 달 뒤, 사장 임기가 끝났다. 그 무렵 예전 동료와 우연히 만났는데 그는 그 사장이 사장직을 떠난 후 완전히 혼자가 됐다고 알려줬다. 전화 한 통 거는 사람이 없었다. 권력을 모두 잃은 지금, 뭐든 자기 뜻대로 하려는 까다로운 그와 친분을 유지하려는 사람이 아무도 없었던 것이다. 전에 만났던 어느 패션 잡지 편집장도 마찬가지였다. 우리가 만난 지 얼마 되지 않아, 그녀는 갑자기 해임됐다. 그 잡지에서 다루는 큰 행사 중 하나인 대형 패션쇼 취재를 준비하던 시기였다. 편집장실에서 떠나자마자 그녀는 모든 패션쇼 초대 손님 목록에서 삭제됐다. 마치 그녀가 더는 존재하지 않는다는 듯, 수년 동안 맺어온 모든 관계와 친분이 눈 녹듯 사라졌다. 그녀가 행사 준비에 내내 동참했는데도 말이다.

호텔을 그만뒀을 때였다. 업계를 떠난 나에게 전화를 걸어온 사람 중 어느 프랑스 대기업의 경영자가 있었다. 함께 점심을 들자고 했다. 나는 조금 놀랐지만 기뻤다. 일단 업계를 떠나면 일 관계로 맺어진 '인맥'한테는 연락을 기대하지 않는 게 좋다는 경고를 들었기 때문이다. 호텔에서 일하는 사람은 '친구'가 많다. 호텔 업계가 매력적인 데다 부자들조차도 휴양지에 도착했을 때 'VIP'로 대접받거나 더 나아가 '친구 할인가'로 휴가를 보내고 싶어 하기 때문이다. 하지만 더는 '권력'을 쓸 수 없게 되면, 그 친구들 대부분에게 별 볼일 없는 사람이 돼버린다.

영향력 있는 자리를 떠나보면 신실한 사람과 타산적인 사람을 가릴 수 있다. 영향력이 어느 정도였는지는 관계없다. 친구 집에 벽돌 공사를 하러 온 청년이 친구에게 이런 걱정을 털어놨다고 한다. 몇 달 전 청년은 파리 지역에 있는 건축회사의 좋은 자리에 취직했다. 하지만 금방 그 회사에서 나왔고 그 후로 자잘한 일감을 찾아 생활을 꾸려나가야 했다. "전에는 늘 전화기가 울렸죠. 다들 나를 보고 싶어 했어요. 지금은 아무도 전화를 안 해요. 그래서 제가 전화를 걸지만 친구라던 사람들이 이젠 전화를 받지도 않네요." 나도 '빈 스케줄러 증후군'에 대해 친구에게 들은 적이 있다. 그는 이렇게 경고했다. "아무도 너한테 전화하지 않을 거고 초대도 끊길 거야." 나를 점심 식사에 초대한 경영자는 다정하게 말했다. "업계를 떠나는 게 어떤 일인지 저도 잘 알죠. 필요한 일이 있으면 저에게 연락하세요. 그 말씀을 드리고 싶었습니다." 나는 무척 감동받았다. 다행히 다른 사람들도 연락을 해왔다. 자신이 맡은 직책 때문이 아니라 인간성 때문에 사람들이 연락하고 초대장을 보낸다고 믿어왔던 사람이라면 몰락이 더욱 괴로울 수 있다.

권력이 '끝난 뒤'의 고독은 권력이 '진행 중'일 때 느끼는 깊은 고독의 연장선상에 있다. 권력자를 부르는 곳은 많다. 그러나 권력자라는 '사람', 즉 인격과 개성에 끌려서가 아니라 그가 달고 있는 '직함', 위엄 있는 명함과 호의를 베풀고 도움을 줄 수 있는 능력이 필요해서 모두 요란스레 손짓하는 것이다. 권력이 인간관계를 해친다는 사실은 많은 연구에서 동일하게 증명됐다. 권력은 인간관계를 왜곡해 피상적이고 취약하게 만든다. 대단히 다채로운 내용을 담은 한 논문에서 미국 연구자들은 여러 가지 실험을 실시하고 결과를 상세히 기록했다.[38] 실험에 따르면 권력이 주어지는 자리는 그 자리의 소유자를 불신에 휩싸이게 만든다. 타인의 관대한 행동은 곧바로 타산적인, 더 나아가 위협적인 것으로 여겨진다. 기회주의자가 권력을 보고 몰려드는 거야 어쩔 수 없지만, 그로 인한 피해가 너무나 크다. 결과적으로 건강하고 소중했던 관계도 망가진다. 권력자는 관대한 행동을 의심하며 냉소적인 태도를 보이고, 그에 대해 보답하려는 경향도 낮다. 부정직한 사람들을 대하고 있다고 생각하기 때문이다. 이러한 불신, 감사하는 마음의 결여 탓에 권력자는 고독 속에 더욱 깊이 틀어박힌다. 심지어 부하직원이 호의를 보인 후에 특히 더 불신이 나타난다는 연구 결과도 있었다!

연구자들이 밝힌 더욱 염려스러운 사실이 있다. 의심이 권력자의 자동적 반응이었다는 것이다. 따라서 이 메커니즘을 파악하는 것이 중요하다. 이 흐름에서 벗어나 고립되지 않기는 대단히 어렵다. 권력과 행복의 관계를 다룬 한 흥미로운 학술 논문에 따르면 권력은 서양에서 훨씬 더 높이 평가된다. 서양은 개인주의가 더 강하고 권력을 개인의 성공과 동일시하기 때문이다. 공동체에 훨씬 더 의미를 많이 두는 동양에서는 권력이 한 구성원을 집단으로부터 고립시킴으로써 조화를 깨뜨린다고 생각한다. 이러한 관점에서 권력은 사회적 관계를 약화한다.[39]

테라스에 앉아 그 계절의 마지막 아름다운 날을 만끽하며, 나는 프랑스 대기업 경영자와 매니지먼트에 대해 그리고 회사의 성과에 직원의 행복이 얼마나 중요한지에 대해 대화를 나눴다. 그는 우리가 나눈 의견과 내 성찰 과정에 열광했다. 나는 경영위원회도 그만큼 이 문제에 열정적일지 물었다. 그는 그렇다고 대답했지만 이상하게도 흥분한 기색은 가라앉았다. 그가 설명했다. "내가 CEO인 이상 모두 내 말을 따르고 받아들이죠. 처음엔 그게 아주 좋은 일이라고 생각했어요. 나중에야 그건 내 생각이 가장 좋아서가 아니라, 감히 내 말에 반대할 수 있는 사람이 거의 없기 때문이라는 걸 알게 됐죠. 권력 때문에 관계가 변질되고 진실함을 잃는다는 게 권력의 문제입니다. 나는 수많은 사람에게 둘러싸여 있지만 중대한 결정을 내릴 때는 완전히 혼자예요." 합의를 유도하는 사장이 있는가 하면 두려움을 불러일으키는 사장도 있다. 그러나 두 경우 모두에서 사장은 고립된다. 예를 들어 한 친구는 승진한 뒤 며칠 동안 여러 번 내게 전화를 걸었다. 외국 출장 때문에 크게 스트레스를 받았기 때문이다. 회사 CEO와 함께 비행기를 타고 계약을 마무리 지으러 가야 했는데, 출장에서 돌아온 친구는 아주 일찍 공항에 도착해서 사장과 멀리 떨어진 자리를 잡아달라고 직원에게 애원했다고 부끄러워하며 털어났다. 상사가 회사 행사에 오지 않아서 좋은 분위기를 '망치지' 않았다는 직원들 이야기도 주기적으로 들려온다.

권력자의 고립은 권력자 외부의 무의식적 메커니즘에 의해 발생하기도 하지만, 그 자신의 행위가 빚어낸 악순환 때문에 발생하기도 한다. EU 집행위원장 장클로드 융커는 최근 한 인터뷰에서 '검은 수첩'에 자신을 배신한 것 같은 사람의 이름을 모두 기록한다고 시인했다.[40] 아니면 스스로를 고립시키는 방법도 있다! 새로 취임한 대기업 경영자는 대개 기존 고문을 내쫓고 믿을 만한 사람으로 그 자리를 채운다. 더 나아가 아주 단순하고 깔끔하게 의심 가는 사람을 제거할 수도 있다. 스탈린이 그런 경우였다. 그는 가장 가까운 조언자들까지 의심했고, 말 그대로 그들의 목이 떨어지는 일도 드물지 않았다. 그러나 스탈린은 지나치게 스스로를 고립시킨 나머지 실각을 재촉했다. 1953년 2월 28일 저녁, 스탈린은 가까운 이들과 저녁을 먹은 다음 방으로 돌아갔다. 당연히 방문에는 방탄 처리가 돼 있었다. 다음 날 아침 스탈린이 모습을 나타내지 않았지만, 아무도 감히 그를 방해하지 못했다. 저녁에도 여전히 그는 나오지 않았다. 마침내 사람들이 방문을 열었고, 의식은 없지만 아직 살아 있는 스탈린을 발견했다. 그런데 스탈린이 전적으로 신뢰한 유일한 인물인 라브렌티 베리야만이 스탈린을 진찰할 의사를 불러도 된다는 허가를 받은 터였는데 정작 베리야를 찾을 수가 없었다. 현장에 있던 사람들은 뭘 해야 할지 망설이고 또 망설였으며 그렇게 시간이 흘렀다. 마침내 그들이 의사를 부르기로 결정했을 때는 심장마비가 스탈린을 덮친 지 이미 24시간 이상 지나 있었다. 그를 살리기엔 너무 늦었다.

덴마크 드라마 〈여총리 비르기트〉는 비르기트 뉘보르 Birgitte Nyborg 의 정치적 승리 과정을 대단히 섬세하게 그려낸다. 합의제 전통을 특징으로 하는 덴마크에서조차도 권력을 추구하는 비르기트의 가정은 조금씩 파괴되고 그녀는 결국 이혼에 이른다. 사회관계와 가족관계에서 치러야 할 대가는 그다지도 컸다. 드라마 시즌1에서 뉘보르는 중대한 정치적 결단의 압박을 받는다. 정부의 평판을 보호하기 위해, 남편을 열정적으로 일하고 있는 직무에서 해임해야만 하는 상황이다. 수없이 부부싸움을 반복하다가 뉘보르는 남편에게 그 일을 그만둬야 한다고 외친다. "당신은 그 자리를 떠나야 해!" 남편은 대답한다. "당신 인생의 남편 자리에서 떠나야겠지." 이혼은 금세 이뤄지고, 덴마크 총리는 일에 몰두해 현실에서 도피한다. 픽션은 흔히 현실에서 영감을 얻는다. 영국 〈데일리 메일〉에 따르면 국회의원의 이혼율은 같은 영국 시민에 비해 1.5배 높다.[41] 캐나다 국회의원의 이혼율은 나머지 인구보다 정확히 두 배 높다! 게다가 이 수치는 점점 더 높아지고 있다. 가장 최근 이뤄진 선거에서 선출된 캐나다 국회의원 85퍼센트가 이혼했다. 그 전 선거에서는 70퍼센트였다. 많은 의원이 너무나 자주 집을 비워야 하는 바쁜 일정

을 이유로 들었다.[42]

　권력에 의한 고독이라는 복잡한 문제에 대해 점점 더 많은 연구가 이뤄지고 있다. 이 주제를 전적으로 다루는 세미나와 학회가 개최되고 있으며, 미국에서는 대기업 경영자가 결정을 내릴 때 도움을 주는 CEO 학교 School for CEOs 가 2011년에 문을 열었다. 많은 이가 이미 이 문제를 고찰하고 있다. 내가 만났던 한 경영자는 언젠가 이렇게 말했다. "내 '관계'의 적어도 90퍼센트는 내가 자리를 잃는 날 사라질 겁니다. 어쨌든 가장 중요한 건 내가 하는 일과 나라는 존재를 혼동하지 않는 것이죠. 권력의 불행은 관계를 맺고 초대를 받는 것이 바로 나라는 사람 덕분이라고 착각하는 때부터 시작됩니다."

권력을 긍정적으로 정의하기 위하여

"유명하고 부유하고 권력이 있는 사람들에게서는 어떤 변화가 일어난다.
그로 인해 최상과 함께 최악도 나타날 수 있다.
그것이 바로 그들이 길들여야 할 괴물이다."

리사 마리 프레슬리(Lisa Marie Presley)(가수이자 엘비스 프레슬리의 딸_옮긴이)

행복은 우리가 작은 마키아벨리가 되는 지경에 빠지지 않
도록 막아준다. 간디는 영국 식민지배를 뒤흔들기 위해 자살 테러를 선
택할 수도 있었지만, 그 대신 무려 386킬로미터에 달하는 소금행진(영
국 식민지하의 인도에서 소금세 폐지를 주장하며 간디가 인도인을 인솔하여 아쉬람
에서 단디까지 행진한 사건_옮긴이)을 택했다. 최대한 많은 지지자를 집결시
키기 위해서였다. 이를 본 영국 왕실은 어떻게 대처해야 할지 알 수 없었
다. 마찬가지로 노벨평화상 수상자 넬슨 만델라는 가난과 수모를 겪었
지만, 27년에 걸친 수감생활 동안 무르익은 그의 사상은 남아프리카 공
화국의 평화와 화해를 이끌어내는 웅대한 계획이 됐다. "우리를 갈라놓
은 심연을 메울 때가 왔습니다." 그는 수많은 연설에서 이렇게 말했다.

정치, 기업, 모든 사회적 관계 속에서 이뤄지는 권력 행사가 반드시
강압적일 필요는 없다. 권력을 긍정적인 힘으로 변화시키는 것은 우리

각자의 의무다. 권력 자체는 좋지도 나쁘지도 않다. 모든 것은 권력에 어떤 방향을 부여하는지, 어떤 의식을 지니고 어떤 방식으로 행사하는지에 달려 있다.

11월 내 생일 직전에 뉴욕에 사는 아주 소중한 친구가 전화를 했다. 금융계에서 중역을 맡고 있는 아주 명석하고 너그러운 친구다. 무시무시한 일정 속에서도, 친구는 늘 시간을 내 내게 조언해준다. 그는 《하버드 비즈니스 리뷰》 선정 세계 최고의 CEO 순위가 발표됐으며 1위가 바로 라르스 레빈 쇠렌센 Lars Rebien Sørensen 이라는 덴마크 CEO라고 알려줬다.[43] 쇠렌센은 덴마크의 대형 제약그룹 노보 노르디스크 Novo Nordisk 의 경영자다. 이 순위는 전반적으로 놀라움을 불러일으켰다. 쇠렌센 CEO는 그때까지 미디어에 전혀 알려져 있지 않았기 때문이다. 그에게 1위 자리를 내주고 87위까지 밀려난 아마존의 '스타' CEO 제프 베조스와는 대조적이다. 이 극적인 변화의 원인은 무엇일까?

《하버드 비즈니스 리뷰》는 2010년부터 최고 CEO 순위를 발표했는데, 이 순위는 곧 세계에서 가장 강력한 기업 CEO들의 중요 집합소가 됐다. 주식시장에서의 장기실적이 선정 기준인데, 지명된 CEO는 최소 2년 이상 재직한 상태여야 한다. 그런데 2015년 순위 선정에는 새로이 두 가지 기준이 도입돼 오늘날의 세계 발전과 더 밀접한 관련을 맺도록 했다. 바로 사회적·환경적 책임과 지배구조다. 이 새로운 기준은 최종결과에 20퍼센트밖에 반영되지 않았지만, 그로 인해 순위는 완전히 뒤바뀌었다. 이제부터 최고 CEO의 영광을 얻으려면 사회에 대해서도 책임감 있는 태도를 취해야 한다. 노동복지, '선한' 경영, '행복한' 직원이 수년 전부터 핵심 기준이 됐다. 임파워먼트 empowerment 에 대한 이야기도 점점 늘어나고 있다. 이 영어 표현은 흔히 '권한위임', '역량증진'으로 번역되며 직원에게 더 큰 권한과 책임을 부여해 업무에 열중하게 하는 행위를 가리킨다. 경영자들은 직원이 권력을 더 포괄적이고 긍정적으로 받아들이고 수행할 때 모두의 참여도와 생산성 그리고 행복 역시 높아진다는 사실을 깨닫기 시작했다.[44] 오늘날 64퍼센트의 CEO가 글로벌 전략의 중심에 사회적·환경적 책임이 있다고 말한다.[45] 노동자의 84퍼센트는 평판이 훌륭한 회사로 이직하기 위해 현재 회사를 그만둘 준비가 돼 있다.[46]

그렇다면 세계의 쟁쟁한 CEO를 모두 물리친 덴마크인 라르스 레빈 쇠렌센의 비밀은 뭘까? 그는 단언한다. "저는 세계 최고의 CEO라는 개념을 좋아하지 않습니다. 그보다는 세계에서 가장 경쟁력 있는 기업을 함께 일궈낸 팀의 팀장이라고 말하고 싶군요. 세계 최고의 CEO와는 완전히 달라요."[47] 그러고는 이렇게 덧붙인다. "우리가 내놓는 당뇨병 치료제가 없으면 전 세계 2,400만 명이 고통받을 겁니다. 그들의 삶을 개선할 수 있다는 의지만큼 직원들에게 동기를 부여하는 것은 없습니다."

덴마크인이 이렇게 말하는 것은 그다지 놀라운 일이 아니다. 덴마크의 임금 노동자들은 자신이 만족하며 일하고 있다고 말한다.[48] 2015년《하버드 비즈니스 리뷰》순위 20위 내에는 덴마크 회사가 세 곳이나 들어 있다. 더 넓게 보면 나의 조국은 국민이 행복하다고 느끼는 나라 순위의 상위권에 정기적으로 들어간다.[49] 덴마크 사람들이 행복한 이유 일부는 권력을 행사하는 방식에서 찾을 수 있다. 쇠렌센의 말에 힌트가 있다. 즉, 권력으로 개인적 성공을 추구하는 게 아니라 하나의 공공 프로젝트에 공헌한다. 덴마크 경영방식에 드러나는 덴마크 사회의 '행복 모델'은 세 개의 기둥이 떠받치고 있다.

첫째 기둥은 시민과 기관 사이의 신뢰다. 덴마크의 신뢰도는 세계 최고로, 80퍼센트 이상의 덴마크인이 친지, 동료, 이웃, 정치가를 신뢰한다고 답했다.[50] 바로 그 신뢰가 한없이 귀중한 내면의 평화를 보장한다. 앞에서 살펴봤듯 권력을 쥐고 있을 때는 타인을 신뢰하기 어렵다. 덴마크는 예외다. 덴마크에서는 권력을 남용하고 부패에 이르는 상황이 매우 드물다. 실제로 덴마크는 세계에서 가장 청렴한 국가다.[51] (이는 2013년 결과로 2017년에는 2위_옮긴이) 상호간의 이러한 깊은 신뢰는 기업계에서도 마찬가지여서 이는 자율성에 대한 높은 평가와 대단히 많은 재택근무자 수에서 드러난다. 일상생활에도 신뢰를 느낄 수 있는 소소한 상황이 가득하다. 예를 들어 길을 따라 세워진 많은 소규모 무인상점에서는 손님이 혼자 돈을 내고 거스름돈을 가져간다.

둘째 기둥은 자기 자신이 될 수 있는 자유다. 이 자유는 어린이의 개성 계발에 초점을 맞추는 교육제도를 통해 실현된다. 학교에서 모든 재능이 인정을 받기 때문에 덴마크 젊은이의 66퍼센트는 미래를 스스로 선택할 수 있다고 느낀다.[52] 같은 의미로 성평등이 특히 발전했다. 덴마크의 수상은 2015년까지 여성인 헬레 토르닝-슈미트 Helle Thorning Schmidt 였고, 현재 유럽집행위원회 경쟁 담당 집행위원인 마르그레테 베스타게르 Margrethe Vestager 는 EU에서 가장 영향력 있는 그리고 가장 독립적인 인물 중 한 명이다. 물론 덴마크 사람만 자유를 누리고 있는 것은 아니다. 나는 미국 회사 3M을 예로 즐겨 든다. 이 기업은 직원의 자유와 창의성을 항상 북돋아왔다. 1925년에 이미 어느 직원은 사내 업무와 다른 프로젝트를 동시에 진행할 시간과 회사의 격려를 받았다. 그리고 그 덕분에 누구나가 사용하는 접착용 테이프, 그 유명한 '스카치테이프'를 발명할 수 있었다. 그 직원이 얼마나 큰 성취감과 자부심을 느꼈을지 상상해보자! 1948년부터 3M은 '15퍼센트 규칙'을 실시했다. 연구자와 엔지니어는 업무시간의 15퍼센트를 부차적인 프로젝트에 사용할 수 있다는 규칙이다. 이 규칙 덕분에 생긴 창조의 시간에, 그 이름도 유명한 '포스트잇'이 태어났다. 3M은 해마다 500억 개 이상의 포스트잇 제품을 생산하고 있다.

마지막 셋째 기둥은 사회 공공 프로젝트에서 개인이 맡은 책임이다. 대단히 인상적인 예를 들겠다. 덴마크인은 세금 내기를 좋아하고(덴마크는 세금이 가장 높은 나라임에도 불구하고) 세금으로 재원을 충당하는 덴마크 사회 체제를 자랑스러워한다.[53] 노보 노르디스크는 당뇨병 퇴치라는 공공 프로젝트에 참여하고 있는데, 공동의 일에 의미를 부여하는 것이 중요하다. 각자가 개인적 책임감을 느끼고 열중하고 본보기를 보여야 한다. 간디의 말이 그 근거다. "본보기를 보이는 것은 가장 좋은 설득 방법이 아니라, 유일한 방법이다."

이렇게 온건한 방식으로 정말 권력을 손에 넣을 수 있을까? 미국의 심리학자 대커 켈트너는 공공선을 위해 일할 때 우리를 행복하게 만드는 권력의 힘에 대해 이야기한다.[54] 권력은 우리를 시험에 들게 한다. 이기심, 교만, 의심, 고립, 중독 등 권력의 부정적 효과를 피하려면 주의를 게을리하지 말아야 한다. 개인적 이익보다 보편적 이익을 위해, 공감 속에서 열정을 품고 권력을 행사하면 온갖 장점을 통해 긍정적인 감정이 일어나고, 마침내 행복이라는 감정이 샘솟는다. 켈트너는 어떤 성격 특성이 영향력 또는 권력을 더 바람직한 방식으로 얻는 데 도움이 되는지 알아보기 위해 위스콘신대학교 1학년 학생들을 대상으로 실험을 했다. 학년 초, 켈트너는 학생들에게 장점 다섯 개, 단점 다섯 개를 들어 동료 학생들을 평가하라고 했다. 열정적이다, 친절하다, 말을 잘 들어준다, 차분하다, 마음이 열려 있다, 사교적이지 못하다, 건방지다 같은 속성이 나왔다. 학생들은 각 동료가 수업에 미치는 영향력도 평가했다. 켈트너는 1년 동안 정확히 같은 조사를 2회 실시했다. 그러고 나서 두 가지 주요한 사실을 확인할 수 있었다. 첫째, 권력은 상당히 빠른 속도로 변화하며 자주 이동하는 경향이 있다. 둘째, 학기가 끝날 때에는 긍정적 사회성을 가장 많이 갖춘 학생들, 특히 가장 '열정적'이라고 평가된 학생들이 가장 영향력 있다고 인정받았다. 그 후 이 실험은 다른 대학은 물론 군대, 금융 기업, 제조 공장 등 여타 분야에서도 성공적으로 재현됐다. 매번 가장 큰 힘으로 다른 사람에게 동기를 부여하는 것은 '나쁜' 사람이 아니라 '착한' 사람이었다. 켈트너는 또한 여러 기업에서 개인 면담을 실시해 사람들의 평판을 조사했다. 그리고 사람들은 계산주의, 기회주의, 출세지향주의, 이기주의 등의 특성을 갖춘 사람을 쉽게 판별하며 그런 '나쁜' 동료는 결과적으로 격리된다는 사실을 재차 확인했다. 다른 직원들이 그와 협력하기를 꺼리거나 승진심사에서 그를 지지하지 않기 때문이다.

다행히 역사와 학문을 통해 권력에 너그럽고 고결한 면도 존재한다는 걸 알 수 있다. 바로 최대다수의 이익을 위해 봉사하는 권력이다. 그러한 권력은 공감, 책임감, 사회 지성을 바탕으로 하며, 가장 좋은 방향으로 세상을 바꾸겠다는 견고한 의지를 동반한다. 우리 모두는 세상에 조금씩 영향을 미칠 수 있는 미시권력을 지니고 있다. 우리가 사회에서 보고 싶은 변화를 스스로 구현하려면 의식하고 신뢰하는 일에서부터 시작해야 한다. 우리 각자는 오직 한 사람의 인생만 개선할 수 있을지 모르지만, 그것만으로도 이미 크다. 개인의 영향력과 권력을 자각하고 공공의 계획을 위해 사용하면 어마어마한 힘이 발휘된다. 연민, 연대, 신뢰, 관용, 겸손, 공감 같은 긍정적 가치를 찬양하는 세상과 사회 건설에 참여하는 일은 인생에 의미를 부여한다. 공공선을 위해 우리의 미시권력을 더 많이 사용할수록, 공동체는 물론 개인도 더 많이 행복해진다.

나 자신이 될 권력이 행복을 만든다

"할 수 있는 일을 해라. 아니면 할 수 있다고 믿어라.
대담한 용기에는 탁월한 재능과 힘, 마력이 있다."

장 드 라 퐁텐

몇 년 전부터는 공항까지 주로 택시를 타고 가는데 한번은 버스를 타기로 했다. 버스는 확실히 덜 편리하지만 그날은 운이 좋았다. 자리가 있었던 데다, 옆자리에 친절해 보이는 신사가 앉아 있었기 때문이다. 우리는 이야기를 나누기 시작했고, 나는 이 남자가 대단한 교양과 품위를 갖췄지만 아주 겸손한 태도로 삶에 임하고 있다는 것을 금세 눈치 챌 수 있었다. 세상의 온갖 부를 맛보고 권력 피라미드의 최정상에도 올랐다는 사실도 알게 됐다. 공항이 가까워지자 나는 이 남자가 택시를 부르거나 개인기사가 모는 차를 타지 않고 버스를 탄 이유가 점점 더 궁금해졌다. 그래서 단도직입적으로 물었다. "제 자유를 표현하고 싶어서 버스를 탑니다. 저는 전용기도 있고, 기사며 경호원도 있어요. 믿을 수 없을 만큼 큰 권력을 누려봤지요. 하지만 한없이 거기에 의존하게 되고 결국 자유라곤 없는 사람이 되더군요." 그가 말을 이었다. "권력을 쥔 사람은 자유를 잃는 대가를 치릅니다. 다른 사람의 삶을 결정할 수 있게 됐는데 역설적으로 자기 자신의 삶을 결정할 권력은 사라져버리죠." 우리는 그 후로도 종종 연락하고 지냈는데, 나중에 그는 최고의 호화로움을 맛보고도 여전히 버스를 탈 수 있다는 사실이 그 자신에게는 궁극의 자유라고 설명했다. 깊은 인상을 받은 나는 그가 내린 권력의 정의를 되새겨보곤 한다.

"권력을 가지면 행복해진다"는 이유로 권력을 추구했던 친구를 소개하며 이 장을 시작했다. 그는 훌륭한 자질을 갖췄을 뿐 아니라 정계를 완벽하게 이해하고 있었는데도, 결국 수년 동안 충실히 보좌한 사람들에게 배신당하고 말았다. 그의 추락을 전해 듣자마자 전화를 걸었다. 그는 이렇게 말했다. "정치판을 떠날 거야. 내가 틀렸어. 이런 권력으로는 행복해지지 못해. 정반대지." 그는 후에 자기 사업을 시작했고 지금은 다행히 누구와 함께 어떻게 살아갈지 스스로 결정할 수 있게 됐다. 궁극의 권력이 주는 강렬한 취기를 더는 맛볼 수 없겠지만, 이제는 뜻대로 살아갈 수 있다는 만족감을 느끼고 있다.

대단할 것 없는 사람인 내가 스스로를 가장 '강력하게' 느꼈던 때는 중요한 직책을 맡고 있었을 때도, '스포트라이트'를 받았을 때도 아니었다. 내 삶에서 중대한 결정을 내렸을 때, 결과를 고민하지 않고 나 자신과 내 신념에 충실히 임할 용기를 냈을 때였다. 그런 권력은 힘들고 괴로운 결정을 내릴 때조차도 행복을 느끼게 해준다. 그럴 때 자기 자신과 하나가 되기 때문이다. 간디의 이 말이 이 상태를 잘 표현해준다. "행복이란 생각, 말, 행동이 조화를 이룬 상태다." 그런 권력이 우리를 행복하게 한다. 우리의 꿈, 우리 자신에게 충실할 수 있는 권력이기 때문이다.

내 자리에서 타인을 위한 변화를 만들어내는 권력도 우리를 행복하게 한다. 아주 작은 변화라도 상관없다. 덴마크에서 열렸던 교육 관련 강연에 참석한 한 참가자를 생각하면 가슴이 벅차오르곤 한다. 덴마크 교육 체제는 어린이의 개성을 계발하고, 좋아하는 일을 직업으로 선택할 전적인 자유를 부여하는 것을 목표로 한다. 부모의 야심을 만족시키거나 미디어가 예측하는 인기 순위를 따라가는 것이 아니라. 열네 살 아들을 둔 그 아버지는 강연 후 나를 찾아와서 내 책에 아들 빅토르의 이름을 넣어서 사인해달라고 부탁했다. 빅토르는 자기 가치관을 강요하려는 아버지에게 맞서 몇 달 전부터 자기가 가고 싶은 학교에 등록하려 싸우고 있었다. 덴마크 교육에 대해 알게 된 그 아버지는 마음을 열고 관점을 바꾸기로 했다. 그는 이렇게 말하며 자리를 떴다. "행복한 인생을 스스로 선택할 힘을 아들에게 돌려줘야겠습니다." 그 소년에게도 언젠가 다른 누군가가 좋은 길을 가도록 도울 기회가 있기를 바란다. 행복해질 권력은 이렇게 조금씩, 손에서 손으로 전해지며 쌓인다.

4장

명성

내가 누군지 모르는 채 유명해지면
명성이 나를 결정한다

•

"나는 명성을 얻을 준비가 되지 않았다. 명성은 나를 때려눕혔고,
나는 그에 저항할 힘이 없다."

알 파치노[1]

•

어느 텔레비전 방송국의 대표들과 미팅을 마치고 나온 나는 약간 어리둥절한 채 생각에 잠겼다. '프라임 타임', '공인', '슈퍼미디어', '스포트라이트', '대중을 자극하는 콘셉트'…… 이런 말이 머릿속에 휘몰아쳤다. 금세 마음속이 답답해졌다. 방송국에서 내게 관심을 보인다는 사실은 놀랍고 멋진 소식인데도! 나는 이 혼란스러운 감정이 어디서 왔는지 알아내려 애썼다. 방송국 사람들의 열광이 왜 기쁘지 않은 걸까? 내가 단 한 번도 유명해지기를 꿈꾼 적이 없기 때문인 게 분명했다. 더구나 나는 각광받는 사람이 되려면 개인적 자유와 사생활 면에서 어마어마한 대가를 치러야 한다고 언제나 확신해왔다.

요즘 흔히 '셀럽'이라고 불리는 사람들에 대한 나의 교양이 상당히 빈약하다는 사실을 고백해둬야겠다. '사회현상'이라고 불릴 만큼 유명해져 일간지에 등장하는 몇몇 사람만 아는 정도다. TV 리얼리티 쇼도 정말 드물게만 본다. 첫 직장이었던 홍보회사에서는 유명인을 만날 기회가 잦았고, 미디어에 종종 등장하는 친구들도 있다. 재미있는 영화 속 배우들의 재능은 분명 감탄스럽다. 음악가들의 재능에도 마찬가지로 탄복한다. 음악은 일상 속 귀중한 행복의 원천이다. 그러나 내 관심은 그들의 재능이 표현된 작품들, 딱 거기까지에 그친다. 그들의 사생활은 궁금하지 않고, 내밀한 이야기에는 더욱 흥미가 없다. 물론 완전히 예외적인 인물도 있긴 하다. 사회활동 참여나 사회적 주제에 대한 발언, 혁명적인 과학적 발견 등 그 사람의 행보가 내게 영감을 주거나 참고가 될 때는 뒷이야기가 궁금해진다. 그 속에서 사람들은 꿈을 이룰 용기를 찾기도 한다.

하지만 대체 명성이란 정확히 뭘까? 미셸 오바마 같은 사람이 뿜어내는 기운과 미디어가 만들어낸 패리스 힐턴 같은 사람의 인기를 과연 비교할 수 있을까? 프랑스 사회학자 나탈리 에니크Nathalie Heinich는 저서 《가시성에 대하여De la visibilité》[2]에서 유명한 사람들의 가시성(일반적으로 눈에 띄는 성질, 정도를 가리키는 말. 에니크는 대중매체를 통해 그 이미지와 이름이 재생산·확산됨으로써 한 개인이 자격을 인정받게 되는 사회적 특성을 가시성이라고 정의한다. 즉, 스타가 자신의 이미지를 퍼뜨리는 것이 아니라 퍼진 이미지가 스타를 만드는 것이다_옮긴이)이 어디서 비롯되는지에 따라 명성을 세 가지 유형으로 구분한다.

첫 번째 유형은 명성이 재능의 '부가가치'인 경우다. 즉 노래, 춤, 그림, 대중 앞에서의 표현력, 독보적인 과학적·경제적·정치적 사유 등 재능을 갖춘 유명인이 여기 속한다. 사회학자 에니크는 '좋은 집안에서 태어난' 사람도 여기 속한다고 본다. 예를 들어 언제나 대중을 열광시켰던 왕가 또는 오늘날 대단히 주목받는 스타의 '명가' 출신이 그렇다. 실제로

SNS에서 사람들은 하디드나 카다시안 집안 같은 유명한 가족이나 조니 뎁과 바네사 파라디의 딸 릴리 로즈, 케이트 모스의 동생 로티 등 누구 누구의 '자녀', '형제자매'에 열광한다. 합당한 재능이 있어서일까? 아니 면 2세 마케팅? 당연한 의문이다.

두 번째 유형의 명성은 뜻밖에 얻은 '우연한' 가시성과 관계가 있다. 예를 들어 어떤 사건 이후 대중이 희대의 범죄자나 불행한 희생자에게 열광하는 경우가 여기 속한다. 룸메이트 살해 혐의로 이탈리아 법원에 서 장장 8년 가까이 재판을 받은 아만다 녹스Amanda Knox나 납치범에 게 수년간 감금돼 있다가 18세에 탈출한 오스트리아 소녀 나타샤 캄푸 시Natascha Kampusch가 그렇다.

에니크가 분류한 마지막 세 번째 유형은 가시성 자체 외에 다른 원 인이 없는 명성이다. 대단한 재능이나 특별한 사건 때문이 아니라, 단순 히 미디어에 노출됐다는 이유만으로 유명해지는 경우다. 특기는 별로 없지만 미디어에 많이 등장하는 사람들, 이른바 '셀럽'이라는 사람들이 여기 속한다. 이 유형은 대중매체의 성공 덕에 최근 모습을 드러냈고 텔 레비전 리얼리티 쇼가 큰 몫을 했다. 이런 쇼를 통해 전혀 알려지지 않 았던 사람들이 일상적인 모습으로 카메라에 노출되고 실제로 몇 주 뒤 면 스타가 된다.

이 책에서 다루는 '행복의 허상' 중에 명성은 특히 해롭다. 질투, 심 각한 관음증, 근본적인 모순을 부추기기 때문이다. 수백만의 팬이 스타와 그의 특별한 삶을 열망하고 나아가 부러워한다. 그러는 한편으로 스타의 자질구레한 일거수일투족, 스타의 죽음까지도 탐욕스럽게 알고 싶어 한다. 제임스 딘은 비극적인 운명을 맞았고, 가수 에이미 와인하우스를 비롯해 수많은 스타가 '섹스, 마약, 로큰롤'로 생을 음울하게 마감했다. 그럼에도 명성은 여전히 많은 세계인에게 야망을 불어넣는 신비의 영역으로 남아 있다. 이 사실을 어떻게 이해해야 할까?

명성에는 꿈을 꾸게 만드는 특출한 능력이 있다. 명성은 빛나는 성공의 이미지를 제시하며, 나머지 모든 것을 동반하는 것처럼 보인다. 돈, 권력, 승리 그리고 당연히 행복도! 언젠가 친구들과 함께 주말을 보내는데 덴마크에 무척 흥미가 많아 보이는 젊은이를 만났다. 파리로 돌아와서 그는 여러 번 내게 연락했는데 나는 매번 거절했다. 그가 만나자고 한 날짜가 계속 내 일정과 맞지 않았기 때문이다. 점심은 어때요? 힘들 것 같아요. 그는 포기하지 않았다. 저녁은? 아침은? 커피 한잔은? 일이 자기 뜻대로 풀리지 않자, 그는 아무 메시지 없이 사진을 한 장 보냈다. 그가 일하는 업계에서 가장 영향력 있는 인물들을 다룬 한 남성잡지에 실린 자기 사진이었다. 마치 자신이 미디어에 소개된 사람이니 당장 생각을 바꿔서 약속을 잡아야 한다는 듯한 태도였다. 그 사실이 원하는 건 뭐든 손에 넣을 수 있는 무적의 마법 주문이라도 되는 것처럼……

하지만 TV 리얼리티 쇼와 타블로이드 신문, SNS를 통해 등장한 우리 시대의 유명인을 더 가까이에서 살펴보면 영혼을 충족시키는 행복과는 거리가 먼, 때로는 금방이라도 무너질 듯한 모습을 엿볼 수 있다. 명성이 덧없다는 사실은 낯설지 않다. 어느 날 갑자기 굉장히 유명해진 사람이 다음 날 한물가거나 예전만도 못하게 되곤 한다. 그렇다, 유명해지고 싶을 수는 있다. 하지만 무슨 이유에서? 어떤 방식으로? 그리고 대체 명성으로 뭘 하기 위해? 반짝반짝 빛나는 스타의 삶을 꿈꾸기 전에 이런 질문을 진지하게 던져보지 않는다면 실망할 위험이 대단히 크다. '날것' 그대로의 명성에는 사람을 황폐하게 만드는 면이 있기 때문이다. 사생활은 물론 '자기 자신'까지도 잃어버리게 될지 모른다.

그러나 다행히 '조명 속 삶'에서 의미를 찾을 수도 있는 것 같다. 예를 들어 명성이 신념이나 더 높은 목표를 위해 쓰일 때처럼. 일단은 명성이 그 자체로 행복한 삶을 위한 지속가능한 토대가 될 수 있는지 알아보는 편이 좋겠다.

유명해지면 행복할까?

> "명성 덕분에 나는 나를 향한 욕망과 사랑을 느낀다.
> 모두가 그것을 바란다."
>
> 마이클 허친스(Michael Hutchence)[3]

"두고 봐요. 사람들이 다들 내 얘기를 할 테니까요!" 호텔에서 일할 때 만났던 한 젊은 사업가는 이렇게 말했다. "장담하건대, 나는 대단한 사업가 중 하나가 될 겁니다!" 나는 일단 그의 야심 찬 목표를 칭찬한 뒤, 왜 그렇게 유명해지고 싶은지 물었다. 그가 약간 어이없다는 표정으로 나를 바라봤다. 내가 말도 안 되는 질문이라도 한 것 같은 얼굴이었다. "아니, 그러니까…… 유명해지면 다른 모든 것에 도움이 되죠. 확실해요! 내가 애송이라고 나를 믿지 않았던 사람들한테…… 보여줄 겁니다." 몇 년 뒤, 나는 정말로 그가 언론에 자주 오르내리고 미디어에 등장하는 모습을 목격했다. 그가 목표를 이루기 위해 필요한 모든 네트워크를 업계와 정계, 미디어 내에서 성공적으로 구축했다고들 말했다. 몇 달 전 공항에서 우연히 그와 마주쳤다. 그의 성공이 무척 기뻤기 때문에 축하 인사를 건넸다. 우리는 잠깐 이야기를 나눴다. 그는 어딘지 멍해 보였다. 마침내 그가 말했다. "참 역설적이네요. 다른 사람들 눈에 성공한 것처럼 보이는 데는 성공했지만, 전 길을 잃었어요. 이걸 다 왜 하고 있는지도 모르게 돼버렸답니다!" 그는 잠시 말이 없다가 이렇게 이야기를 맺었다. "하지만 뭐, 불행한 성공을 거둔 남자의 현실을 보여주는 것보다야 낫겠죠."

명성을 추구하는 자는 언제나 존재했다. 그러나 오늘날에는 그 정도가 지나쳐 집착으로 변한 것처럼 보인다. 1976년 미국에서 이뤄진 한 연구는 '인생에서 달성해야 할 목표'를 조사했는데, 제시된 열여섯 개의 목표 중 '유명해지기'는 겨우 15위였다.[4] 같은 연구를 30년 후인 2007년에 다시 실시했다.[5] 이번에는 18세부터 25세까지의 미국 젊은이 두 명 중 한 명 이상이 유명해지는 것을 필수 목표로 꼽았다. 명성을 추월한 것은 '부자 되기'뿐이었다. '부자 되기'는 81퍼센트라는 단연 높은 지지를 받아 1위에 올랐다.

유명해지면 대부분 그 덕분에 돈을 벌 수 있다. '돈이 되는' 몇몇 배우가 이런 경우다. 그들은 돈을 몰고 온다. 아티스트, 하다못해 잇걸it-girl(미디어의 주목을 받는 아름다운 젊은 여성을 가리키는 말_옮긴이)만 돼도 대형 브랜드가 호시탐탐 기회를 노리며 돈벌이가 되는 광고 계약서를 들이민다. 큰돈은 벌지 못한다 해도 유명해지면 온갖 행사에 참석할 수 있는 특권과 각종 사은품, 머리 손질과 화장부터 자잘한 관리까지 다양한 혜택을 받을 수 있다. 스타들은 손 닿는 모든 것이 반짝이는 화려한 세계에 사는 것처럼 보인다. 환상을 품게 하는 그 세계는 자연스럽게 성공한 삶을 떠올리게 한다. 더없이 아름다운 호텔들에서 펼쳐지는 멋진 생활은 그중에서도 가장 꿈 같은 것으로 여겨진다.

몇 년 전, 한 미국인 기업가 친구를 큰 회의에서 만났다. 재능이 넘치는 데다 사랑스럽고 매력적인 젊은 여성이라 여러 신문이 앞다퉈 그녀의 사진과 인터뷰를 실었다. 다들 그녀가 '성공'을 상징하는 새로운 인물상이라고 말했다. 회의가 열리는 해변도시의 호텔에 도착하자, 친구는 자기 방으로 놀러 오라고 제안했다. 놀랍게도 그녀의 방은 그냥 '방'이 아니라 호텔에서 가장 멋진 스위트룸이었다. 샴페인 한 병과 과자류도 준비돼 있었다! 옷걸이에는 아주 비싼 최신 유행 브랜드의 옷이 걸려 있었고, "입어주시면 영광이겠습니다. 마음에 드시길 바랍니다"라고 쓰인 쪽지가 핀으로 꽂혀 있었다. 바로 이런 점에서 '명성'은 분명히 '물질적' 이익을 제공한다. 평범한 사람들을 꿈꾸게 하기에 충분히 뚜렷한 이익이다.

비물질적이지만 필수불가결한 이익도 존재한다. '알려진다는 것'은 곧 더 높은 사회적 지위를 얻는다는 뜻이다. 사람들이 내가 누군지 알고, 거리에서 나에게 미소 짓고, 나를 알고 싶어 하고, 나를 원한다! 이런 상황에서 우리는 사회적으로 성공했다는 느낌을 받고 자신감이 증폭된다. 나아가 명성은 한 사람과 그를 따르는 대중 사이에 독특한 관계를 만들어낸다. 많은 음악가가 자신을 '이해하는' 팬들과 창작물을 공유하는 기쁨에 대해 말한다. 프랑스 가수 바르바라Barbara는 관중에게 이렇게 선언하기도 했다. "내 가장 아름다운 사랑 이야기의 주인공은 바로 여러분이에요!" 자신을 둘러싼 공동체를 만들면 그 안에서 새로운 사람들을 만날 수 있다. 팬들은 그를 숭배하고 '쇼 비즈니스' 업계 사람들이 친근하게 말을 걸며 누구나가 그를 매력적이라고 생각한다. 명성은 유혹적이고 사랑과 섹스의 기회도 열어준다. 무시 못 할 이점이다. 그래서 이런 적나라한 표현도 나왔을 것이다. "Fuck me, I'm famous!"(나랑 자, 나는 유명하니까!, 프랑스 DJ 데이비드 게타David Guetta가 2003년부터 발매한 댄스 음악 컴필레이션 앨범 시리즈의 제목_옮긴이)

우리는 '이 모든 것의 의미는 무엇일까?', '나는 왜 여기 있는 걸까?'라고 자문하고 자신이 영원하지 않음을 아는 존재다. 그런 인간 조건 속에서 한 시대의 상징으로 영원히 이름을 남길 수 있게 해주는 명성에 마음이 끌리는 건 이해할 만하다. 그것이 '명성'이라는 뜻의 영화 〈페임〉[6]의 중독성 있는 주제곡에 담긴 뜻이다. "Remember my name. I wanna live forever!" "내 이름을 기억해줘. 난 영원히 살고 싶어!" 하지만 역설적이게도 유명인들의 평균수명은 전체 평균보다 짧다!

반짝 유명인사가 아니라 오랜 세월 널리 알려진 유명인들은 좀처럼 유명해서 행복하다고 말하지 않는다. 스타들의 증언에 따르면 데뷔

했을 때는 강렬한 즐거움에 도취되지만 기쁨은 금세 사그라지고 끔찍한 악몽에 사로잡히기도 한다. 더 나아가 어떤 스타들은 명성을 우스울 정도로 아주 시시하게 취급한다. 가수 데이비드 보위에게 명성이란 레스토랑에서 자리를 얻을 수 있게 해주는 것이었다! 배우 샌드라 불럭은 전화를 걸었을 때 컴퓨터 수리공이 달려오는 속도를 언급했다. 그리고 소설가 트루먼 커포티는 명성 덕분에 신원 확인 없이 수표를 현금으로 바꿀 수 있다고 말했다![7] 하지만 그게 다 뭘 위한 걸까? 레스토랑에서 좋은 자리를 안내받는 것, 그것이 행복일까?

'텅 빈 명성'의 시대

"유명한 것으로 유명한."

대니얼 J. 부어스틴(Daniel J. Boorstin)[8]

어느 주말, 친구 집으로 저녁 식사 초대를 받은 나는 딱 제시간에 도착했다. 나는 한 10대 소년 옆에 앉았다. 함께 초대받은 어느 부부의 아들이었다. 소년은 열다섯 살이었고 부모는 아이가 공부를 아주 잘한다고 자랑스러워했다. 자연스레 소년이 앞으로 무슨 일을 하고 싶은지 궁금해졌다. 소년은 망설임 없이 대답했다. "유명해지고 싶어요!" 조금 흥미로워진 나는 왜 유명해지고 싶은지 물었다. 유명해져서 하고 싶은 일이 있을 거라고 생각했기 때문이다. 소년은 아주 심각한 얼굴로 나를 바라보며 교양 있고 침착하게 세 가지 이유를 들었다. "저는 유명해지고 싶어요. 왜냐하면 첫째, 유명한 사람들은 멋지게 사니까요. 둘째, 모든 사람이 좋아해주니까요. 셋째, 날마다 최신 유행 파티에 가니까요." 나는 특별히 두각을 나타내고 싶은 분야가 있는지 다시 한 번 물었다. 소년은 좀 더 편안하게 그러나 확신에 차서 대답했다. "아, 뭐, 그런 건 상관없어요. 사람들이 나를 파티에 초대하고 길에서 날 알아보는 게 중요하죠." 이런 생각을 하는 건 그 소년만이 아니다. "어떤 분야에서 경력을 쌓고 싶은가?"라는 질문에 소년 또래의 영국 청소년 54퍼센트는 '유명해지기'라고 답했다. 16세 청소년 1,000명 이상을 대상으로 실시한 연구에서 밝혀진 사실이다.[9] 그에 비해 의학 분야를 꿈꾸는 청소년은 응답자의 15퍼센트, 법률 관련 직업 또는 대학 교수는 9퍼센트에 불과했다. 하지만 어떻게 유명해지려는 걸까? 유명해지는 방법에 대해 영국 청소년의 21퍼센트는 텔레비전 리얼리티 쇼를 언급했고, 5퍼센트는 유명인과 사귀어서 그 영향으로 유명해지는 방법을 선호했다. 사실 응답자 다수(68퍼센트)는 유명해지는 방법에 대해 생각해본 적이 없었고, 오직 19퍼센트만이 재능이 있으면 목표를 이룰 수 있을 거라고 추측했다.

'명성을 위한 명성 추구'는 대단히 뚜렷한 사회현상이다. 프랑스의 사회학자 기욤 에르네Guillaume Erner 가《대중의 주권 La Souveraineté du Peuple》[10]이라는 매우 유용한 책에서 이 현상을 연구했다. 에르네는 젊은 세대가 본보기로 삼는 인물에 대해 다양한 시대(1898년,[11] 1950년,[12] 1986년[13])에 실행된 여러 연구를 비교한다. 시간이 흐름에 따라 사회의 본보기가 급격히 변화함을 확인할 수 있다. 우선 19세기 말에는 절대 다수의 젊은이가 역사적 위인처럼 되기를 꿈꿨다. 에이브러햄 링컨, 크리스토프 콜럼버스, 율리우스 카이사르 같은 유형의 인물 말이다. 20세기 중반에는 영화와 스포츠 스타가 인기순위에 올랐고, 역사를 건설한 인물과 자신을 동일시하는 젊은이는 극히 일부에 지나지 않는다. 1990년대 초에는 에디 머피, 실베스터 스탤론 같은 배우와 가수 등이 선두에 섰다. 10위 내에 든 유일한 정치가는 로널드 레이건 대통령으로, 그 또한 엄밀히 말하자면 할리우드 배우로 경력을 시작했다. 하지만 이 단계에서는 여전히 재능의 부가가치가 명성이었다. '텅 빈' 명성의 시대는 아직 오지 않았다. 하지만 그러기까지 그리 오래 걸리지는 않는다. 20세기말 10여 년과 우리가 사는 21세기 초에 내용물이라곤 '명성 그 자체'뿐인 텅 빈 명성이 번성하게 된다.

'유명한 것으로 유명한 사람'[14]이라는 표현은 1960년대 미국의 대학 교수 대니얼 부어스틴이 소비사회에서의 이미지와 광고를 연구한 저서에서 처음 사용했다. 그러한 명성의 변화 경향은 미디어의 대중화 그리고 1974년에 창간된 온전히 인물만을 다루는 최초의 잡지 《피플》과 명백한 관련이 있다. 수많은 출판물이 뒤따라 나왔고 '피플' 관련 언론 산업의 규모는 어마어마하게 성장했다. 오늘날 《피플》만 해도 여전히 약 5,000만 독자를 보유하고 있다! '스타'들의 삶에 대해 알고 싶은 욕망이 너무나 큰 나머지, 상상 가능한 모든 술수가 정당화된다. 사진사들, 그러니까 그 유명한 파파라치는 어떻게든 몰래 사진을 찍어 비싸게 팔면 그만이다. 이어서 1970년대에 텔레비전에서 작은 혁명이 일어난다. 미국에서 최초의 리얼리티 프로그램이 등장한 것이다. 〈어느 미국 가족An

American Family 〉이라는 이 프로그램은 아주 평범한 어느 가족의 일상을 보여준다. 부모의 이혼 소동부터 아들의 커밍아웃까지, 어느 것도 시청자의 눈을 피하지 못했다. 커밍아웃 때문에 난리가 났고 방송은 즉시 중단됐다! 1990년대부터 이런 프로그램의 제작비가 많이 낮아지자 〈빅브라더 Big Brother 〉, 〈서바이버 Survivor 〉, 〈아이돌스 Idols 〉 같은 상징적인 프로그램들이 등장하면서 TV 프로그램의 한 부류로 확고히 자리를 잡았다. 참가자들은 카메라 앞에 섰다는 사실만으로 유명인 반열에 올랐다. 그들의 이미지가 화면에 내내 등장했기 때문이다. 그들이 무엇을 했는지는 별로 중요하지 않다. 프로그램 참가자들이 대단히 평범하기 때문에 젊은이들의 욕망은 더욱 커지고 누구나 꿈을 이룰 수 있는 것처럼 보인다. 특별한 재능이 없는 이 참가자들은 방송 후에 패션 브랜드로부터 계약을 제안받고, 새로운 프로그램이나 프로젝트에 참가함으로써 자신의 이미지를 '자본화'한다. 미디어가 이들을 매 순간 따라다니며《피플》같은 잡지들의 페이지를 채운다. 이렇게 명성의 순환 고리가 완성된다. 이고리 안에 들어가면 누구나 유명해질 수 있다! 적어도 이론적으로는.

에세이 작가 제이크 핼펀 Jake Halpern 은《명성 중독자 Fame junkie 》[15]라는 책을 준비하며 미국 청소년 650명을 대상으로 삶에서 열망하는 것을 조사했다. 놀랍게도 응답한 청소년의 43.4퍼센트가…… 유명인을 보조하는 사람이 되고 싶다고 답했다. 반면 하버드나 예일 같은 큰 대학교의 총장이 되기를 바라는 청소년은 23.7퍼센트, 국회의원이 되어 나라에 봉사하고 싶다는 답은 13.6퍼센트, 큰 회사의 CEO 또는 정예 군인이 되고 싶다는 답은 9.8퍼센트였다. 젊은 세대가 직접 유명인이 되겠다는 것도 아니라, 유명인의 지시를 따르는 사람이 되겠다는 꿈을 품고 있는 건 약간 충격적이다. 재능을 발전시켜 그것을 바탕으로 나만의 경력을 쌓겠다는 야망도 없다. 핼펀의 책이 TV 리얼리티 쇼 〈4차원 가족 카다시안 따라잡기 Keeping up with the Kardashians〉가 방송된 시기에 나왔다는 사실을 상기해야 한다. 주인공인 킴 카다시안은 예쁘고 옷을 잘 입기만 하면 유명해지기에 충분하다는 메시지를 전파했다. 미국 대통령 버락 오바마는 한 인터뷰에서 딸들이 그 프로그램을 보지 못하게 한다고 밝혔다. '나쁜 영향'을 미치는 프로그램이라고 규정했기 때문이다.[16] 이 쇼에서는 인생에서 '성공'하기 위해 재능이 있을 필요도, 열심히 일하거나 공부할 필요도 없는 것처럼 보인다. 킴 자신도 농담조이긴 했지만 자기 사진이 들어간 유명 경제지 《포브스》의 표지를 SNS에 올리며 "재능 없는 여자애치곤 나쁘지 않네!"라는 글을 덧붙였다.[17]

리얼리티 프로그램의 상대적인 쇠퇴와 시청률 하락에 주목하는 사람들도 있다. 그러나 그로 인한 영향이 여전히 작용하고 있으며, 새로운 프로그램이 해마다 꾸준히 등장하는 중이다. 게다가 이제는 다른 화면을 통해서도 유명인이 제조되고 있다. 컴퓨터, 태블릿 PC, 스마트폰 화면 속, 특히 유튜브 동영상을 통해서 말이다. 유튜브에서 청소년기, 뷰티,

게임 등의 주제에 대해 말하는 젊은 '유튜버'들은 대성공을 거둬 수백만 명의 '구독자'를 거느리고 최종적으로 유명 상표들과 수익 좋은 광고 계약을 맺는다.

명성 자체를 위한 명성의 대두에 따라, 행복 연구자들에게도 새로운 의문이 생겼다. 유명해지는 것'만'으로 행복해질 수 있을까? 프랑스에서 방영된 〈로프트 스토리^{Loft Story}〉의 첫 우승자 로아나는 우승 후 10년 이상이 지났을 때도 여전히 유명했다. 하지만 그 주된 이유는, 아홉 차례에 걸친 자살 시도 때문이었다. 기자들은 로아나에게 리얼리티 프로그램이 사생활에 어떤 피해를 줬는지 물었다. 로아나는 유명세가 자신에게 "해"를 끼쳤지만 "그만큼 많은 행복"도 줬다고 고백했다.[18] 그녀의 개인적인 고통을 멋대로 짐작할 수는 없지만 한 가지는 확실하다. 명성은 그녀가 겪는 삶의 괴로움에 좋은 해결책이 되지 못했다는 사실이다. 〈로프트 스토리〉 참가자들의 방송 이후를 추적하고 상담을 진행했던 프랑스의 심리학자 마리 아두^{Marie Haddou}는 젊은 성인들이 겪어야 하는 위험을 언급한다.[19] 이들은 쇼 비즈니스 업계의 요구, 대중에의 노출과 그로 인한 사생활 침해를 받아들일 준비가 거의 돼 있지 않았다. "인생에는 사생활이 있어야 하고 싶은 일을 하면서 본래의 자연스러운 자기 자신이 될 수 있다. 따라서 사생활을 뺏긴 사람은 극도로 취약해진다."[20]

개인 생활에서 고통을 겪은 프랑스의 텔레비전 유명인은 또 있다. 나빌라라는 젊은 여성인데 그녀는 2011년 TF1 방송국의 〈사랑은 맹목적 L'amour est aveugle〉, 2013년 〈리얼리티 쇼의 천사들 Les Anges de la téléréalité〉이라는 프로그램에 출연한 이후 인기를 더해갔다. "여보세요, 저기, 그러니까, 여보세요!"라는 엄청난 유행어도 만들어냈다. 다른 여성 참가자가 샴푸를 가져오지 않았다는 사실에 깜짝 놀라서 한 말이었다. 그녀의 이름은 그 프로그램 시청자뿐 아니라 전 국민에게 알려졌다. 대중이 이 별것 아닌 사건을 재미있어 하는 것 자체가 화제가 됐다. 당시 프로그램 프로듀서는 이렇게 설명했다. "내용은 거의 아무것도 없어요. (하지만 나빌라가) 엄청난 말을 내뱉었어요. 웃겼죠. 사실 이건 텅 빈 신화예요!"[21] 미국에도 다른 예가 있다. 가수 라이오넬 리치 Lionel Richie 의 딸 니콜 리치 Nicole Richie 이다. 니콜은 패리스 힐턴과 함께 〈심플 라이프 The Simple Life〉라는 리얼리티 프로그램에 출연하며 이름을 알렸다. 그후 니콜은 텔레비전에 계속 출연하며 가수, 패션 디자이너 등으로 다양한 경력을 쌓았다. 하지만 거듭해서 법적 분쟁에 휘말리고 마약에 취한 상태로 운전을 해 여러 차례 유죄 판결을 받았으며, 중독을 극복하기 위해 긴 재활 치료에 들어가야 했다.

많은 정신의학자와 심리학자는 이렇게 확언한다. "명성은 모든 면에서 가속화를 유발한다. 유명인은 끊임없이 뭔가를 요구받고, 사방에 걸린 자신의 이미지를 본다. 현실과의 연결 고리가 끊어지고 더는 어디에도 속하지 못하게 된다. 최고와 최저 사이를 오르락내리락하며 살고, 마약과 함께한다. 최고일 때는 암페타민(각성제의 일종_옮긴이)을 복용하고 깨어 있어야 한다. 최저일 때는 바르비투르산(진정제, 수면제 등으로 쓰이는 약물_옮긴이)을 먹고 자야 한다. (…) 명성은 전지전능하다는 인상 때문에, 일단 명성을 얻기만 하면 모든 꿈을 실현하고 현실을 무시할 수 있을 것처럼 느껴진다. 프로이트가 말했듯, 엄마와의 관계에서 아기를 전적으로 사로잡는 대양감 oceanic feeling (로맹 롤랑 Romain Rolland이 설명한 용어로, 자신과 외부 세계 사이에 무한하고 영속적인 유대가 존재한다고 느끼는 감정. 시공간의 경계를 뛰어넘어 자신이 확장되는 느낌_옮긴이)을 다시 맛보는 것이다. 자신과 외부 세계 사이의 경계가 사라진다. 그러나 세상을 손에 넣었을 때, 모든 것이 가능해질 때, 공허는 더욱 커진다. 공허감이 커질수록 더 강력한 흥분으로 공허를 메워야 한다. 그럴수록 좌절할 위험도 커진다. 이런 의미에서 명성은 직업병을 유발한다고 말할 수 있다. 명성은 자기도취를 부르고 정체성을 파괴한다. 석면이 건축 노동자의 폐를 파괴하는 것과 마찬가지다."[22] 정신분석학자 로랑 뮐드워프 Laurent Muldworf 와 함께 《저주받은 성공 Succès damné》이라는 저서를 쓴 정신의학자 에릭 코르보베스 Eric Corbobesse 의 분석이다.

하지만 유명해지기 위해 그 어떤 대가라도 감수하는 사람들이 있다. 예를 들어 영국의 조시 커닝햄이라는 여성은 리얼리티 프로그램 〈빅브라더〉에 출연하기 위해 낙태 시술을 받으러 가겠다고 선언해 물의를 빚었다.[23] 커닝햄은 "영광으로 가는 길"에서 아기를 낳는 것은 당치 않다고 설명했다. 결국에는 아기를 낳기로 결정했지만, 출산 장면을 담은 영상을 경매에 붙여 최고 입찰자에게 팔려고 했다! '대단한 인물'이 되는 방법으로 폭력을 택하는 사람도 있다. 존 레논 암살범 데이비드 채프먼 Mark David Chapman 이 바로 이렇게 스스로를 정당화했다. "존 레논을 죽이면 존 레논만큼 유명해질 것 같았어요." 루카 매그노타 Luka Magnotta 의 사례도 마찬가지로 끔찍하다. 포르노 영화 스타를 꿈꾸던 그는 영화 대신 남자 친구를 잔혹하게 살해하는 장면을 촬영했다.

오늘날 명성에 대한 욕망은 부적절한 행위를 부추긴다. 테러리스트들은 완전 무장한 자기 사진을 SNS에 올린다. 몇몇 연구자는 구경거리가 된 폭력을 미디어의 흥미 위주 보도, 후세에 전해지고 싶은 욕망, 이미지 전략, 자살 테러로의 이행과 관련해 고찰한다.[24] 정신분석학자 장–뤽 바니에 Jean-Luc Vanier 는 특히 "어떤 행위를 실행하고 그게 미디어로 전파되기까지 하면 개인이 대중에게 거역할 수 없는 위력을 행사하고 있다는 느낌이 강화된다. 그 위력은 자제심을 제거하고 인격 형성 초기 단계의 파괴적 충동을 되살린다"고 설명한다.[25] 테러가 미디어에 노출되면 희생자 가족의 고통이 극심해진다는 사실도 잊어서는 안 된다.[26]

이처럼 비극적이고 복잡한 예까지 들지 않더라도, 공허한 명성이 행복으로 향하는 좋은 길이 아님은 분명하다. 그러한 명성은 '외양'일 뿐이다. 아름다움에 관해 이야기하면서 살펴봤듯 '외양'은 많은 불행의 근원이고 여기에 명성의 악영향이 더해지면 효과는 폭발적으로 커진다. 사람들은 자신의 진짜 정체성이 녹아 없어질 위험을 무릅쓰고 SNS에 셀피를 연이어 올리며 이미지로 변모한다. 타인의 시선을 받고 싶은 바람은 자연스럽다. 수세기 전 몽테스키외는 "사회에서 아무것도 아닌 존재로 여겨지는 것은 누구도 좋아하지 않는다"[27]고 지적했다. 그러나 외양에만 집착한다면 모르는 사람들이 매우 제한적인 기준에 따라 자신을 평가해도 된다고 의식적·무의식적으로 허용하는 셈이다. 그렇게 외모로 축소된 단순한 이미지는 풍요롭고 복합적인 존재를 반영하지 못한다. 외양에 전부를 거는 태도는 결국 실제 '자아'와 대중의 눈에 보이는 만들어진 이미지 사이에 간극을 초래하고, 개성의 모든 면이 균형 있게 꽃피는 것을 방해한다.

대중에 비친 나 Vs. 진짜 나

> "나는 내가 연기하는 등장인물 뒤에 숨는 걸 좋아해요.
> 대중이 어떻게 생각하든 나는 아주 비밀스러운 사람이고 유명한 것이 힘들어요."
>
> 앤젤리나 졸리[28]

"저녁 8시 뉴스에 출연하게 될 거예요!" 열정이 넘쳐흐르는 나의 홍보 담당자가 이렇게 알렸다. 첫 책《덴마크 사람들처럼》덕분에 텔레비전 방송에 초대받은 것이다. 담당자가 말을 이었다. "9시에는 미용실에 가고 10시에는 메이크업을 받을 거예요. 그다음엔 촬영 미팅이 있고요!" 나는 그녀가 하라는 대로 했고, 뉴스가 텔레비전에 방송됐다. 뉴스가 나간 지 몇 초 만에 수백 명이 메시지를 보내고 SNS로 '친구 신청'을 해왔다. 갑자기 수많은 사람이 내 이름, 내 얼굴, 내 인생의 일부를 알게 됐다.

하지만 다음 날 아침 눈을 떴을 때, 엄밀히 말해 나는 아무것도 달라지지 않았다. 나는 평소처럼 생활했다. 그러나 바깥세상의 대중은 이제 텔레비전에서 발견한 '그 사람'에게 주의를 기울일 것이다. '행복한 덴마크인' 역을 맡은 그녀 말이다. 물론 나는 행복에 대한 책을 썼고 나의 분석, 확신, 희망을 공개적으로 나눴다. 그렇지만 신문, TV, 인터뷰를 통해 구성된 대중적 이미지는 당연히 내가 통제할 수 없다. 대중적으로 나는 '행복 전도사' 비슷한 사람이 됐다. 즉 사람들에게 나는 매 순간, 반드시 행복하게 웃음을 짓는 사람이어야 한다는 뜻이다. 물론 그건 내 목표가 아니었다. 내 첫 책은 덴마크식 행복 모델을 떠받치는 세 가지 기둥, 즉 신뢰, 자기 자신이 될 수 있는 자유, 그리고 무엇보다 개인이 공공 프로젝트에 참여하며 찾는 의미에 대해 다루고 있다. 또 한편으로는 피할 수 없는 좌절, 시험, 다시 도약하기 위해 견뎌야 하는 시련의 순간도 언급한다. 하지만 대중적 이미지는 눈길을 끄는 단순한 기준만을 취하곤 한다. 모순과 절제를 포함하는 미묘한 견해에는 쉽게 만족하지 않는다. 나처럼 본래 긍정적인 사람에게조차 단순한 대중적 이미지와 더 복잡할 수밖에 없는 실제의 나 사이에 이렇게나 간극이 생긴다.

물론 내 개인적인 예를 미디어에 등장하는 대단한 인물들과 나란히 둘 수는 없다. 그들의 이미지는 비교할 수도 없을 만큼 훨씬 많고 훨씬 세심한 '압도적 대중'에 의해 결정되므로, 보이는 이미지와 실제 모습 사이의 간극이 더욱 클 것이다. 그중 예를 하나 들어보자. 파멜라 앤더슨Pamela Anderson 하면 어떤 이미지가 떠오르는가? 인기 TV 시리즈 〈SOS 해상 구조대〉에서 보여준 깊이 팬 빨간 수영복을 입은 인어 같은 모습? 전형적인 이미지는 그저 '멍청한 섹시 미녀'이다. 그리고 당연히 파멜라 앤더슨이 스스로를 그렇게 정의한 것은 결코 아니다. 스스로를 '말 괄량이'로 여기는 파멜라 앤더슨을 생각해보자![29] 그녀는 자신의 이미지, 자신이 연기한 인물들을 바탕으로 만들어진 이미지가 틀렸다고 생각하며 이렇게 잘라 말한다. "나는 '명성'이란 단어가 정말 싫어요. 비인간적이고 불쾌해요!" 진심이든 계산된 표현이든, 이 외침에서 대중적 정체성과 실제 인격 사이의 격차를 뚜렷이 볼 수 있다. 그 격차는 두 개의 다른 이름, 즉 신분증의 본명과 스타로서 알려진 '예명'을 통해 구체화되곤 한다.

할리우드가 사랑하는 프랑스 배우 마리옹 코티야르 Marion Cotillard 도 한 인터뷰에서 같은 뜻으로 이렇게 말했다. "〈라 비 앙 로즈〉 이후로 실제 저와 아주 거리가 먼 이미지가 퍼지기 시작했어요. 저는 저를 보호하기 위해 움츠러들었죠. 그랬더니 이번엔 콧대 높고 차가운 여자애라는 다른 이미지가 생겼어요. 저와 더더욱 다른 이미지였죠. 사람들은 우리가 높은 탑 안에 틀어박혀 있다고 상상해요. 우리가 대중 앞에 모습을 드러낼 때만 볼 수 있으니까요. 간극은 거기서 비롯되는 것 같아요."[30] 그녀의 남편인 프랑스 배우 기욤 카네 Guillaume Canet 는 이렇게 확언한다. "우리는 나이 드는 모습을 꺼리는 이상한 사회에 살고 있습니다. 외양이 본질보다 우선해요. SNS에는 완벽한 이미지를 올려야 하고, 개인을 숭배해요. 모든 것이 페이크 fake 입니다. 우리 같은 직업은 노화의 두려움을 분명 느낍니다. 늙어가는 모습이 화면에 보이면 경력이 흔들릴 수 있으니까요. 많은 배우, 특히 미국 배우들은 완전무결한 젊음을 추구하는 흐름에 저항하지 못합니다. 그래서 결국 다들 비슷비슷한, 나이도 표정도 없는 얼굴이 되지요. 저한테는 그게 늙는 것보다 더 걱정이에요!"

　　미국의 가수이자 작곡가, 기타 연주자인 조 월시 Joe Walsh 를 살펴보자. 가장 유명한 록 음악가 중 한 명인 월시는 그룹 이글스의 멤버로, 그리고 무엇보다 히트곡 〈호텔 캘리포니아〉의 기타 솔로로 대중에 알려져 있다. 그는 1978년 발표한 또 다른 히트곡 〈Life's been Good(인생은 좋았어)〉에서 유명인으로서의 인생을 말한다. 그는 꿈꾸던 집, 고급 자동차(면허를 상실했기 때문에 운전할 수는 없지만. 분명 모든 면에서 지나친 태도가 원인이었을 것이다), (출입구를 찾을 수 없는 상태가 돼서) 떠날 수 없었던 어마어마한 파티 등을 회상한다. 1981년 BBC에서 방송된 한 인터뷰에서 조 월시는 부와 명성이 초래하는 해악에 대해 가볍게 말해보고 싶었다고 밝혔다. 그는 사람들이 꿈꾸는 예술가의 삶과 실제의 삶 사이의 거리를 환기시키며 이렇게 마무리한다. "이상한 인생이에요. 전 콘서트를 하며 세계를 일주해요. 하지만 누가 일본에 대해서 어떻게 생각하느냐고 물었을 때, 공항이 쾌적하단 말밖에 할 수가 없더군요." 월시는 그 모든 것의 무의미함을 노래 마지막에 힘주어 말한다. "I keep on going, guess I'll never know why(나는 계속할 거야. 이유는 절대 모르겠지만)."

그리고 실제로 월시가 활동 기간 거의 내내 화려한 조명이 빛나는 무대 뒤에서 과음과 약물중독으로 괴로워했다는 사실이 알려졌다. 그는 다섯 번 결혼했다가 이혼했으며, 세 살 난 딸이 교통사고로 사망하는 크나큰 슬픔을 겪었다. 하지만 집단적 상상 속에서 〈Life's been Good〉은 록스타의 성공과 성공에 따른 멋진 삶을 상징하는 노래로 남아 있다. 사실은 고독과 공허를 고백한 곡인데도 말이다. 그래도 조 월시는 마침내 인생의 의미 찾기를 끝낸 듯하다. 그는 중독 증세와 싸웠고 지금은 중독에서 벗어나려는 다른 사람들을 돕기 위해 노래한다.[31]

"흥을 돋우는 역할로 저녁 식사에 초대될 때가 가끔 있어요. 식사 뒤에 음악을 연주하기로 돼 있는 피아니스트처럼요. 내가 정말 나라서 초대된 게 아닌 걸 알죠. 나는 그저 장식품 같은 거예요." 누가 한 말일까? 시대를 초월한 대스타 중 한 명, 우상의 반열에까지 오른 메릴린 먼로이다. 남성은 물론 여성 대중에게도 사랑받았던 메릴린 먼로도 명성의 본질을 꿰뚫어 봤다. 성가시고 끈질긴 명성의 그림자 탓에 그녀는 온전히 자기 자신이 될 수 없었다.

나는 책을 준비하면서 상승세를 타고 있던 한 영국 가수와 만나 명성에 대해 이야기를 나눴다. 그녀의 고백은 가슴을 에는 듯했다. 런던의 전설적인 콘서트 홀 중 한 곳에 서는 것은 그녀의 아주 오랜 꿈이었다. 그리고 드디어 그날이 왔다! 그녀는 무척 흥분되고 행복했지만 스트레스도 아주 컸다. 운 나쁘게도 콘서트 도중에 위치가 잘못 놓인 조명이 그녀에게 집중돼 몹시 눈이 부셨다. 그러자 갑자기 마음이 불편해졌고, 그토록 오래 기다렸던 공연을 완전히 망쳐버렸다는 느낌이 들었다. 콘서트가 끝나자마자 그녀는 분장실에 틀어박혀 울음을 터뜨렸다. 매니저가 왔다. "내가 다 망쳤어!" 그녀가 흐느끼며 말했다. 매니저가 건조하게 대답했다. "아니야, 전혀 아니야. 정말 좋았어. 그러니 그만 징징대고 눈물 좀 닦아주면 좋겠다. 기자들이 기다리고 있어. 이런 네 모습은 아무도 보고 싶어 하지 않을 거야. 그들은 스타를 원해. 환하게 빛나는 재능 있는 소녀를 원한다고." 그녀의 느낌과 감정, 감수성이 들어갈 자리는 어디에도 없었다. 몹시 난폭한 경험이었고, 그녀는 진실한 감정 표현을 거부당한 느낌을 받았다.

미국의 텔레비전 대스타 오프라 윈프리는 이 문제를 이렇게 요약한다. "당신이 어떤 사람인지 모르는 채로 유명해지면, 명성이 당신을 결정하게 된다." 내가 무척 좋아하는 말이다. 공적 인격이 인위적으로 구성될수록, 솔직한 자신과 멀어져 헤매다가 위선과 불안 속으로 빠져들 위험이 커진다. 내면의 정체성과 자신이 연기하는 인물 사이에서 겪는 혼란은 극도로 고통스러울 수 있다.

브렛 이스턴 엘리스Bret Easton Ellis 는 겨우 스물한 살 나이에 초대형 베스트셀러《회색 도시Less Than Zero》로 문학계의 스타가 됐다. 작가는 사람들이 만든 자기 이미지 속에서 자신의 진짜 모습을 보지 못했다. "나는 내가 생각하는 걸 말했을 뿐인데 사람들은 나를 '앙팡 테리블enfant terrible'(프랑스 소설가 장 콕토의 소설 제목에서 유래한 표현으로, 주로 기성세대의 관념에 도전하는 젊은 세대를 가리킨다_옮긴이)로 규정했죠. (…) 하지만《회색 도시》에 (…) '한 세대를 대표하는 책'이라는 꼬리표를 달아 파는 편이 이 작품이 실제로 어떤 내용인지 말하는 것보다 더 섹시했어요." 이 간극, 이 환상은 그의 모든 소설 중 가장 유명하며 영화로도 만들어진《아메리칸 사이코》의 강점이기도 하다. 이 소설은 낮에는 월스트리트의 사업가, 밤에는 연쇄 살인마인 패트릭 베이트먼의 이야기다. 그는 현실과 환상을 구분하지 못하는 지경이 되어 전적인 망상과 폭력에 빠져든다. 이스턴 엘리스가 이 작품을 구상하게 된 이유는 첫 소설이 출간된 뒤 기대했던 만큼 행복하지 않았기 때문이기도 하다. "나는 소설 두 편을 냈어요. 젊고, 부유하고, 유명했죠. 그런데 너무나 불만족스러웠어요. 대체 왜? (…)《아메리칸 사이코》를 통해서 제가 느낀 혐오를 표현할 수 있었습니다." 이 새 책은 결국 성공을 거두지만, 작가는 거기서 느낀 또 다른 혐오를 쇼 비즈니스 세계를 배경으로 하는 다음 소설《글래머라마Glamorama》에서 풀어낸다. "《아메리칸 사이코》가 불러일으킨 논쟁 이후 유명세가 너무나 심해졌고 거기서《글래머라마》가 태어났죠. 나는 다른 누군가가 내 자리를 차지한 것 같은 느낌을 받았어요. 없애

버려야 하는 구역질 나는 소설을 쓰는 작가, 사악한 브렛 이스턴 엘리스가 말이죠. 나는 더는 내가 아니라 미디어에 의해 가공된 어떤 인물이에요."[32]

행복에 대한 연구 도중 한 사업가와 대화를 하며 나도 같은 사실을 확인했다. 경제계에도 '유명인'이 넘쳐난다. 페이스북 창립자인 마크 저커버그, 빌 게이츠, 워런 버핏, 금융가 조지 소로스 George Soros 같은 사람들은 오늘날 영화 스타만큼 유명한 '셀러브리티'다. 누가 봐도 사업에 재능이 있는 데다 대단한 카리스마까지 갖춘 그 사업가는 미디어가 사랑할 만한 존재여서 그의 이야기는 열렬히 보도됐다. 그는 내게 이렇게 털어놨다. "사실 언론에서 그리는 내 모습은 나와 비슷한 구석이 조금도 없어요. 내가 느끼는 나는 전혀 그렇지 않아요. 그건 다른 사람 옷을 입고 있는 모습이죠. 나는 오히려 소심한 편에 스스로를 많이 의심하고, 더 단순하고 더 진실한 걸 간절히 바랍니다."

'모범'이 돼야 한다는 것도 항상 관찰당하는 사람에게는 무거운 압박이 될 수 있다. "사람들은 내가 나라를 위해 역사적인 일을 했다고 말해요. 갑자기 나라를 대표하는 남자가 됐어요. 정말 무거운 압박이죠. 전 그렇게 살고 싶지 않아요! 전 책임감 있는 사람이 아닙니다. 그 말이 싫어요!" 한국 가수 싸이는 이렇게 말한다. 그는 2012년 세계적 히트곡

〈강남스타일〉로 한국 국민에게 자부심을 안겨줬다. "그냥 웃자고 만든 노래였어요. 그런데 지금은 제가 본보기가 돼야 한다니까요!"[33] 그는 안타까워했다. 언제나 패션 경찰fashion police 의 감시를 받는 스타들이 완벽해야 한다는 압박을 느끼는 것과 비슷하다. 패션 경찰, 즉《피플》같은 잡지는 스타들이 아주 잠깐 외출할 때도 놓치지 않고 지켜보다가 코에 난 뽀루지며 잘 맞지 않는 바지, 무너진 화장 같은 것을 잡아내 퍼뜨린다. 스타들도 상태가 좋지 않은 날이 있다는 사실을 잠깐 확인할 수 있는 크나큰 행복을 독자들에게 선사한다는 명목에서다. 몰래 찍은 그리고 약간 과장된 이 사진들은 온갖 SNS에 뿌려져 관련자들에게 깊은 상처를 남긴다.

영화 〈노팅 힐〉[34]에서 줄리아 로버츠가 연기한 영화 스타는 휴 그랜트가 분한 '평범한' 서점 주인을 만난다. 그녀는 미디어에 노출되지 않은 곳, 대중적 이미지에 얽매이지 않고 자기 자신이 될 수 있는 장소를 그의 집에서 찾는다. 하지만 인생의 소용돌이와 그녀의 명성이 가하는 압력 때문에 결국 두 사람은 헤어진다. 영화 마지막, 그녀가 서점 주인에게 사랑을 고백하는 장면은 무척 감동적이다. "명성은 진짜 존재하는 게 아니에요. 그리고 나 역시 한 남자 앞에 서서 사랑을 바라는 한 여자일 뿐이에요." 이 장면에서 우리는 스타 역시 우리와 딴판인 존재가 아니라 똑같은 사람임을, 장점과 단점이 있는 사람이라는 사실을 깨닫게 된다.

그 친근함에 우리는 감동하고 안심한다.

'컨트리 음악의 여왕' 돌리 파턴Dolly Parton도 인정한다. "사람들은 우리가 쇼 비즈니스 안에만 실재한다고 생각해요. 우리도 누구나 그렇듯 문제가 있는 사람들입니다. 돈은 아무 힘도 없어요. 명성도 그렇고요. 그것 때문에 때론 더 성가신 일이 생기죠."[35] 타인의 시선에 항상 노출된 채 살아가는 유명인들은 이 간단한 사실을 인정받는 데 어려움을 겪는다.

하지만 스타들의 '정상성'이라는 주제, 즉 스타도 균형 잡힌 일상을 살아야 한다는 주장이 미디어에 점점 더 많이 등장하고 있다. 단순히 미디어의 전략일까? 유명인들의 '특별한 평범함'이라는 개념을 발전시킨 사회학자 기욤 에르네의 견해는 그렇다.[36] 에르네에 따르면 미디어는 스타들에게 어떤 평범함이 있다고 믿게 만든다. 대중이 자신을 스타와 더욱 동일시하게 하여 스타의 이미지를 더 많이 판매하기 위해서다. 평범함을 회복한 유명인의 성공 요인은 우리 시대의 자아도취에 있다고 연구자는 설명한다. 이런 스타들은 결국 우리가 가장 열중하는 사람을 떠올리게 한다. 바로 우리 자신 말이다!

에르네는 잡지 《갈라Gala》에 실린 유명인의 묘사를 예로 든다. 여기서 모나코의 샬린Charlene Wittstock 왕비는 화려한 외모나 특별함이 아니라 "진정성과 단순한 말, 상대를 무장 해제시키는 성품으로 치장했을 뿐"이라고 그려지며, 앤젤리나 졸리는 "다른 모든 사람과 마찬가지로 중요한 것은 가족뿐인 여성"으로 지칭된다. 하지만 에르네는 이 이미지가 완전히 만들어진 것이며, 궁전 같은 집에 살며 전용기로 세계를 누비는 등 차원이 다른 스타들의 실제 생활과는 거리가 멀다고 지적한다. 문제는 더욱 복잡해진다. 내면의 진정한 인격, 특별한 인생을 사는 대중적 스타의 이미지, 만들어진 '보통 사람' 이미지까지 세 가지 요소 사이에 괴리가 나타나기 때문이다. 갈피를 잡을 수가 없다! 이 거울 미로 속 어디에서 현실을, 진실을 손에 넣을 수 있을까? 무엇보다도 행복은 어디에 있는 걸까?

왔다가 사라지는 덧없는 명성

"미래에는 누구나 15분씩 세계적으로 유명해질 것이다."

앤디 워홀

2012년 발표된 우디 앨런의 영화 〈로마 위드 러브〉에서 저항할 수 없는 매력의 소유자 로베르토 베니니가 연기하는 레오폴도 피사넬로는 하루아침에 아무런 이유도 없이 유명해진다. 그는 로마 거리에서 갑자기 파파라치에게 쫓긴다! 처음에는 당연히 겁을 먹지만, 그는 이 영문 모를 유명세에 곧 재미를 붙인다. 마법은 시작됐을 때처럼 갑자기 끝나버린다. 조명의 열기를 되찾기를 갈망하며 어쩔 줄 모르는 피사넬로를 남긴 채……

영화지만 완전히 꾸며낸 이야기는 아니다. 사람은 어느 날 갑자기 유명해졌다가 마찬가지로 순식간에 망각 속으로 떨어질 수 있다. 무척 잔인한 말이긴 하지만, 유명했다가 지금은 잊힌 사람을 가리키는 표현도 있다. 해즈빈 has-been, 말 그대로 무언가'였지만' 이제는 아무것도 아닌 사람이라는 뜻이다. "내가 살면서 했던 좋은 일은 전부 내 뒤에 남았어. 참 마음 편한 일이지." 영화 〈그 여자 작사 그 남자 작곡〉에서 휴 그랜트가 생생하게 연기한 인물 알렉스 플레처는 정색하며 이렇게 농담한다.[37] 금세 한물가버린 팝스타인 그는 다시 일류가 되려고 시도한다. 영화는 유머러스하게 이야기를 풀어나가지만, 낙담과 우울감이 늘 한편에 머물고 있다. 명성은 근본적으로 덧없다. '사냥감'을 정기적으로 바꾸는 것이 바로 미디어의 원칙이다. 명성의 소유자는 명성을 통제할 수 없다. 어떤 노력을 해도 확실한 보장은 아무 데도 없다. 지금 같은 명성을 유지하기 위해 "어떤 배우들은 마치 하나의 브랜드처럼 스스로를 '가꾼다'. 특정한 방식으로 옷을 입고, 특정한 사람들과 외출하면서……".[38] 배우 비고 모텐슨Viggo Mortensen 은 이렇게 지적한다. 성공한 가수이자 축구 선수의 아내, 자신의 브랜드를 가진 패션 디자이너이기도 한 빅토리아 베컴은 이에 더해 이렇게 덧붙인다. "나는 15, 16년 전부터 대중의 시선을 받고 있고, 명성이 당연히 주어지는 게 아니란 걸 잘 알죠. 명성은 지켜야 해요."[39] 명성은 그 전지전능함에도 불구하고, 통제할 수 없는 불안정성 때문에 큰 혼란을 부추긴다.

대중의 시선이 사라지면, 명성을 잃을지 모른다는 불안은 집착으로 변할 수 있다. 2011년 한 연구는 유명인이 그 지위를 상실했을 때 어떤 심리적 변화가 일어나는지를 사회학적으로 살펴봤다.[40] 연구자들은 더는 대중에 노출되지 않게 된 사람들이 다시 '존재'하기 위해 거의 뭐든 하려 드는 현상을 관찰했다. '존재'한다는 단어는 그 의미가 결코 가볍지 않다! 논문 저자들은 명성을 상실한 사람에게 정신적 문제가 매우 흔히 일어난다는 걸 확인했다. 배우는 73퍼센트, 음악가는 68퍼센트에 달할 정도였다! 이는 스타들이 현재의 것이든 지나간 것이든 명성을 위해 끊임없이 자기 자신을 재단하고 스스로를 몰아붙여 극한 고통과 불안을 유발하기 때문일 것이다. 자존감이 매일같이 새로 시험에 든다. 게다가 추락과 망각은 완전히 다른 두 상태, 즉 '유명'과 '무명' 사이에서만 일어나는 것도 아니다. 유명한 상태 중에도 단계, 즉 더 선망받고 덜 선망받는 충위가 있다. 한 단계 오르느냐 떨어지느냐가 대단히 중요한 문제다.

저명한 프랑스 사회학자이자 인류학자 에드가 모랭Edgar Morin 이 《스타Les Stars》[41]라는 저서에서 설명한 내용이 바로 이것이다. 모랭은 여성 배우를 핀업pin-up, 신인배우, 주연배우, 스타의 네 단계로 구분했다. 명성의 단계가 높아질수록 대체로 더 큰 선망의 대상이 되며 엘비스 프레슬리나 메릴린 먼로 같은 스타는 신화적인, 나아가 '영원한' 명성을 지닌다. 가장 낮은 단계는 핀업이다. 이름이 알려지지는 않았지만, 신체 이미지가 팔리는 젊고 예쁜 여성이 여기 속한다. 다음은 신인배우다. 사람들은 어디서나 그녀를 알아보고 이름도 기억하지만 아직 '인격'이 있는 존재는 아니다. 이어서 영화의 주연배우가 되면 팜므 파탈이라든가 코믹 캐릭터라든가, 순진한 아가씨라든가 하는 어떤 '인격'을 지니게 된다. 하지만 여전히 자기라는 상표를 알리지는 못한 상태다. 그러려면 최정상의 스타 자리에 도달해야 한다. 스타는 자기만의 분야를 지닌 존재로 대중은 스타를 바로 알아본다. 각각의 단계를 뛰어오르기란 만만한 일이 아니다. 어떤 사람은 결코 더 높은 단계에 오르지 못하고 그 자리에 오른 동료와 자신을 비교하며 늘 낙담할 것이다. 또 어떤 사람은 낮은 등급으로 '강등'돼서 고통과 불행, 후회에 빠질 것이다.

출장차 런던에 갔을 때였다. 도착하자마자 오랜 친구가 전화를 걸어 자기 집에서 저녁을 먹자고 초대했다. 나는 소박한 식사를 기대하고 있었지만 웬걸, 제대로 된 사교 모임이었다. 다양한 분야에서 중요한 자리를 차지하고 있는 엄선된 손님들이 모였다. 우리가 모두 자리를 잡고 아페리티프를 마시며 활기 넘치는 대화를 나누고 있을 때, 한 여성이 들어왔다. 나는 곧 그녀가 '대단한 인물'이라는 걸 알아봤지만 왜 그런 느낌이 들었는지는 전혀 알 수 없었다. 그러다 마침내 그녀가 내 친구의 새 여자 친구고 영국에서 유명한 배우라는 사실을 알게 됐다. 그녀는 촬영 일화로 대화를 독점하다시피 하며 늦게 도착한 것을 만회했다. 다른 손님들의 경력도 흥미진진했지만, 그녀는 별로 관심이 없어 보였다. 나는 친구를 몇 달 만에 만났기 때문에 친구에게 어떻게 지내는지, 새로운 계획은 없는지 물어보고 싶었다. 하지만 내가 말을 꺼내도 이야기는 그의 연인 탓에 금세 흐지부지됐다. 그녀가 자꾸 화제를 자신에게로 돌렸던 것이다. 저녁 자리가 끝날 무렵, 모임 주최자인 친구가 연인의 '미숙한' 태도에 관해 사과하러 왔다. 그는 이렇게 변명했다. "너 그렇게 대해줘야 해. 제대로 된 작품이 예정된 게 없거든. 지금 그녀가 조명을 받으며 '존재'할 수 있는 시간은 저녁 모임이나 외출했을 때뿐이야."

뭐니 뭐니 해도 내게는 다른 것보다 이 사실이 더 슬펐다. 그렇다. 무대 조명에 익숙해진 사람은 남의 눈에 띄지 않는 상황이 고통스러울 수 있다. 탄탄한 내면의 기반을 쌓지 못했다면 더욱 그렇다.

명성은 매우 중독적이다. 명성을 잃는 것은 두렵고 괴롭다. "나는 살아오면서 인간이 발견한 거의 모든 물질에 중독된 적이 있어요. 하지만 그 모든 것 중에 가장 중독적인 건 인기였어요."[42] 명성이 유발하는 불행을 전문으로 다루는 미국의 임상심리학자 도나 록웰 Donna Rockwell 박사가 한때 아역 스타였던 어느 환자의 말을 그대로 인용한 것이다. 박사는 이렇게 덧붙인다. "명성 중독은 강박적이고 집착적으로 표현되며, 명성이 높아질수록 '악화된다'. 명성 '중독자들'은 허용 한계치를 점점 높이고, 전에는 만족스러웠던 상태도 더는 충분하지 않게 된다. 자신이 원하는 수준의 명성을 유지하고 있다고 느끼려면 늘 더 많은 명성이 필요하다."[43] 명성은 실재하는 물질이 아님에도, 실제로 중독을 일으킬 수 있고 의존, 행동장애, 고독, 불안, 편집증, 판단력 상실 등의 증상도 당연히 함께 나타난다. 게다가 명성 중독은 대개 다른 중독, 그러니까 이번에는 물질적 중독을 동반한다. 록웰 박사는 약물 과다복용으로 사망했다고 추정되는 주디 갈런드, 리버 피닉스, 마이클 잭슨, 휘트니 휴스턴을 상기시킨다. 실제로 중독센터에 유명인이 도착하는 모습은 언론을 통해 흔히 중계된다. 교차중독 기제, 즉 하나의 중독이 하나 이상의 다른 중독을 악화시키는 체계는 복잡한 현상이며 전문가의 분석이 필요하다. 그러나 현실에서 온갖 유형의 약물중독에 시달리는 유명인의 모습은 심심찮게 확인할 수 있다.

명성의 일시성은 다른 놀라운 현상을 통해서도 드러난다. 많은 연예인과 유명인이 젊은 나이에 세상을 떠난다는 사실이다. 이는 언론이 몇 사람의 연이은 죽음을 과장해서 보도한 탓에 생겨난 단순한 인상이 아니다. 미국 대학 교수이자 미디어 전문가인 짐 파울스Jib Fowles 는 배우, 음악가, 운동선수 등 미국의 유명인 100명을 대상으로 실시한 연구에서 그들의 기대수명이 미국 평균보다 낮다는 사실을, 심지어 매우 낮다는 사실을 보여줬다. 평균이 72세인 데 비해 유명인은 58세였다! 그 이유는 쇼 비즈니스 세계가 '극도의 스트레스를 가하는' 곳이기 때문이다.[44] 더 최근에 실시된 한 연구 결과 뮤지션들도 수명이 짧기는 마찬가지였다.[45] 엘비스 프레슬리부터 에미넴까지 미국과 영국의 아티스트 1,000명을 조사한 이 연구에 따르면 뮤지션이 조기 사망할 위험은 나머지 인구보다 1.7배나 높다. 아티스트는 정상의 자리에 오른 뒤 3년부터

25년 사이에 '사망 위험'이 특히 높고, 그 후로는 위험이 감소한다. 연구자들은 그 이유를 "높은 스트레스로 인해 술과 약물을 대량으로 소비하게 되는 생활환경" 탓으로 설명한다. 심지어 어떤 스타는 갑작스럽게 사라져버렸다는 바로 그 사실 때문에 '신화' 속 주인공이 되기도 한다. '비극적인 운명' 하면 사람들은 메릴린 먼로, 제임스 딘, 프랑스의 로미 슈나이더Romy Schneider 등을 떠올린다. 마치 명성은 고통을 먹고 자라나게 마련이라는 듯. 어떤 팬들은 '27 클럽'의 전설을 믿기도 한다. '27 클럽'은 스물일곱 나이에 비극적으로 사망한 여러 음악가들을 가리킨다. 커트 코베인, 재니스 조플린, 짐 모리슨 더 최근에는 에이미 와인하우스가 이 클럽에 포함됐다.

물론 대단한 재능을 지니고 일의 양을 적절히 조절하면서 평생 경력을 쌓는 장수 유명인도 존재한다. 파블로 피카소부터 믹 재거, 생전에도 엄청난 유명인이었던 빅토르 위고, 마돈나, 메릴 스트립도 여기 속한다. 그러나 이들도 부침을 겪었다. 누가 끝까지 명성을 유지했는지는 중요한 문제가 아니다. 명성은 본래 가변적이기 때문에 명성으로는 지속적인 행복의 토대를 쌓을 수 없다는 것만이 사실이다.

명성에는 사생활이라는 대가가 따른다

"명성으로 인해 생기는 문제라면 더는 자유롭지 못하다는 거예요.
자신을 잃어버리고, 다른 사람들의 집착 대상이 되죠.
나는 하루 중 90퍼센트는 관찰당하고 있다는 느낌을 받아요.
하지만 그것도 이 운명과 함께 가야 할 무엇이겠죠."[46]

디온 워윅(Dionne Warwick)

오늘날 스타들은 우리에게 속해 있다. 고대 판테온의 신들이 그리스와 로마 시민에게 속해 있었던 것과 마찬가지 이유에서다. 스타의 '변덕'을 연구한 영국 저널리스트 톰 페인Tom Payne은 이 놀라운 평행이론을 발전시켰다. 페인에 따르면, 유명인들은 그리스 신들과 비슷한 역할을 수행하고 있다. 대중에게 신앙의 대상이 되어 그 숭배욕을 만족시켜주지만 혐오의 대상이 되어 성상파괴를 당하기도 한다.[47] 또한 신화는 이 신들을 숭고하면서도 극단적이고 불완전한 존재로 그리는데, 오늘날 사람들이 스타를 대하는 방식도 꽤 비슷하다. 페인은 이렇게 분석한다. "우리는 유명인으로부터 모든 것을 기대하고 유명인은 그 기대를 '충족시킬' 수 있기 때문에 그렇게 한다. 유명인은 모든 방면에서 자아를 내놓아야 한다. 한편으로 우리는 그들이 완전히 우리 것이기를, 그들의 내면 깊은 곳까지 알기를 원한다. 다른 한편으로는 그들의 죽음에서 우리

몫을, 심지어 만족을 원한다." 한 사람이 공적 영역에 들어서면, 그는 어떤 의미에서 모두의 재산이 된다. 누구에게든 그 사람에 대해 의견을 갖고 그것을 공개적으로 표현할 권리가 있다. 그러나 사실 스타는 그저 인간일 뿐이다. 그에게는 신과 같은 저항력이 없다! 명성은 흔히 끔찍한 사생활 침해, 나아가 자유의 상실이라는 대가를 치르게 한다.

대중의 사생활 침해에 대비하기 위해 노련한 스타들은 주의 깊게 삶의 구획을 나눈다. 한쪽에는 화려하고 섹시하며 매력적인 공적 영역을, 다른 쪽에는 비밀스럽게 지켜져야 할 사생활을 배치한다. 조니 뎁이나 카트린 드뇌브 같은 일부 스타는 잘 헤쳐 나가고 있는 편이다. 조니 뎁은 이렇게 힘주어 말한다. "뭐라고 해도 좋지만, 나는 수줍음이 많고 편집증이 있어요. 나는 명성이 싫습니다. 명성을 피하기 위해서 할 수 있는 모든 일을 했죠."[48] 그러나 가장 조심스러운 사람들조차도 사생활 침해에 맞서 끝없는 싸움을 벌이는 중이다. 여전히 자주 인용되는 미국의 심리학자이자 연구자 찰스 피글리Chales Figley 의 연구에 따르면 스타들은 무엇보다 언론(가십지, 때로는 전통적인 미디어), 협박장, 사생활 부재, 끝없는 통제, 집요한 팬들, 안전 부재, 자녀들이 해를 입을지 모른다는 불안에 가장 큰 스트레스를 느끼고 있었다.[49] 부정적인 비평가 또는 앞으로의 경력 상실에 대한 두려움은 사적 영역 침해와 파괴에 대한 두려움에 미치지 못했다.

악명 높은 파파라치들은 '셀럽'들의 사생활을 '불법침해'하는 대표적인 예다. "루머의 시대예요. 의미나 깊이가 없어도, 진실은 더더욱 없어도 상관없지요. (…) 예를 들어 우리 아들이 태어난 날, 파파라치들이 우리 집 현관에 올라와 그 경이로운 순간을 망쳐버렸을 때 나는 미칠 듯한 분노를 느꼈습니다."[50] 배우 기욤 카네의 증언이다. 부부의 삶에서 유일무이한 마법 같은 순간을 외부의 시선에 통째로 도둑맞다니, 너무나 슬픈 일이다. 실제로 파파라치의 목표는 스타의 가장 사적인 순간, 가능한 한 수치스럽고 우스꽝스러운 순간을 포착한 사진을 아주 비싼 값에 파는 것이다. 그들의 전략은 몹시 교묘하다. 초강력 망원렌즈로 추적하는가 하면 도보 또는 자동차로 미행도 한다. 우리는 사진사들 그리고 다이애나 비Diana Spencer 와 친구 도디 알파예드Dodi Al-Fayed 가 탄 차량 사이에 벌어진 과도한 추격전이 불러온 비극을 기억하고 있다.

그래서 유명인들은 안전을 보장받고 잠깐의 휴식을 얻기 위해 경호원을 고용하고, 대단히 복잡한 경보 체계를 설치하며, 짙게 선팅한 자동차를 이용하곤 한다. 사람들은 거기에도 환상을 품곤 하지만(휘트니 휴스턴과 케빈 코스트너가 주연한 영화 〈보디가드〉는 크게 성공했다!) 현실은 그다지 멋지지도 편안하지도 않다. 스타들의 편집증이 심해진 나머지 현대의 궁전들은 경쟁적으로 가장 뛰어난 '파파라치 퇴치' 보안 대책을 제안한다! 유명해지면 가장 아름다운 호텔에 머물며 세계여행을 하는 등의 특권을 누릴 수 있겠거니 꿈꾸지만, 그런 특권도 결국 속박을 넘어 악몽이 된다.

　　록웰 박사는 영화, TV, 스포츠, 음악, 정계와 재계를 망라해 선정한 열다섯 명의 대형 스타에게 질문을 던지는 연구에서 이런 결론을 내린다. "누구도 명성을 경험할 준비가 돼 있지 않았다."[51] 박사는 특히 유명한 사람들이 받는 '홍수 같은 관심'을 규탄한다. 산더미처럼 몰리는 팬들의 우편물, SNS에 쏟아지는 청원, 거리에서 이어지는 악수와 셀피 촬영, 자신의 이름을 외치는 팬…… 그야말로 숨이 막힐 지경이다. 스타는 모든 순간에 자아를 내줘야 한다. 그러다가 결국 자아는 침몰해버리고, 더는 내줄 것이 없어진다. 록웰 박사의 질문에 대답한 여러 스타는 이렇게 호소했다. "나는 절대로 혼자 있을 수가 없어요!" 이런 구체적인 답변도 있다. "공공장소에 앉으면 반드시 누군가 다가와서 '혹시…… 누구누구 아니세요?'라고 묻죠." 또 다른 사람은 이런 기억을 떠올린다. "내가 (공중) 화장실을 쓰는 동안 젊은 남자애들이 들어왔어요. 내가 나갈 때까지 기다렸다가 악수를 청하더군요." 부탁과 존경을 받는다는 건 아주 기분 좋은 일이라고 생각할 수도 있다. 하지만 아무리 좋은 일도 단 1분도 쉬지 않고 계속된다면 악몽이 되고 만다. 인터뷰에 참여한 모든 스타의 괴로움은 결국 한 가지로 집중된다. 스타는 있는 그대로의 자신이 아니라 자신이 한 일, 더 나쁘게는 단순히 유명하다는 사실 때문에 사랑받는다는 걸 괴로워한다. 거리에서 행인이 '얼굴은 알아보겠지만 정확히 누군지는 모르겠다'면서 말을 걸면 언제나 강한 불쾌함을 느꼈다고 여러 참가자가 답했다. 많은 이들이 실제로는 전혀 모르는 사람이라도 유명인에게는 친근하게 말을 걸어도 된다고 생각한다.

　　스타들에게 있어 명성은 견고하고 안정적이며 충만한 사생활 구축과 유지에 장애물이다. 새로운 사람을 만날 기회도 많아지지만, 불신을 심는 타산적인 관계도 많이 접하게 된다. '정말 나를 좋아하는 사람은 누구지?' '내가 보여주는 이미지만 좋아하는 사람은 누구지?' 같은 수준으로 성공하지 못한 가까운 사람들의 온갖 질투는 말할 것도 없다. '연예인의 삶'에는 안정적인 관계를 쌓을 여유도 남아 있지 않다. 스타가 된다는 건 지구 반대쪽으로 가서 촬영을 하고, 몇 달 동안 장거리 여행을 떠나고, 이 업계에 머무르기 위해 사교 파티를 돌고, 세계 곳곳에서 강연을 하고, 항상 현장을 지켜야 한다는 뜻이다……. 우상의 사생활을 지켜볼 권리가 있다고 생각하는 미디어와 팬의 관심도 다루기 어려운 짐이다. 왜 독신이지? 무슨 문제가 있나? 그 사람 게이야? 요즘 너무 뚱뚱하지 않아? 일단 가정을 꾸리면 스타는 명성 유지의 조건인 '정신없는 생활리듬'을 유지하는 동시에 가족에게 안정적인 환경을 만들어줘야 한다. 스타들의 연애 관계는 몹시 불안정하다. 엘리자베스 테일러는 여덟 번 결혼했고(사실 그중 두 번은 리처드 버튼Richard Burton 과 했지만) 미키 루니Mickey Rooney 도 마찬가지였다. 브리트니 스피어스는 친구와 결혼한다고 해서 한바탕 소동이 일었지만 55시간 뒤에 결혼을 취소했다.

유명인은 안전하고 안정적인 사생활을 구축하기 어려울 뿐만 아니라, 대중의 판단과 평가에 깊은 상처를 받기도 한다. 첫 책《덴마크 사람들처럼》이 나왔을 때 어느 프랑스 잡지에서 개인적인 물품을 통해 나를 묘사하는 기사를 쓰기로 결정했다. 기사가 SNS에 풀리자마자, 모르는 사람이 그 기사를 이런 글과 함께 트위터에 인용했다. "웃긴다, 이 기사 진짜 웃겨!" 나는 그 짧고 모욕적인 메시지에 곧바로 충격을 받았다. 나는 정말 하찮은 사람인데도 나를 모르는 사람들에게 이렇게 판단을 당했다. 그래도 전체적으로는 정말 운이 좋았다. 작가와 강연자로 활동하며 받은 의견과 편지는 대부분 무척 호의적이었기 때문이다. 그런 긍정적인 메시지들 덕분에 나는 계속 글을 쓰고 나를 표현할 힘을 얻었다. '웃긴다' 같은 의견은 맞았는지 틀렸는지 고민할 필요조차 없다. 아마 그 사람 눈에는 그 기사가 정말로 웃겼을 테니까. 대중의 시선에 노출될 때는 그저 마음을 굳게 먹고 자신의 근본적인 가치와 탄탄한 신뢰를 바탕으로 동요하지 말아야 한다. 그런 비난이 '거래'의 일부임을 아는 것이 중요하다. 미디어에 매우 자주 노출되는 한 젊은 여성이 당시 내게 이런 충고를 했다. "인터넷 댓글을 읽기 시작했다간 죽고 말 거예요. 어찌나 폭력적이고 냉랭한지, 다 그만두고 싶어지거든요."

배우 메건 폭스가 그 기분을 적절히 표현한다. "사람들은 잘 깨닫지 못하는데 말이죠, 당신이 고등학교 때 겪은 최악의 사건이 뭐든, 예를 들어 반에서 일진 열 명에게 괴롭힘을 당했다 해도, 그것보다 유명해지는 게 훨씬 더 나쁘다는 거예요. 수백만 명에게 끊임없이 괴롭힘을 당하는 셈이거든요."[52] 2007년 영화 〈트랜스포머〉[53] 덕분에 세계적으로 이름을 알린 메건 폭스는 그 후 《피플》, 《맥심》, 《FHM》과 그 외 많은 잡지를 통해 세계에서 가장 섹시한 여성 중 한 명으로 선정됐다. 미디어에 너무나 자주 등장한 나머지 2009년에는 인터넷 사용자들이 '메건 폭스 없는 날'을 제정하자는 운동을 벌이기까지 했다![54] 그에 대해 메건 폭스는 배우로서의 재능보다 그녀의 몸에 초점을 맞춘 미디어 노출로 깊은 상처를 받았다고 여러 차례 밝혔다.

스타가 된다는 건 대체 뭘까? "죽을 고생이죠!" 브리지트 바르도는 영화 〈사생활 Vie privée〉에서 영화인 루이 말 Louis Malle 에게 이렇게 대꾸한다. 바르도는 빼놓을 수 없는 우상으로, 인기가 많았던 만큼 미움도 많이 받았다. 1960년 스물여섯 살이 되던 날, 그녀는 끊이지 않는 비난에 지쳐 수면제를 삼켰고, 그다음엔 시골로 떠나 정맥을 그어 자살을 시도했다. 기적적으로 발견되어 구급차에 실려 갔지만, 차가 병원에 도착하기까지의 여정이 몹시도 험난했다. 파파라치들이 벌써 달려와 이 상황을 찍기 위해 길을 막고 있었기 때문이다. 병원에서 의식을 회복한 뒤에도 시련은 이어졌다. 사람들은 그녀를 미친 사람 취급했고, 밖에서는 "뻔

뻔스럽게도 살아났다"라는 제목의 기사를 냈다. 바르도가 자서전에 인용한 역겨운 편지도 받았다. "다음번엔 7층에서 뛰어내리세요. 땅에 떨어져 제대로 엉망이 될 테니까."[55] 1975년 브리지트 바르도는 배우 인생에 종지부를 찍고 대중의 눈앞에서 사라졌다.

"당신은 부정적 비평과 찬사의 대상이 될 거예요. 그리고 둘 다 나름대로 폭력적이죠." 록 가수 앨라니스 모리셋 Alanis Morissette 은 이렇게 요약한다.[56] 미디어 과다 노출의 시대에는 '인터넷 트롤 internet troll' 현상이 나타난다. 여기서 트롤은 스칸디나비아 신화에 나오는 괴물이 아니라, 뼈와 살로 이뤄진 사람이지만 인터넷의 익명성 뒤에 숨어서 닥치는 대로 마음껏 댓글을 달고 비난하며 조롱, 성차별, 인종차별 등으로 증오를 폭발시키는 자들을 가리킨다. 사람들이 사랑하는 동시에 질투하는 스타는 이들의 완벽한 표적이다. '트롤'의 태도는 괴롭힘과 유사하며, 디지털 관련 법규는 그들을 모두 막을 만큼 선명하지 못하다. 결국 유명인은 유일한 해결책으로 흔히 SNS 계정을 닫고 싸움을 포기한다.[57]

이렇게 명성을 얻기 위해서는 대가를 치러야 한다. 명성 자체가 치러야 할 대가라고 할 수도 있겠다. 스물네 살의 영국 모델 카라 델러빈 Cara Delevingne 은 이렇게 말한다. "명성, 그걸 좋아하느냐고요? 아뇨. 경력을 쌓는 데는 도움이 되지만 내내 불편한 점도 많았죠. 사생활을 포기해야 해요. 제 사생활은 포기했지만, 가족과 친구들은 지켜냈어요. 명성은 추구하는 게 아니에요. 그냥 생기는 거고, 함께 살아가야 하는 거죠."[58] 그리고 배우 미셸 파이퍼는 한 인터뷰에서 이런 재치 있는 말을 남겼다. "전 영화에서 무료로 연기를 해요. 출연료 받은 것은 유명해서 겪게 되는 불편함을 보상하는 데 다 써버리거든요."[59] 영화 〈순수의 시대〉[60]를 찍을 때 팬들이 촬영장에 나타나 방해한 일화를 들으면 그 말이 더욱 마음에 와 닿는다. 그녀는 촬영장 한구석으로 피했다. 눈에 띄지 않는 곳에 숨어 있던 미셸은 "미셸, 미셸, 사랑해요!"라고 외치던 팬들이 "아까 봤는데 늙어 보이더라!"라고 낮게 수군대는 소리를 들었다.

명성이 더 큰 목표를 위해 쓰일 때

"당신은 하찮은 사람이기도, 아니기도 하다.
당신이 유명해지기 전에 쓰레기 같은 인간이었다면
조명 아래에서도 여전히 쓰레기일 것이다. 더 밝게 비춰진 쓰레기일 뿐.
결국 명성은 당신이 진정 어떤 사람인지를 드러낼 뿐이다."

오프라 윈프리

나는 그녀를 처음에는 일 때문에 만났다. '커뮤니케이션 위기의 전략적 관리 모임'에 참석했을 때였다. 그녀는 큰 회의실 안에서 금세 눈에 띄었다. 다른 사람들과 달리 소박하고 다정했기 때문이다. 모임에서 그녀는 단 한 차례 발언을 통해 가장 빛나고 가장 올바른 비전을 우리에게 제시했다. 나는 나중에 그 젊은 여성이 누구인지 알아봤다. 이른바 '대필' 업계에서 그 세대에서 가장 재능이 뛰어나다고 평가받는 작가였다. 그녀는 최고의 저술가들을 대신해서 연설문과 출판물, 또는 책 한 권을 통째로 쓴다. '그녀의' 책 몇 권은 베스트셀러가 됐지만 그녀의 이름은 대중에 전혀 알려지지 않았다. 얼마 뒤, 나는 그녀와 우연히 다시 마주쳤지만 이번에는 아주 다른 장소에서였다. 어느 날 저녁 열린 사적인 연주회에서 그녀는 플루트를 연주하고 있었다. 그렇다, 공식 무대에는 한 번도 선 적이 없지만 그녀는 굉장한 재능의 음악가이기도 했다.

연주회가 끝나고 나는 그녀에게 술을 마시자고 권했다. 저술과 음악 분야에서 모두 비범한 재능을 지녔으면서 왜 공개적으로 훌륭한 경력을 쌓지 않는지 물어보고 싶었기 때문이다. 그녀는 함박웃음을 지으며 이렇게 대답할 뿐이었다. "전 음악만큼 글도 좋아요. 그 둘은 제 인생의 행복이고 글을 쓰거나 음악을 연주할 때면 늘 충만함을 느끼죠. 하지만 유명해지고 싶은 마음은 없어요. 언젠가 만약 유명해진다면 명성을 인생의 일부로 받아들이겠죠. 하지만 유명해진다고 더 행복해질 것 같진 않아요."

나는 그녀의 말에 명성을 받아들이는 가장 바람직한 자세가 드러나 있다고 생각한다. 나도 모르게 열정을 느끼고, 삶을 의미 있게 만드는 재능을 순수하게 탐색하며, 그 일에 대한 사랑을 일을 이어가는 원동력으로 삼아야 한다. 명성과 대중의 인정은 목표가 아니라 결과로서, 완전히 부수적으로 따라와야 한다. 배우 케이트 블란쳇Cate Blanchett도 이와 같은 뜻에서 말했다. "배우라면 당연히 관객을 모아야겠죠. 그것도 배우의 일이에요. 하지만 그건 명성 그 자체를 따라다니는 것과는 전혀 달라요." 미국의 가수 케이티 페리Katy Perry도 딱 잘라 말한다. "내 생각에 명성은 내가 하는 일의 부산물일 뿐이에요."[61] 명성이 가하는 심리적 타격을 최소화하려면 바로 이런 태도가 필요한 듯하다. 명성을 추구하지 않는 사람은 추구하는 사람과 같은 방식으로 고통받지 않는다. 명성의 환상에 혼란을 겪지 않고 자신의 활동을 계속 즐기고 좋아할 자유가 고스란히 남는다. 물론 명성에 내재된 위험은 언제나 존재하지만, 인간으로서의 토대가 탄탄하면 인생을 꽃피울 더 많은 기회가 찾아온다. 성실하고 너그러운 사람이 되고, 남에게 '보이는' 모습이 아니라 내가 하는 일에 열정을 가져야 한다. 나다운 삶, 의미 있는 삶을 사는 것은 내가 아는 한 가장 탄탄한 행복의 토대이다. 유명하고 하지 않고는 관계없다.

나아가 그런 인생의 토대 위에서만 명성은 마침내 행복을 얻기 위한 수단이 될 수 있다. 자신의 결점을 보완하기 위해 또는 '자신만을 위해서'가 아니라 신념이나 세상의 변화를 위해 명성을 이용하면 숨은 위험을 피하고 의미와 만족에 더 빨리 다가갈 수 있다. 나는 이것을 긍정적 명성이라고 부른다. 명성의 '폭력성'을 안타까워한 록 스타 앨라니스 모리셋은 굳게 말한다. "하지만 명성을 높은 계획을 실현하기 위한 수단으로 이용할 수 있다는 걸 깨달은 순간, 모든 의욕을 다시 찾았어요."

결국에는 많은 '셀럽'이 자신이 지닌 이미지의 힘을 이용해 사람들의 관심을 불러일으키고 앞장서서 대의를 실천하는 길을 선택한다. 오드리 헵번은 1988년부터 유니세프 친선 대사가 되어 전 세계 어린이를 돕는 유엔 활동을 널리 알리는 데 공헌했다. 그 후 수많은 스타가 그 횃불을 이어받았다. 앤젤리나 졸리는 명성을 활용해 많은 인도적 임무를 수행했으며, 리어나도 디캐프리오는 환경운동을 전개했고, 그룹 U2의 스타 가수인 보노Bono 는 세계적으로 에이즈 퇴치에 큰 힘을 보탰다. "나는 보노를 사랑합니다. 보노가 더 나은 세상을 만들기 위해 명성을 사용한 방식을 (…) 진심으로 존경합니다. 나도 그 반만이라도 할 수 있기를 바랍니다." 가수 얼리샤 키스는 이렇게 경의를 표한다.

특히 모든 세대의 재능 있는 여성이 오늘날 세계의 혼란에 맞서기 위해 모이고 있다. 나는 미셸 오바마에게 큰 감동을 받았다. 다른 많은 사람들도 나와 마찬가지로 그녀의 사회 참여에 찬사를 보낸다. 미국의 전 영부인은 진실함과 카리스마에서 우러나오는 영향력의 범위를 쉼 없이 넓혀나갔다. 확고부동한 용기로 성폭력과 불평등을 고발하며 여성의 존엄을 위해 행동하고 있다.

존엄성과 성평등을 위한 이 투쟁에는 다른 여성들도 참여하고 있다. 비욘세는 여성의 지위를 개선하기 위해 강력한 영향력과 1억 장에 이르는 음반 판매량을 활용하며, 젊은 영국 배우 엠마 왓슨은 유엔과 함께 히포시HeForShe 라는 주목할 만한 캠페인을 펼쳤다. 조지 클루니의 아내 아말 클루니Amal Clooney 는 변호사로서 국제테러 피해자를 지원한다. 아말은 유엔 총회에도 참석하여 이라크 야디지 족이 당한 끔찍한 대량 학살을 알아달라고 호소했다. 다르푸르 사태 때 그녀의 남편도 같은 일을 했다. 패션 디자이너 스텔라 매카트니Stella McCartney 는 의상 제작에 식물성 원료로 만든 합성 모피와 가죽만을 사용함으로써 환경운동에 참여한다.

세계의 지정학적 상황 또한 스타들에게 사회운동에 참여하고 신념을 위해 명성을 내걸기를 촉구한다. 특히 미국 대통령으로 도널드 트럼프가 당선되면서 많은 스타가 반응을 보였다. 그중에서도 위대한 배우 메릴 스트립의 2017년 골든 글로브 시상식 연설은 감동적이었다.[62] 메릴 스트립은 외국인에 대한 공포를 재치 있게 비판했다. "할리우드에는 외부자와 외국인이 바글바글합니다. 그 사람들을 다 내쫓는다면, 미식축구와 이종격투기 말고는 볼 게 없어지겠죠." 나는 이 연설이 명성을 사용하는 대단히 멋진 방식이라고 생각한다. 자신의 이미지를 활용해 자신이 믿는 가치를 지지하는 것 말이다. 2017년 1월 21일 토요일 워싱턴에서 열린 여성 행진에 참여한 스칼릿 조핸슨, 마돈나, 얼리샤 키스를 비롯한 다른 스타들도 같은 일을 했다. 그날 수백 명의 여성이 모여 새 대통령의 남성우월주의 발언과 여성혐오에 항의했다. 명성의 이런 잠재력이 그 힘을 사용하는 사람에게 '행복'을 가져올지 아닐지는 알 수 없다. 그러나 자기 인생과 투쟁에 더 큰 의미를 부여하고, 타인의 생활환경 개선과 인권신장을 위해 노력함으로써 세상의 행복에 공헌할 수 있다. 바로 이것이 내가 무척 좋아하는 프랑스 시인 자크 델릴 Jacques Delille 의 짧은 문장이 품은 의미이다. "행복은 행복한 사람들을 만드는 사람의 것이다."

설리나 고메즈, 카라 델러빈 그리고 레이디 가가 같은 스타들은 집단 투쟁에 뛰어들기보다 신체적이고 정신적인 개인적 괴로움을 공개하는 쪽을 선택했다. 이런 방법 역시 같은 고통을 겪으며 그녀들에게서 자신의 모습을 보는 수천 명의 고독감을 덜어주는 데 도움이 된다. 정신적 고통 연구와 예방에 힘쓰는 가장 큰 미국 기구 중 하나인 전미 정신질환지원연합National Alliance on Mental Illness, NAMI 지도부의 캐트린 게이 Katrine Gay 는 "유명인이 공개적으로 자신의 질환에 대해 말하면 깊은 고독감을 느끼는 사람들도 마찬가지로 용기를 내어 주변 사람들에게 상담하고 고립에서 벗어나 해결책을 찾을 수 있다"고 설명한다.[63]

도나 록웰 박사의 결론은 이렇다. "자신의 지위를 이용해 타인의 삶을 바꾸는 일에 공헌하고 의식을 고취시킨 사람들이 명성으로 인한 고통에서 가장 훌륭하게 벗어났다. 명성에 대해 생각할 때는 그것을 통해 무엇을 얻을 수 있는지보다 세상에 무엇을 줄 수 있는지를 더 고민해야 할 것"이다.[64] 명성을 꿈꾸는 모든 이에게 필요한 최고의 조언이다.

5장

섹스

몸이 아니라 감정이 연결될 때
행복하다

"이 세상을 문명화하는 가장 큰 힘은 종교가 아니라 섹스다."

휴 헤프너(Hugh Hefner), 《플레이보이》 창간자

♂♀

　　파리에서 열리는 행복에 관한 강연을 준비하기 위해 다른 강연자들과 원형 테이블에 함께 앉아 있을 때였다. 전 세계에서 온 전문가들이 심리학, 교육학, 사회학, 철학 등의 힘을 빌려 행복이라는 주제에 대한 견해를 내놨다. '공감', '신뢰', '연대' 같은 단어가 자주 등장하는 가운데 참석한 전문가 중 한 명이 그 흐름을 끊고는 이렇게 말했다. "제 생각에 미래의 행복은 섹스 로봇에 있습니다." 테이블에 불편한 침묵이 무겁게 내려앉았다. 다른 강연자가 이유를 설명해달라고 요구했다. "섹스 로봇이 완벽한 수준으로 정교해지면 욕구불만이 사라질 테니까요. 언제든 우리가 원할 때 원하는 만큼 만족을 얻을 수 있을 겁니다. 게다가 상대는 매번 최상의 성적 능력을 보여주고요." 자리는 다시 조용해졌고 이번에는 내가 침묵을 깼다. 내가 보기에 그 분석은 지나치게 단순하고 불필요하게 냉소적이었기 때문이다. "제 생각엔 행복과는 관련이 없어 보이는데요. 아무 감정 없는 로봇이 어떻게 사람들을 행복하게 해줄 거라고 생각하시죠? 로봇이 쾌락을 줄 수는 있겠지만 그걸로 행복해질 수 있을지는 의심스럽군요." 우리의 '로봇공학' 전문가님이 내게 자신만만한 눈길을 던지며 대답했다. "그에 대해선 로봇과 한 시간 동안 '사랑'을 나눈 다음에 다시 말해보시죠. 반면 인간 남자는 아마 10분도 못 버틸 테고 결과도 보장할 수 없지요."

　　감정 없는 섹스로도 행복을 얻을 수 있다는 견해는 새롭지 않다. 러시아 작가 예브게니 자먀찐 Yevgeny Zamyatin 은 1920년대에 이미 SF소설 《우리들》을 통해 '미래의 섹스'를 상상했다. 작품의 배경은 미래의 독재국가로, 인간은 번호가 매겨지고 성행위가 자유롭게 이뤄진다. "모든 번호는 성적 목적으로 다른 모든 번호를 이용할 권리를 갖기 때문이다."[1] 이 소설은 '이상적'이고 '체계적'이라고 여겨지는 어느 세계를 묘사한다. 각 인간은 호르몬 조건을 철저히 검사받고, 그에 따라 '생식의 날'에 가장 적합한 번호가 결정되어 주어진다. 다른 '번호'(즉 다른 인간, 예를 들어 주인공은 D-503이라고 불림)를 이용해 성적 쾌락을 얻고 싶다면 행정 요청을 하기만 하면 된다. 화자의 설명처럼 비극은 끝났다. "옛날 사람들에게는 어리석은 비극의 마르지 않는 근원이었던 것이 우리에 의해 인체에 유용하고 유쾌하며 조화로운 기능으로 진화했다." 이러한 섹스의 합리화는 1931년 발표된 올더스 헉슬리의 유명한 소설 《멋진 신세계》에 다시 등장한다. 섹스는 기분전환 수단에 불과한 것으로 왜곡되고, 열정적인 사랑은 질투, 소유욕, 좌절 같은 감정적 긴장을 유발하므로 엄격히 금한다. 사회는 그 모든 감정을 부정한다. 모든 이에게 매 순간 행복을 강제하는 정치적 선택이 이뤄진 사회이기 때문이다.

성을 통한 쾌락은 황홀경이라고도 부를 만큼 대단하다. 그렇다면 그것을 곧바로 행복이라고 해도 되지 않을까? 그게 사실이라면 성은 어떤 메커니즘을 통해 행복이 되는 걸까? 대중의 상상력을 자극하는 역사 속 호색가와 오늘날의 섹스심벌처럼 타인의 욕망의 대상이 되는 게 행복일까? 아니면 올더스 헉슬리가 《멋진 신세계》에서 환기한 대로, 감정 없이 마음껏 누리는 성적 관계가 행복을 만들어낼 수 있을까? 성관계 빈도와 상대를 늘리면 행복도 그만큼 늘어날까? 그리고 끝으로 성은 인생에서 원하는 것을 획득하는 수단, 즉 존재의 행복을 얻기 위한 수단이 될 수 있을까?

성에 대한 인식은 시대에 따라 대단히 큰 변화를 거쳤다. 변하지 않는 게 있다면 섹스는 많은 금기에 휩싸여 있음에도 늘 우리 사회의 중심 주제를 차지하고 있다는 사실이다. '성'에는 크게 두 가지 측면이 있다. 하나는 생식이다. 성은 종의 번식을 가능하게 하는 수단으로 사용된다. 다른 하나는 육체적 쾌락이다. 따라서 성은 즐거움과 기쁨이다. 이두 가지 면의 공존은 인류 역사 속에서 늘 쉽지 않았다.

고대 그리스와 로마의 성풍속은 매우 자유로웠다고 알려져 있으며, 심지어 성풍속의 의미가 오늘날과 완전히 같지도 않았다. 동성애가 젊은 남성과 더 성숙한 남성 사이의 보편적인 사회적 풍습이었고, 난잡한 파티 장면을 묘사한 프레스코화가 집 안을 장식하고 있었다. 그러다가 기독교가 대두되며 성은 억압, 적어도 규제를 받았다. 성경에서 아담과 이브의 원죄는 여러 가지 의미로 해석될 수 있지만 흔히 일곱 가지 큰 죄 중 하나인 색욕의 죄로 여겨진다. 그들의 성기(19세기에는 정확히 '부끄러운 부분'이라고 불렸던)는 보여서는 안 될 것이었다. 나체를 묘사한 회화와 조각은 여러 세기 뒤에는 충격적으로 여겨졌고, 포도나무 잎이나 주름진 천을 덮어 '다시 옷을 입히는' 경우조차 있었다.

가톨릭교회는 신자들의 성을 지도하기 위해 수많은 경구를 만들었다. 사제 자신부터 순결서약을 했다. 신체에 대한 의지의 힘과 물질에 대한 정신의 지배력을 보이기 위해서였다. 이 서약은 구강성교, 남색, 자위 등 몇 가지 성적 행위를 금했다. 성의 궁극적인 목적은 오직 생식이지, 신에게서 멀어지는 쾌락이 아니기 때문이다. 바로 그 때문에 성은 결혼 안에만 존재했고, 따라서 많은 나라에서 미래의 신부에게 순결을 요구했다. 이슬람교에도 같은 금지사항이 존재한다.

이처럼 성적 쾌락, 특히 여성의 성적 쾌락은 많은 문화에서 부정된다. 사하라 이남 아프리카, 중동, 동남아시아 일부 지역에서는 여전히 할례가 빈번하게 이뤄진다. 유니세프는 이 문제에 대한 최근 통계 보고서에서 "오늘날 30개국에서 최소 2억 명의 소녀와 여성이 성기 훼손을 당하고 있다. (…) 여성 성기 훼손 양상은 지역과 문화에 따라 다르다. 어떤 방식은 치명적인 위험을 부를 수 있다"[2]고 고발한다.

물론 금지를 말하는 자가 있다는 사실은 쾌락을 추구하는 자가 있음을 반증한다. 매춘과 춘화의 존재가 그 증거다. 20세기 후반에 접어든 뒤에야 체제와 사회가 성에 더 호의적인 태도를 보이게 된다. 이는 종교적 압력의 약화, 더 효율적인 피임 수단의 보급과 피임약의 등장, 1960~1970년대에 거듭해 일어난 '성적 해방' 또는 '성적 혁명' 운동이 동시에 작용한 결과다. 오늘날에는 성에서 쾌락을 추구하는 일, '딱 맞는' 파트너를 찾기 위해 많은 경험을 해보는 일, 가장 적당한 때가 올 때까지 기다리며 아이를 갖지 않는 일이 많은 나라에서 허용되며, 나아가 바람직한 일로 받아들여진다. 그러나 성이라는 주제는 여전히 논란의 대상이고, 금기도 끈질기게 존재한다.

따라서 이러한 전제하에 우리의 질문을 던질 수 있겠다. 그 많은 욕망, 환상, 때로는 털어놓을 수 없는 내밀한 질문의 근원인 섹스는 우리를 행복하게 해줄 수 있을까?[3]

섹스로 행복해질 수 있다?

> "세련된 남성잡지를 출간하는 것이 내가 사춘기부터 줄곧 품고 있던 꿈,
> 즉 가능한 한 많은 여자와 자는 꿈을 실현하기 위한 최선의 방법 같았다."
>
> 휴 헤프너

"부부 싸움을 했다고? 잠자리에서 풀어보면 어때?" 이런 조심성 없는 충고를 어디선가 들어본 적 있을 것이다. 거친 표현이긴 하지만, 많은 이에게 섹스가 행복의 한 요소인 것은 분명해 보인다. 나 역시 그에 동의한다. 한편으로는 그와 동시에 섹스에 대한 일반적인 생각이 행복의 허상은 아닌지 다시 의심해보는 데 흥미를 느낀다.

'좋은 섹스'는 쾌락을 준다. 많은 사람이 쾌락을 성적 행위의 목표로 삼는다. 올더스 헉슬리의 소설 《멋진 신세계》의 등장인물 줄리아는 이렇게 격정적으로 말한다. "사랑을 나눌 때는 에너지를 태워요. 그러고 나면 행복을 느끼고 나머지는 신경 쓰지 않게 되지요." 만지면 흥분되는 신체 부위를 묘사하기 위해 우리는 '성감대'라는 표현을 쓴다. 성관계 중에 특히, 오르가슴을 느낄 때 우리 몸에는 도파민, 아드레날린, 엔도르핀 등 쾌락이라는 감각을 유발하는 생리적 화학물질의 혼합체가 급격

히 유입된다. 약물을 소비하거나 운동을 할 때도 같은 물질이 작용한다. 예를 들어 엔도르핀은 쾌락뿐 아니라 성행위가 끝난 뒤의 편안하고 이완된 느낌도 불러일으킨다.

흥분과 절정, 쾌락과 행복은 한끗 차이 아닐까? 섹스를 통한 행복의 비결은 관계의 빈도에 있는지도 모른다.

성관계 횟수가 늘어날수록 행복도가 높아진다는 사실은 이미 증명됐다. 그러나 이 연관성은 커플 사이에서만 사실일 뿐이다. 지속적이지 않은 관계에서 성행위를 하는 독신자의 경우에는 충분한 인과관계가 성립되지 않았다.[4] 커플의 행복 역시 빈도가 증가할수록 높아지긴 하지만 한계가 있다. 수만 명을 대상으로 최대 40년 동안 이뤄진 여러 연구가 같은 결론에 도달했고 주당 성관계 빈도에 대한 '마법의 횟수'가 밝혀졌다.[5] 즉, 주 1회를 넘으면 그 이상 사랑을 나눠도 행복이 증진되는 효과는 없었다. 반면 성관계 횟수가 한 달에 1회 미만이면 커플의 행복도는 실제로 하락한다는 사실이 같은 연구에서 밝혀졌다. 결론적으로 커플이라면 섹스와 행복은 관련이 있다.

그러나 이 '마법의 횟수'는 하나의 경향이자 평균에 불과할 뿐 도달해야 할 목표가 아님을 잊어서는 안 된다. '성적 능력'을 경쟁하는 위험에 대해서는 뒤에서 다시 이야기할 것이다. 실제로 토론토-미시소가 대학교 연구자이자 위 연구 중 하나의 공동 연구자인 에이미 뮤즈Amy Muise에 따르면 성관계 만족도를 평가하거나 커플의 견실함을 시험할 때는 관계의 횟수에 초점을 맞춰서는 안 된다. 행복한 커플이 섹스 때문에 행복한 것인지, 행복하기 때문에 서로에게 욕구를 느끼는 것인지도 생각해볼 수 있겠다.

사람들이 섹스에 대해 어떤 고민을 품고 있는지도 같은 연구에서 확인됐다. 남자는 '섹스 중독'인 반면 여자는 섹스에 별로 관심이 없다는 고정관념도 깨졌다. 에이미 뮤즈는 남성과 여성이 느끼는 성적 욕구에 대해 편견이 많다고 설명한다. "결과적으로 남성과 여성의 성적 욕구는 평균적으로 같았다. 청년층과 노년층, 오래 지속된 관계와 짧은 관계 사이에서도 마찬가지였다."[6] 하지만 남자는 혈액이 부족해서 뇌와 성기로 동시에 혈액을 보낼 수 없다느니, 7초에 한 번씩 성적인 상상을 한다느니 하는 이야기는 매우 흔하다! 간단히 계산해보면 시간당 500회, 깨어 있는 열여섯 시간 동안 8,000회나 야한 생각을 하는 셈이다. 지나치게 많다! 사실 이 전설 같은 이야기는 그 유명한 〈킨제이 보고서〉를 단순하게 해석한 데서 비롯됐다. 〈킨제이 보고서〉는 20세기 중반, 남성과 여성의 성적 행동에 관해 이뤄진 선구적인 연구를 극도로 완벽한 두 권의 책으로 정리한 것이다. 연구자들은 남성이 성에 대해 생각하는 빈도를 궁금해했다.[7] 그래서 이런 질문을 던졌다. "당신은 섹스에 대해 얼마나 자주 생각합니까?" 54퍼센트가 "하루에 여러 번", 43퍼센트가 "일주일에 여러 번 또는 한 달에 여러 번"이라고 답했다. "한 달에 한 번 미만"이라고 답한 사람이 4퍼센트에 불과한 것은 놀랍지 않다. 여성이 성적인 생각을 하는 빈도는 그보다 약간 낮았지만 크게 다르지 않았다. 여성의 19퍼센트가 "하루에 여러 번" 생각한다고 답했다. 67퍼센트는 "일주일 또는 한 달에 여러 번" 생각했고 끝으로 14퍼센트는 "한 달에 한 번 미만" 생각한다고 답했다.[8] 분명한 사실은 〈킨제이 보고서〉가 약간 시대에 뒤떨어진다는 것이다. 2012년 미국의 오하이오주립대학교 연구자들이 18세부터 25세까지의 학생들에게 음식, 잠 그리고 성에 대해 하루에 몇 번 생각하는지 물었다.[9] 결과는? 남학생들은 하루 평균 19회 성에 대해 생각했다(비록 음식에 대해서도 18회 생각했지만). 한편 여학생은 10회 생각했다. 이 정도 횟수라면 역시 '무시할 만큼'은 아니다!

여성과 남성 사이에 차이가 발생하는 이유는 분명하지 않다. 그러나 2002년 노벨경제학상 수상자 대니얼 카너먼이 이끈 연구에 의하면, 행복이라는 감정을 불러일으키는 열아홉 가지 행위 중에서 여성은 1위에 섹스를 올렸다.[10] 앞서 돈과 행복 사이의 관계도 살펴봤는데, 카너먼과 그가 이끄는 경제학자 팀도 돈-행복의 관계가 성-행복의 관계에 비해 얼마나 강력한지에 흥미를 느꼈다. 승자는 성이었다. 연구자들은 성관계 빈도가 월 1회에서 주 1회(마법의 횟수가 또 나왔다!)로 증가하면 5만 달러(약 5,500만 원)의 상여금을 받았을 때와 같은 정도의 행복을 느낀다고 추정했다. 연구자들 자신도 이 결과에 매우 놀랐다고 고백한다.

한 가지 주의해야 할 점이 있다. 섹스로 인해 행복이 유발되는 것은 쾌락 때문이 아닐지도 모른다는 것이다! 이러한 분석은 하버드대학교에서 이뤄졌다.[11] 행복은 우리가 몸이 발산하는 정신적·육체적 감각에 100퍼센트 빠져들 때 솟구친다. 다시 말해 행복은 평정상태에서, 즉 우리의 정신이 부조화로 산만해지지 않고 현재 순간에 몰입할 때 꽃핀다. 신체와 정신이 합치하는 상태에 도달하는 방법으로 성행위는 이상적이다. 사랑을 나눌 때 우리는 고치에 들어간 듯 친밀한 온기에 감싸여 서로 눈을 마주 본다. 몸은 그 순간을 오롯이 누릴 수 있도록 반응한다. 온몸에 열이 오르고, 심장 박동이 빨라지며, 자극은 강렬하다. 몰입 상태에 들어가는 것이 중요하다. 따라서 섹스를 통해 행복해지는 건 사실이지만 다른 모든 활동, 그러니까 운동이나 요가, 그림 그리기, 춤 등을 통해서도 몰입하면 행복해질 수 있다. 물론 연구에 따르면 섹스는 그 효과가 훨씬 더 강력하다. 섹스는 육체적 쾌락을 제공할 뿐 아니라 사랑하는 타인과 공유하는 내밀한 순간이기도 하기 때문이다.

하지만 행복한 섹스란 어떻게 이뤄지는 걸까? 잠시 돈 후안을 떠올려보자. 온갖 상상을 불러일으키는 저항할 수 없는 유혹자 돈 후안은 몰리에르의 희곡과 모차르트의 오페라에 등장한다. 스페인 전설 속의 인물이자 전형적인 난봉꾼인 그는 폭발적인 정욕의 소유자다. 이 남자는 쾌락과 자유를 거리낌 없이 사랑하며, 여성들을 유혹하고(수녀원에서 빼내기까지 한다!) 종교와 일반적인 미풍양속은 내던져버린다. 하지만 이 신화는 유혹자에게 끔찍한 벌을 내리며 끝난다. 돈 후안은 석상에 밀려 떨어져 지옥 불속에서 급사한다. 석상은 그가 딸을 유혹하고 살해한 남자의 무덤에 세워져 있던 것이다. 죄인이 파멸함으로써 윤리는 회복된다. 쇼데를로 드 라클로 Choderlos de Laclos 의 소설 《위험한 관계》에 등장한 메르퇴이 백작부인과 발몽 자작 커플도, 사드 후작과 자코모 카사노바 같은 실존인물도 마찬가지로 비극적 운명을 맞았다. 그들과 같은 삶의 방식으로 행복을 얻을 수 있을지는 의심스럽다. 그렇다면 어떻게 해야 성과 행복의 화해를 이룰 수 있을까?

섹시하면 행복할까?

> "섹스심벌이 된다는 것은 물건이 된다는 뜻이다.
> 나는 그렇게 되는 걸 증오한다."
>
> 메릴린 먼로

코펜하겐에 사는 덴마크 친구가 나를 생일 파티에 초대했다. 매력적이고 너그러운 그녀는 친구가 무척 많았다. 그녀의 어린 시절 친구 중에 나도 몇 번 이야기를 들어본 사람이 있었다. 그녀의 이미지를 묘사할 때는 대개 '전투기', '대포', '폭탄' 등의 단어가 동원됐다. 문제의 어린 시절 친구가 파티 장소에 입장했다. 과연 듣던 대로였다. 몸에 딱 맞는 원피스가 아찔하게 높은 힐 위, 균형 잡힌 섬세한 실루엣의 섹시한 몸매를 돋보이게 했다. 파티 주인공인 친구가 우리를 서로에게 소개해줬고, 다 함께 여자들끼리의 대화를 나누기 시작했다. 학창시절처럼 즐거운 분위기였다. 내 친구가 사실은 마음에 드는 남자를 한 명 초대했다고 고백했다. 실제로 친구는 그가 도착하기를 초조하게 기다리는 것 같았다. 마침내 그가 도착했다. 그리고 내 친구가 그를 맞이하려고 소파에서 채 일어나기도 전에 '전투기'가 이륙하더니 그 남자 곁에 착륙했다. 그녀의 유혹은 금세 효과를 발휘했다. 잠시 뒤 두 손님이 (그나마 예의를 차려) 친구 집 부엌에서 입을 맞추고 있는 모습을 목격했기 때문이다. 친구로 말하자면 체념한 채 소파에서 일어나려 하지 않아서 내가 칵테일을 한 잔 가져다줬다. "늘 이런 식이었어. 쟤는 섹스의 화신이거든. 쟤가 노리고 달려들면 넘어가지 않는 남자가 거의 없어." 나는 친구의 눈빛에서 어린 시절 친구의 '재능', 그러니까 욕망을 불러일으킬 수 있는 '능력'에 대한 부러움을 읽었다.

친구 집에서 나오며 나는 마지막으로 '전투기'와 마주쳤다. 저녁 내내 거의 대부분의 여자 손님은 그녀를 무시했다. 그녀는 혼자 이렇게 중얼거렸다. "지긋지긋해. 만날 이런 식이지. 여자들은 꼭 나를 질투한다니까. 내가 더 섹시하니까. 장점이 있으면 쓸 줄 알아야지." 실망한 친구의 모습이 다시 떠올라서 나는 이 말을 가만히 들어 넘길 수 없었다. "자기 장점이 뭔지 알아서 정말 좋겠네요. 하지만 그 장점으로 대체 무슨 일을 했어요? 무슨 일을 저질렀는지 아느냐고요?" 그녀가 가늘고 긴 눈으로 나를 바라보며 대답했다. "내가 원하는 사람을 원하는 때 가질 수 있다는 걸 증명했죠. 그게 내 마술 지팡이예요. 내가 제일 섹시하고 아무도 나한테 버텨내지 못해요."

반에서 가장 섹시한 여자애 혹은 남자애, 시선을 늘 독차지하고 누구든 골라 '쓰러뜨릴' 수 있는 여자나 남자 때문에 비슷한 상황을 겪은 적이 있을지도 모르겠다. 누군가를 유혹하려고 애쓰다가 결국 실패하고 이렇게 중얼거리고 만 적이 다들 한두 번은 있을 것이다. "내가 더 섹시하기만 했더라면 일이 더 잘 풀렸을 텐데."

　이 논리를 끝까지 밀어붙이다 보니 자연스레 '섹스심벌'이라고 불리는 남녀들에게 더 깊은 관심이 생겼다. 그들이 행복을 추구하는 여정에서 해답을 찾았는지 궁금해진 것이다. 우선은 섹스심벌이란 무엇인지를 정확히 정의해야 한다. 사전에는 '관능적, 성적인 면에서 이상적인 남성 혹은 여성을 상징하는 스타'라고 나와 있다. 이 개념은 1910년대에 등장했다. 무성영화 시대였던 이 시기, 남녀 배우가 스크린에 출연하려면 관객을 사로잡고 유혹하는 강력한 힘이 필요했다. 많은 역사학자들이 1920년대의 스타, 덴마크 배우 아스타 닐센을 최초의 섹스심벌로 꼽는다.[12] 닐센은 그레타 가르보보다 훨씬 더 유명했고 사람들은 항상 닐센의 새까만 머리, 풍부한 표정을 담은 커다란 눈을 언급했다. 섹스심벌은 어떤 의미에서 보면 '성적 대상'이기도 하다. 이 개념은 같은 시대인 1905년, 지그문트 프로이트의 글에 등장했다. 정신분석학의 선구자 프로이트는 성적 대상을 '성적인 매력을 풍기는 사람'으로 규정한다.[13] 따라서 섹스심벌 또는 성적 대상이 된다는 건 본질적으로 타인의 성적 충동이나 욕구를 채워주는 대상이 된다는 뜻이다.

　여성은 남성보다 훨씬 더 자주 성적 대상으로 간주된다. 남성이 옷을 벗은 광고의 수와 여성을 나체 또는 나체에 가깝게 표현한 광고의 수만 비교해봐도 충분히 알 수 있다. 여성을 '성적 대상'으로 이용하는 광고는 대단히 일반적이며 온갖 상품 판매에 이용된다. 아이스크림, 막대 사탕, 이어폰은 물론 자동차처럼 더 '남성적인' 상품에서도 그렇다.

2008년에 나온 BMW 중고차 광고에는 여성의 얼굴만 크게 실려 있다. 그러나 얼굴 주변에 흐트러진 머리칼, 도톰한 입술과 관능적인 시선이 만드는 성적인 분위기에서 그녀가 옷을 벗고 누워 있음을 짐작할 수 있다. 그 광고의 카피는 이랬다. "알다시피 당신이 처음은 아니에요. 하지만 그게 그렇게 중요한가요?" 광고는 페미니즘 단체뿐만 아니라 사회 전반적으로 강력한 반발을 불러일으켰다. BMW의 광고는 상식선을 넘었지만, 그와 같은 전략은 여러 마케팅 연구에 의해 정당화된다.[14] 육감적인 여성의 이미지를 이용한 자동차 광고가 판매에 긍정적 영향을 준다는 것이다. 1992년 팝음악 그룹 라이트 세이드 프레드 Right Said Fred가 부른 노래 〈I'm Too Sexy(나는 너무 섹시해)〉는 1980년대에 특히 유행했던 '섹시한' 자세를 은근히 조롱한다. 이 그룹은 모델들의 선정적인 포즈를 과장해서 흉내 내며 뭘 해도 '너무 섹시하다'고 노래한다. "나는 사랑하기엔 너무 섹시해, 내 차에도, 모자에도, 셔츠에도 너무 섹시해. 너무 섹시해서 힘들어!" 라이트 세이드 프레드는 '섹시튜드 sexitude'(섹시한 sexy 과 태도 attitude 의 합성어_옮긴이)의 물결을 타고 전 세계적으로 싱글 600만 장, 앨범 500만 장을 판매하는 대박을 터뜨렸다. 섹시해지는 법을 알면 성공을 그리고 일종의 권력을 얻을 수 있다. 내가 파티에서 만났던 '전투기'가 잘 알고 있었던 것처럼!

라이트 세이드 프레드의 노래에서처럼, 섹시하고 관능적인 매력은 성공의 수단이라고들 말한다. 그리고 많은 사람이 그것을 통해 행복을 얻을 수 있다고 생각한다. 파티에 가려고 딱 붙는 원피스나 꼭 맞는 바지에 몸을 끼워 넣기 전 거울 앞에서 망설여본 적 없는 사람이 있을까? 남자라면 좀 붙는 티셔츠나 가슴이 파인 셔츠를 입기 전에 같은 경험을 했을 것이다. 우리는 성적으로 매력적인 사람이 되고 싶은, 간단히 말해 '섹시'해지고 싶은 욕망을 무척 자주 품는다. 생각만 해도 흥미진진하지만 거기에는 한계가 있다.

'섹시'한 태도가 여성에게 불러일으킬 수 있는 심리적 영향을 분석한 연구가 있다.[15] 연구자들은 다음과 같이 추론했다. 여성들이 유혹적인 외모와 태도를 취할 때, 자신이 수행하는 섹시한 여성 역할이 자랑스럽고 편안하다면 자신의 몸에 대해서도 마찬가지로 전적인 자부심과 편안함을 느껴야 할 것이다. 그러나 대부분은 그렇지 않았다. 여성들은 매우 일반적으로 신체에 대해 열등감을 느낀다. 앞서 아름다움에 대해 살펴봤을 때 이미 확인한 사실이지만, 섹시하다고 해도 콤플렉스는 전혀 해결되지 않는다. 설문 결과에 따르면 "나는 내가 섹시하다고 느끼는 것이 좋다", "남자들이 길에서 나를 보고 휘파람을 부는 것이 좋다", "섹시하게 차려입었을 때 자신감이 생긴다" 같은 항목에 "그렇다"라고 답한 여성이 남녀 성역할에 대해 더 강한 고정관념을 지니고 있었다. 이 여성들은 "직장에서 직원을 고용하거나 승진시킬 때 남성을 선호하는 것은 당연하다"는 항목에도 동의했다. 또한 자신의 몸을 물건처럼 여기고 자존감의 근원을 몸에 두는 경향이 있었다. 요컨대 이 여성들은 자신이 아름다움의 '기준'을 달성하지 못했다고 느낄 때 사람들 앞에 서는 것을 더 많이 불편하게 느꼈다. 끝으로 연구자들은 스스로 '섹시'하다고 주장하는 여성들이 식이장애로 더 많이 고통받으며, 성적인 특성으로 인해 원하지 않는 지적, 다시 말해 성희롱을 더 자주 겪는다는 사실을 지적했다. 결론적으로 성적 매력이 강해진다고 해서 여성이 특별히 행복해지지는 않는다.

이 주제를 상세히 연구한 정치학 교수 캐럴라인 헬드먼Caroline Heldman은 자신의 생각을 TEDx 강연에서 종합적으로 소개했다. 〈섹시한 거짓말〉[16]이라는 제목의 이 영상은 1,300만 회 이상 재생됐다. 헬드먼은 자신을 성적 대상으로 내세우는 것이 여성의 힘이라는 통념을 규탄한다. 또한 섹시해 보이는 것이 곧 권력이라는 생각을 무의식적으로 (그래서 더욱 위험하다) 지니고 성장하는 소녀들이 늘어나고 있다고 지적한다. 예를 들어 미국 문화에서는 특히 광고가 성적 대상이 되는 일이 가치 있는 일이라는 생각을 퍼뜨린다. 헬드먼은 식이장애와 우울증, 자존감 결여에 관해서도 앞선 연구들과 같은 결론에 이른다. 하지만 뜻밖의 결과도 있다. 섹시한 여성들은 움직임 하나하나, 몸의 굴곡 하나하나에 집중한 나머지 성적 쾌락을 덜 느낀다는 사실이다. 그녀들은 사랑을 나눌 때 몹시 부수적인 세세한 부분에 초점을 맞추는 우를 범한다. '나는 가슴이 너무 작아, 엉덩이가 너무 처졌어, 이런 자세는 안 하는 편이 나은데, 이 흉한 점을 눈치 채면 어쩌지?' 따라서 섹시함은 '좋은 섹스'조차 보장하지 못한다! 1년의 간격을 두고 미국에서 이뤄진 두 가지 연구에서 여성들은 자신의 육체적 매력에 대해 타인이 말하거나 평가하는 것을 전반적으로 좋아하지 않았다.[17][18] 달리 말해 여성들은 성적 대상으로서 높은 가치를 부여받는 것을 원하지 않았다. 단 하나 중요한 예외가 있다면 '심사원'이 안정적인 관계를 맺고 있는 남성일 때였다. 또한 조사에 참여한 여성들은 더욱 중요한 조건, 즉 상대 남성이 성과 관련되지 않은 자신의 다른 특성 역시 높이 평가한다는 조건하에서 그의 평가를 받아들인다고 말했다. 남성들도 같은 감정을 표현한다. 남성들 역시 오로지 '성적 자산'의 가치만 높이 평가받는 것을 달가워하지 않았다.

따라서 다른 자질도 존중받고 있다고 느낄 때는 섹시하다고 인식되는 것이 매우 가치 있다. 그렇지 않을 때는 반대로 가치가 떨어진다!

193센티미터라는 큰 키와 근육질 몸으로 많은 액션 영화에서 강한 인상을 남긴 배우 스티븐 시걸조차 이렇게 고백했다. "언젠가는 섹스 심벌보다 위대한 작가나 배우로 알려지고 싶습니다."[19] 섹시한 비밀요원 제임스 본드를 최근 연기한 대니얼 크레이그Daniel Craig도 같은 의견이다. "내가 섹스심벌이 되고 싶었던 건 아닙니다. 물론 좋은 일이죠. 하지만 난감해요."[20]

　'플레이보이'라고 소개되는 남성들의 증언에는 특기인 성적 유혹에서 느끼는 피로감이 더 많이 묻어난다. 이 책을 쓰기 위해 인터뷰했던 대단한 미남은 이렇게 털어놨다. "매번 여자를 손에 넣을 수 있다고 확신하면 흥미가 뚝 떨어져요. 아주 예쁜 여자들도 진부해 보이죠."[21] 또 다른 남성은 여성들과 피상적인 접촉만 하게 되어 유감이라고 말했다. "나는 여자들을 유혹하는 게 좋아요. 하지만 그게 나에게는 무척 쉬운 일이다 보니, 진실한 관계를 맺기가 어렵죠. 오랫동안 넘어오지 않아야 하는데 그런 일이 거의 없어요!" 이 남자들은 한 여성과 안정적인 관계를 맺는 데 집중하기로 결정한 뒤에도, 다른 여성에게 만족을 줌으로써 자신의 가치를 입증해야 할 필요를 매우 강하게 느꼈다. "평범한 남자라면 바람을 더 적게 피울 거라고 생각해요. 분명히 내게는 유혹이 일상이에요. 여자들이 계속 다가오면 거부하기가 정말 힘들거든요." 하지만 내가 인터뷰했던 남성들은 그 '원죄' 탓에 거짓말을 하게 되는 상황이 벌어지고 결국은 깊은 죄책감을 느낀다고 인정했다. 다른 남성 역시 자신의 에로틱한 에너지를 지나치게 활용한 나머지, 그 힘이 여전히 유효한지 주기적으로 확인하지 않으면 존재감을 느끼지 못한다고 말했다. 그렇게 '플레이보이' 또는 '섹스심벌'의 지위를 방어하다 보면 그 지위가 흔히 자기 자신의 행복과 평화보다 우위를 차지하게 된다.

그리고 섹시한 남자들이 반드시 섹스광은 아니다!《플레이보이》를 창간한 휴 헤프너는 공개적인 행사에서 늘 길게 늘어선 육감적인 여성들과 팔짱을 끼고 포즈를 잡는다. 그의 세계에서는 섹스로 얽힌 관계가 쉼 없이 이어지리라는 것을 어렵지 않게 짐작할 수 있다. 실제로 여러 여성이 그와 관계를 맺었다고 증언하지만, 그 속에 등장하는 헤프너는 섹스의 제왕이라는 이미지와는 거리가 멀다. 헤프너의 '플레이메이트 playmate'(《플레이보이》각 호 중간에 큰 화보가 들어가는 메인모델_옮긴이)인 크리스털 해리스Crystal Harris, 켄드라 윌킨슨Kendra Wilkinson, 이자벨라 세인트 제임스Izabella St. James는 단호하게 말한다. 휴 헤프너와의 잠자리는 정말 지루했다고! 이자벨라는 회고록에서 특히 그를 조롱한다. "사실 그는 죽은 물고기처럼 누워 있었을 뿐이다. 우리는 그가 왜 그러는지 자주 궁금해했다. 그도 마음속으로는 이게 다 쇼라는 사실을 분명 알고 있을 것이다."[22]

여성의 경우로 넘어가서 1986년 에이드리언 라인 감독의 영화 〈나인 하프 위크〉와 1986년 팀 버턴 감독의 〈배트맨〉에서 주연을 맡은 1980년대 대표 섹스심벌, 킴 베이신저의 이야기를 들어보자. "육체파'니 '섹스심벌'이니 하는 꼬리표를 달고 할리우드에 오는 모든 여성들 앞에는 가시밭길이 펼쳐져 있다고 생각해요."[23] 실제로 그녀들의 운명이 아주 행복해 보이지는 않는다. 욕망과 구애의 대상이 되고, 질투를 받고, 비판과 모욕을 당하고, 숭배를 받고……. 메릴린 먼로, 애나 니콜 스미스,

로미 슈나이더 같은 섹스심벌들의 산산조각 난 운명에 대해 무슨 말을 할 수 있을까? 취재 중에 만난 이른바 섹시한 여성들 대부분은 남녀를 불문하고 친구를 사귀고 우정을 유지하기가 어렵다고 증언했다.[24] "내가 남자들의 시선을 끄니까 다른 여자들이 질투해요. 아무도 나를 파티에 초대하지 않죠." TV 방송국의 한 젊은 여성 프로듀서는 '너무 섹시한 여자 친구'와는 절대 저녁 파티에 가지 않는다고 말했다. "무척 좋아하는 친구예요. 그래서 영화는 그 친구랑 보러 가죠. 하지만 파티에는 절대 같이 갈 수 없어요. 그랬다가는 죽었다 깨어나도 남자를 못 만날 테니까요." 어느 '섹시한' 여성은 이렇게 말한다. "내 친구 관계는 오래가질 못해요. 못생긴 여자애들은 나를 못 견디고, 나 같은 육체파들은 서로 1위를 차지하려고 싸우거든요!" 섹시한 사람들은 이처럼 자신의 몸을 의식하고 있다. 따라서 그 잠재적 이점을 활용하고 통제하는 방법을 제대로 아는 것이 중요하다.

섹시하게 꾸미고 행동하는 일은 좋은 만남을 기대하는 설렘, 자유롭게 차려입는 즐거움, 거울을 보며 자존감을 북돋우는 기쁨, 좋은 기분과 안정적인 상태로 이어져야 한다. 자기 몸을 편안하게 느끼는 것은 정말 멋진 감정이다. 내가 섹시하다고 생각하는 상대의 눈에 섹시하게 비치는 것은 황홀한 일이다. 다만 섹시한 사람이라는 역할이 정체성이 된다면 대개 행복으로 연결되지 않는다는 사실만 기억하자. 브래드 피트는 그 사실을 깨닫기 좋은 상황을 경험했다. "다른 사람을 외모만 보고 판단하나요? 외모는 첫인상일 뿐이에요. 곧바로 시선을 끌지는 못하지만 이야기를 나눠보면 세상에서 가장 아름다워지는 사람들이 있죠. 마찬가지예요. 가장 위대한 배우는 사람들이 섹스심벌이라고 이름 붙인 이들이 아니죠."[25]

침대에서 그렇게 대단할 필요는 없다

> "섹스는 침대보다 화면과 책장 위에서 더 흥미진진하다."[26]
>
> 앤디 워홀

어느 아름다운 봄날, 나는 테라스에서 네 친구와 신나게 이야기를 나누고 있었다. 그중 한 친구가 매력적인 남자를 만나게 됐기 때문이다. 그 친구는 첫 데이트, 두근대는 심장, 사랑에 빠질 때 느끼는 온갖 마법 같은 감정을 말했다. 우리도 친구와 함께 기뻐했다. 하지만 갑자기 친구의 눈빛이 달라졌다. 친구는 작은 목소리로 그 남자와 사랑을 나눈다는 생각만 해도 너무너무 걱정스럽다고 말했다. "너희는 모를 거야. 그 남자 진짜 괜찮거든. 정말 예쁘고 정말 섹시한 여자들하고도 자봤다고! 그러니까 아주 사소한 부분까지 확인해야 해. 불은 아주 어둡게 해야겠지. 안 그랬다가는 셀룰라이트가 보일 테니까. 그건 그렇고 브라질리언 제모를 할까 말까? 더 자연스러운 쪽을 좋아할지도 몰라서⋯⋯. 인터넷에서 펠라티오 동영상도 봤어. 혹시 하게 될지도 모르니까 준비하려고." 친구는 쉬지 않고 말했다. "그 사람한테 들려줄 아주 짜릿하고 환상적인 시나리오도 짜놨어." 결론은 이랬다. "이거 정말 최소한으로 준비하는 건데 어때? 나 뭐 잊어버린 거 없니? 알려줘!" 그러자 몇 년 전 결혼한 다른 친구가 그 친구를 안심시키려 했다. "침대에서 그렇게 대단해야할 필요는 없는 것 같아. 난 고전적인 편인데 부드럽게 어루만지는 게 좋아. 너무 서커스 같은 자세도 싫고, 스리섬이니 에스엠이니 하는 것도 싫어." 사랑에 빠진 친구는 반박했다. "그래, 그래, 별일 아니겠지. 넌 벌써 결혼했잖아. 네 남편은 너를 있는 그대로 받아들여줬고." 결혼한 친구가 조금 슬픈 목소리로 대답했다. "그래, 집에 있는 마누라는 있는 그대로 받아들여줬지. 하지만 남편이 컴퓨터로 포르노 영화를 몰래 보는 걸 목격했어. 여자애들이 상상할 수 있는 온갖 포즈로 누워 있더라. 물론 상상도 못했던 자세도 있었고!"

오늘날 많은 사회에서 '성을 만끽하는 것'을 장려한다. 그런데 그 정도가 지나쳐 그게 누구나 완수해야 할 의무로 여겨지곤 한다. 침대에서 '반드시' 능숙해야 한다. 더 편하게 말하자면 '잘하는' 사람처럼 보여야 한다. 자기 자신과 상대를 위해 오르가슴에도 매번 '반드시' 도달해야 한다. 독특한 성적 취향이 있어야 하며 그걸 거리낌 없이 표현할 줄도 알아야 한다. 유행하는 온갖 에로틱한 기술도 '반드시' 익혀야 한다. 광고 그리고 특히 포르노 영화에 나오는 새로운 이상형에 따라 조각 같은 몸을 '반드시' 갖춰야 한다. 기업, 국가, 학교 등에서 늘 언급되는 '능력'을 침대에서도 따지는 지경이다!

사회의 도덕적 비난 없이 편안하게 쾌락과 사생활을 누릴 수 있게 됐다는 점에서 성의 자유화는 부정할 수 없는 훌륭한 발전이지만, 그와 함께 새로운 콤플렉스와 걱정거리가 떠올랐다. 성에 관한 많은 터부가 사라졌다는 건 좋은 소식이다. 여기에는 분명 인터넷이 중요한 역할을 했지만, 그 영향은 양면적이다. 한편으로는 그 어느 때보다도 성에 대한 아주 자세한 정보를 쉽게 얻을 수 있게 됐지만, 다른 한편으로 이 정보를 선별하기가 몹시 어려워졌다. 특히 인터넷에 점점 더 일찍 노출되는 청소년들은 온라인에서 본 모든 정보를 그대로 믿으며 성에 관해 터무니없는 목표를 세울 위험이 있다. 성 관련 질문을 올릴 수 있는 게시판을 몇 분만 훑어보면 인터넷 사용자들이 '능력 없는' 사람일까 봐 걱정하면서 침대에서 '잘하는' 게 뭔지 알려주는 '정상기준' 또는 '체크리스트'를 확인하며 불안을 달래는 모습을 볼 수 있다.

침대에서 행복을 얻기 위해 확인해야 한다는 그 '체크리스트'를 좀 더 자세히 살펴보자. 첫 번째 항목은 바로 크기다. 유혹할 때와 옷을 벗을 때, 남자도 여자도 흔히 크기에 열등감을 느낀다. 남자는 성기, 여자는 가슴 크기에. 성관계가 순조롭지 못했거나 즐겁지 않았을 때, 크기에 집착하면 몹시 괴로워진다. 남성 성기의 크기가 행복의 열쇠라는 생각은 사람들의 머릿속에 아주 굳게 뿌리를 내리고 있다. 1만 4,000명을 대상으로 한 어느 연구에 따르면 45퍼센트의 남성이 성기가 더 길었으면 좋겠다고 답했다.[27] 공동 연구자인 성 치료 전문가 이언 커너^{Ian Kerner} 교수는 "평균 크기 성기를 가진 남성 대다수가 자신의 성기가 작다고 생각한다"고 설명한다. 또한 이러한 오해는 특히 평균보다 큰 남성 성기만을 보여주는 포르노 영화의 영향 때문이라고 밝힌다. "남성들은 정상 범위를 벗어난 기준과 자신을 비교한다"고 커너 교수는 덧붙인다. 이런 고민을 해결할 수 있는 가장 좋은 방법은 상대 여성에게 이에 대해 어떻게 생각하는지 묻는 것임이 분명하다!

5만 명 가까운 미국 성인을 대상으로 이뤄진 대규모 조사에서, 연구자들은 여성의 85퍼센트가 파트너 남성의 성기 크기에 만족한다는 결과를 얻었다.[28] 다만 조사에 참여한 사람들은 '하룻밤 즐기는' 사이가 아니라 관계가 더 밀접한 커플이었음을 밝혀둔다. 여성의 14퍼센트만이 '더 크면' 좋겠다고 답했다. 반면 크기가 작다고 판단하고 열등감을 느끼는 남성은 45퍼센트에 달한다. 심지어 여성의 2퍼센트는 성기가 더 작았으면 좋겠다고 답했다. 마지막으로 남성의 12퍼센트가 자신의 성기를 '작은' 편으로 분류한 반면 여성은 6퍼센트만이 파트너 남성의 성기를 '작은' 편으로 간주했다. 이 연구는 시사하는 바가 매우 크다.

이 연구는 여성의 가슴에 대해서도 같은 경향이 있음을 밝힌다. 남성잡지, 포르노 영화, 심지어 '일반' 영화에서마저 큰 가슴이 너무 많이 노출됨에도, 파트너 여성의 가슴이 더 크면 좋겠다고 답한 남성은 20퍼센트뿐이었으며 56퍼센트는 매우 만족한다고 답했다. 한편 조사에 참여한 여성의 70퍼센트는 자기 가슴이 더 크거나 더 둥글면 좋겠다고 답했다. "이 결과는 사람들이 자기 자신에 대해 필요 이상으로 비판적임을 보여준다." 연구 책임자인 데이비드 A. 프레더릭 David A. Frederick 교수는 이렇게 결론을 내린다. 또한 우리는 누구나 남성 또는 여성의 이상적인 신체비율을 머릿속에 품고 있지만, 사랑이 개입된 성적인 관계는 결코 그러한 기준에 따라 이뤄지지 않는다고 설명한다.

하지만 아름다움과 행복의 관계에 대해 살펴본 장에서 이미 확인했듯 수년 전부터 육감적인 엉덩이, 더 큰 가슴, 주름 제거 등을 위한 성형수술이 성행하고 있다. 더 최근에는 성기 성형수술까지 등장했다. 남성은 길이를 연장하거나 휜 음경을 교정한다. 여성은 선택지가 더 다양해서 질 입구를 죄거나(질 성형술), 소음순이나 대음순을 확대 또는 축소하거나(음순 성형, 지방 자가이식 등), 성기를 분홍색이나 붉은색으로 아니면 더 밝거나 어두운 색으로 착색하는 등의 시술을 받을 수 있다. 성적 담론이 자유로워지고 포르노 영화를 훨씬 더 쉽게 접할 수 있게 된 결과, '이상적인 섹스'를 강렬한 쾌락과 동일시하기가 확실히 더 쉬워졌다.

성기 관련 수술은 두 종류로 나뉜다. 하나는 소음순 축소 같은 순수한 미용 목적 수술이다. 2001년부터 2010년 사이, 이 수술이 이뤄지는 빈도가 오스트레일리아에서는 세 배,[29] 영국에서는 다섯 배[30] 증가했다. 일반적인 성형수술과 마찬가지로, 환자의 목표는 새로운 몸을 더 사랑하게 됨으로써 침대에서의 의무도 더 잘 완수하는 것이다. 다른 하나는 더 강한 감각을 얻기 위한 수술이다. 질 입구를 조이거나 질 내벽을 두텁게 만들면 자동적으로 감각이 더욱 강해진다. 히알루론산을 주입해 G스폿을 활성화하는 시술을 권하는 성형외과 의사도 있다. 개인적 사정이나 필요에 의해 자기 몸을 변화시킬 권리는 누구에게나 있다. 하지만 모든 사람이 이런 종류의 해결책을 위해 돈을 쓸 필요는 없다. 자기 몸에 대한 인식을 개선하기 위한 훨씬 더 간단한 방법이 존재한다. 예를 들어 칭찬의 긍정적인 효과를 과소평가해서는 안 된다. 데이비드 A. 프레더릭 교수도 그 점을 지적한다. "성관계 파트너에게 신뢰를 얻을수록 마음이 더 편안해지며, 특히 성행위를 할 때 그렇다. (칭찬은) 모든 종류의 긍정적 결과를 낳는다."[31]

성적 능력 체크리스트에서 확인해야 할 두 번째 항목은 성적 기술이다. '성을 만끽하기 위해 절대적으로 숙달해야 할' 기술은 수없이 많다. 게다가 포르노 영화가 대중화되며 성관계에 새로운 기준이 여럿 생겨났다. 그런데 포르노 사이트에 가장 오래 접속하는 나라는 어디일까? 바로 쿠웨이트(1위), 사우디아라비아(4위), 카타르(5위)처럼 극도로 보수적인 국가다. 싱가포르와 남아프리카공화국이 2위와 3위를 차지한다.[32] 미국으로 말하자면 2000년에만 포르노 영화의 3분의 1을 제작한 나라다. 미국인의 57퍼센트만이 인터넷에 접속하지만 인터넷 이용자의 절반은 매주 한 시간에서 열 시간까지 온라인으로 영화를 봤다![33] 2015년 이후에만도 55억 명이 인터넷에서 '포르노'를 검색했으며 휴대전화 검색 다섯 건 중 한 건이 같은 검색어를 포함하고 있을 것으로 추정된다.[34] 〈포르노그래피 통계 2015 Pornography statistics 2015〉 보고서에 따르면 포르노 영상의 88퍼센트가 신체 폭력을 포함하고 있으며 고등학교 남학생 64퍼센트, 여학생 18퍼센트가 매일 포르노를 본다.

포르노 영화는 실제 성생활에 어떤 영향을 미칠까? 프랑스여론조사연구소IFOP에 의하면 2009년 프랑스에서 포르노 영화를 본 적 있다고 답한 사람의 40퍼센트가 영화에서 본 장면을 모방했다. 2014년에는 그 비율이 47퍼센트로 높아진다. 이러한 경향은 25세 미만 청소년에게서 더욱 뚜렷하다. 남성 청소년 64퍼센트, 여성 청소년 53퍼센트가 그렇다고 답한 사실에서 확인할 수 있다. 전체 청소년의 약 60퍼센트가 영화에서 본 장면 또는 자세를 따라 해봤다고 고백한 것이다.[35] 오스트레일리아의 심리학자 러셀 프랫Russel Pratt에 따르면 포르노 영화 또는 영상의 65퍼센트가 비슷한 시나리오를 따른다.[36] "한 명 또는 여러 명의 남성이 한 여성과 성관계를 하며, 동시삽입(항문, 구강, 질)이 흔히 이루어진다. 행위는 절정에 오른 여성의 몸 또는 얼굴에 한 차례 또는 여러 차례 사정하며 끝난다." 프랫 박사는 그런 영상물을 자주 시청하면 보는 사람의 기대는 물론 욕망조차 변형된다고 간주한다. 우리는 '보편적이고' 완전히 정상적으로 보이는 이런 시나리오에 영향을 받는다. 그러나 이런 성관계가 쾌락 또는 안정적인 관계를 보장할 수 있을까?

2013년 개봉한 영화 〈돈 존〉에서 배우 조지프 고든-레빗이 연기한 존 마텔로의 별명은 돈 존(돈 후안과 거의 같다)이다.[37] 넘치는 성욕으로 여자를 유혹하고 다니는 그에게 친구들이 붙여준 별명이다. 돈 존은 하룻밤에도 여러 명과 관계를 맺지만 그 어떤 자극적인 만남도 컴퓨터 앞에서 포르노 영화를 보는 순간을 능가하지는 못한다. 그러다가 스칼릿 조핸슨이 연기한 섹시한 미녀 바버라를 만난 후, 허구와 현실 사이에서 선택해야 하는 딜레마에 처하게 된다. 바버라에게 반한 존은 그녀와 진지한 관계를 만들어보려 애쓰지만 '진짜' 섹스보다 더 흥분되는 포르노 영화에 대한 사랑을 놓지 못한다. 심지어 바버라와 사랑을 나눈 뒤에도 포르노를 본다!

성 치료사이자 정신분석가인 알랭 에릴Alain Héril 은 이렇게 설명한다. "포르노 영화에 나오는 성관계 시나리오가 보편화됐다. '되는 것과 안 되는 것' 사이의 경계가 변화하는 중이다. 연인과의 관계를 개선해보려고 파트너 교환 클럽을 이용하는 커플도 눈에 띈다."[38] 그리고 나이가 어릴수록 이러한 행동양식 혼동에 영향을 받는다고 덧붙인다. 여성 및 남성 의학 전문의 실뱅 미문Sylvain Mimoun 은 이러한 변화에 대해 경종을 울린다. "사회 어디에나 성이 존재하게 됐다고 해서 우리 모두가 통념에서 벗어나게 된 것은 아니다. 오늘날 사회 통념은 성이 기계론적 원리에 지배를 받으며 그 최종목표는 성적 능력 과시라고 생각하도록 부추긴다."[39] 미문은 10년 전부터 환자들에게서 나타난 근본적 변화에 주목했다. 예를 들어 여성은 이제 성관계 시 매번 오르가슴에 이르지 못하는 문제를 상담하는 게 아니라, 매번 여러 차례 절정에 오르기를 기대하며 의사를 찾는다(여성의 10~15퍼센트만이 멀티 오르가슴을 느낄 수 있다고 알려져 있는데도).

포르노라는 외부 모델에 의해 주입된 성적 능력에 대한 압박은 포르노 이외의 영화에서 포르노그래피 요소를 점점 더 일상적으로 차용함에 따라 더욱 강해진다. 이런 영화에 등장하는 장면은 파격적이고 노골적이다. 1986년 개봉한 에이드리언 라인 감독의 영화 〈나인 하프 위크〉가 그렇다. 여기서 킴 베이신저와 미키 루크는 지배관계로 유지되는 관능적인 성관계를 연출한다. 또한 스탠리 큐브릭 감독의 1999년 작 〈아이즈 와이드 셧〉에서는 톰 크루즈와 니콜 키드먼이 벌이는 성적 환락의 밤을 길게 묘사한다. 어떤 이들은 분명 이런 영화를 통해 자신의 성적 욕구를 탐험하며 영감을 얻겠지만 '욕구'를 성적 능력에 대한 압박이나 숭배와 구분하는 것은 중요하다. 독특한 취향이나 능력이 그 자체로 나쁘다고 말하려는 것이 아니다. 이러한 현상이 우리 사회에 일반화됐음에도 이 시나리오의 '모든 요소를 재현하는 것'은 '행복한' 성생활을 위한 의무가 절대 아니라는 뜻이다.

파리 근교의 어느 성에서 열리는 '동화 속 가장 무도회' 초대장이 왔다. 가장은 정말로 내 전문 분야가 아니어서, 무난한 분장으로 궁지에서 벗어나기로 했다. 신데렐라나 백설공주, 아니면 잠자는 숲속의 공주? 결국에는 팅커벨 의상 쪽으로 마음이 기울었다. 하지만 며칠 뒤 두 번째 메일이 도착했다. 파티 주제가 〈아이즈 와이드 셧〉으로 변경됐다는 내용이었다. 영화 내용을 더듬어봤다. 괴상하다고 할 법한 여러 이미지가 떠올랐다. 어쨌거나 신데렐라나 팅커벨과는 동떨어진 것이었다! 나는 파티 주최자에게 전화를 걸었다. "아니 〈아이즈 와이드 셧〉이라는 주제로 정확히 어떤 가장을 하고 오길 기대하는 거예요? 결국은 다 벗는다든가 난교파티가 되기라도 하는 건가요?" 주최자가 대답했다. "맞아요, 바로 그거예요. 멋지지 않나요? 손님들 긴장이 확 풀어질 거예요. 이게 최신 유행이랍니다. 솔직히 요즘 사람들은 다들 이런 걸 꿈꾸잖아요. 실제론 아무 일도 일어나지 않더라도요."

바로 이것이 '침대에서 행복해지기 위한 필수조건' 체크리스트의 세 번째 항목, 성에 대한 환상이다. "모든 게 다 괜찮지만 저에게는 환상이 없어요. 그래도 정말 아무 문제 없는 건가요?" 실뱅 미뭉 교수는 진료실에서 이런 질문을 자주 듣는다. '절정'에 오르려면 무슨 수를 써서라도 모든 성적 환상을 받아들일 뿐 아니라 실현해야 한다. 사실 많은 사람이 성적 환상을 품고 있지만 그걸 다 털어놓지는 않는다. 난교파티 또는 지배와 굴종 관계를 바탕으로 한 환상이라면 특히 그렇다. 환상은 우리의 가장 깊은 내면이며, 반드시 실천에 옮겨야 하는 것이 아니다. 상상력을 자극하면 욕망을 불러일으키는 데 도움이 된다고 전문가들은 설명한다. 하지만 반드시 그 환상을 구체적으로 실현해야만 할까? 미문 교수는 이어서 이렇게 말한다. "행위로의 이행은 위험을 내포한다. 무엇보다 환상이 고갈되면 끊임없이 다른 종류의 환상을 개발하고 점점 더 복잡한 설정을 상상하게 될 위험이 있다."[40] 그러다가 결국은 성적 쾌락에 사로잡힌 '포로'가 되고 만다. 1억 2,000만 부 이상이 판매되고 영화로도 만들어진 에로틱한 베스트셀러 《그레이의 50가지 그림자》[41] 줄거리가 수많은 남녀 독자에게 이 분야의 기준을 제시한다. 여기서 젊은 여자 주인공은 사랑을 이유로 극단적인 사도마조히즘 성행위(예를 들어 실제 채찍질 등)에 빠져든다. 대중영화에 연출된 이 같은 환상이 불러일으킬 수 있는 위험은 중대하다. 《섹스 중독자 Les Sex-Addicts》를 쓴 심리학자 뱅상 에스텔롱 Vincent Estellon 에 따르면 "외부에서 비롯된 이미지가 내면에서 생성된 환상을 조금씩 대체하게 되는 것이 위험하다."[42] 다시 말해, 대중적인 환상이 표준이 돼 우리 나름대로의 환상이 획일화될 수 있다는 것이다.

환상을 동반한 활발한 성적 상상은 이론의 여지없이 성을 만끽하기 위한 원동력이 될 수 있다. 그러나 그 환상을 반드시 공유하고 실현해야만 성적으로 '행복해지는' 것은 아니다. 그런 욕구가 있는 사람이라면 그 욕망에 대해 파트너와 이야기하는 것이 중요하다. 서로의 욕망을 전적으로 이해하기란 어려울지도 모른다. 흥분을 자극하는 요소는 당연히 모두 다르기 때문이다.

나이에 관계없이 성은 신비롭다. 경험이 없거나 적은 젊은이에게는 더욱 알 수 없는 불가사의다. 그래서 친구들의 경험담이나 쉽게 접할 수 있는 소문, 게시판, 영화를 통해 정보를 얻으려 한다. 그런 정보원이 언제나 신뢰할 만하고 완전하지는 않다. 성이라는 미스터리는 유혹적이지만, 중요하고 내밀한 문제인 만큼 정보 없이 또는 잘못된 정보를 통해 접근했을 때 심각한 결과를 초래할 수 있다. 소년, 소녀의 성은 수많은 편견 탓에 완전히 암흑지대가 되기도 한다. 어느 기자는 '소년들에게 더는 가르치지 말아야 할 섹스에 대한 열여섯 가지 거짓말'이라는 재미있는 목록을 만들어, 소년들의 의식개선을 돕는다.[43] 그 거짓말 중에는 '성기가 커야 여자를 만족시킬 수 있다'는 물론 '섹스는 최소 한 시간은 해야 한다'도 포함돼 있다. 500커플을 대상으로 한 어느 조사[44]에 따르면 평균 성관계 시간은 5.4분인데도 말이다.[45] 2008년에 실시된 다른 조사에서 참가자들은 3에서 7분 사이는 '적절', 7에서 13분 사이는 '바람직', 1에서 2분은 '너무 짧음', 10~30분은 '너무 김'으로 판단했다.[46] 능력 경쟁에 나선 영혼들을 조금은 진정시킬 수 있는 자료다! 젊은이의 정신을 혼란스럽게 하는 '거짓말'은 또 있다. '성행위는 남자가 절정에 달했을 때 끝난다'라든가 '포르노는 실제 성관계를 본떠 만들었다'는 것이다. 그냥 웃고 넘기면 좋겠지만, 이런 거짓 정보가 널리 퍼져 젊은이들의 성적 성숙에 치명적인 악영향을 미친다. 따라서 성에 대한 열등감을 해소하고 신뢰할 만한 정보를 얻는 것이 필수적이며, 이를 위해서는 성교육이 가장 큰 관건이다.

소녀들은(그리고 그 상태 그대로 성인이 된 여성들도) 자기 몸에 대해 걱정스러울 만큼 무지하며, 당연히 몸이 주는 쾌락에 대해서도 알지 못한다. 여성은 평균적으로 남성보다 자위를 적게 한다. 적어도 서양에서는 그렇다. 하지만 자위는 쾌감을 얻는 능력을 기르는 데 결정적인 역할을 한다. 14세부터 94세까지의 미국인 약 6,000명을 대상으로 이뤄진 매우 광범위한 조사에서 연구자들은 모든 연령대에서 남성과 여성의 자위 빈도 사이에 10에서 15퍼센트의 차이가 있음을 관찰했다. 25~29세 남성의 20.1퍼센트가 일주일에 4회 이상 자위를 한 반면 같은 연령대 여성은 5퍼센트만이 그렇게 했다.

여성이 자기 몸에 대해 모른다는 말은 절대 과장이 아니다. 온라인 매체 〈슬레이트Slate〉가 인용한 어느 연구에서는 이성애자 커플들에게 성기 사진을 보여주면서 자기 성기와 파트너의 성기를 찾아보게 했다.[47] 여성들은 사랑하는 남자의 성기를 전반적으로 쉽게 찾아냈다. 하지만 자기 자신의 성기를 알아보는 데는 많은 여성이 어려움을 겪었다! 남성들은 파트너의 성기 사진보다 자기 것을 더 잘 찾았다. 결론적으로 성에 대한 여성의 무지에는 과학의 책임이 있음을 인정해야 한다. 아무것도 하지 않은 책임 말이다. 프랑스의 산부인과 의사 오딜 뷔송Odile Buisson 이 최초로 클리토리스 초음파 검사를 한 것이 2009년이었다. 오스트레일리아의 비뇨기과 의사 헬렌 오코넬Helen O'Connell 이 클리토리스가 표면에 드러난 것보다 훨씬 큰 기관임을 밝힌 것도 1998년에 이르러서였다. 클리토리스는 몸 안쪽으로 평균 약 8센티미터나 뻗어 있다.

'잘하는 사람'이 되기 위해 본인에게 필요한 조건을 물었을 때 사람들은 성적 능력이나 특이한 환상에 집착했다. 그러나 어떤 '파트너'가 '잘하는 사람'이라고 생각하는지 묻자 완전히 다른 대답이 나왔다. 남성은 자기 몸을 있는 그대로 받아들여주고, 좋아하는 것과 하고 싶은 것을 두려움 없이 말하며, 쾌락에 몰두하는 여성이라고 열렬히 말한다. 그게 다였다. 어느 여성잡지의 조사[48]에서 한 35세 남성은 자신이 생각하는 '잘하는 사람'을 이렇게 정의했다. "뭘 하든 편안하게, 마음을 다해 집중하는 여자죠. 욕망을 느낄 때 주도권을 쥘 줄 아는 여자 말이에요." 다른 남성은 이렇게 설명한다. "개인적으로 여자가 고양이처럼 유연하든, 카마수트라를 샅샅이 마스터했든, 가슴이 완벽하든, 진짜로 하고 싶어 한다는 느낌을 받지 못하면 아무 소용 없어요." 어느 여성을 위한 사이트에서 제공하는 성 전문가들의 구체적인 조언 열 가지에서도 같은 사실을 확인할 수 있다.[49] 자신의 몸을 편안하게 여기고 쾌락을 자유롭게 표현하며 다정한 태도를 보이는 편이 낫다. "누가 봐도 배우 같은 사람이 아닌 이상, 포르노 스타들을 따라 해봤자 아무 소용 없어요!"

한편 여자들이 정말로 침대에서 남자에게 기대하는 것은 무엇일까? 여성잡지는 '여자들이 생각하는 잘하는 사람'에 대한 단순한 정의를 꾸준히 퍼뜨리고 있다.[50] 바로 오래 버티면서 성적 재능도 후하게 타고난 원기 왕성한 연인 말이다. 성적 능력을 중요시하는 통념에서 조금도 벗어나지 않은 인물상이다. 하지만 현실은 완전히 다르다. 이 문제를 전문으로 다루는 웹사이트 잘하는법.com[51] (실제로 존재하는 사이트다!)은 단도직입적으로 호소한다. "여자가 당신과의 관계를 인생 최고의 섹스로 여기게 만들기 위해서는 브래드 피트를 닮을 필요도, 로코 시프레디 Rocco Siffredi (이탈리아의 유명 포르노 배우_옮긴이) 같은 물건을 지닐 필요도 없다." 여성 다수는 '잘하는 사람'을 천천히 상대의 몸을 발견하고 탐험하면서 자신의 즐거움에도 주의를 기울이는 남자라고 한결같이 정의한다. 다정하고 부드러우며, 성을 탐험하는 여행에 두려움 없이 빠져드는 남자다. 한 여성 인터넷 이용자는 이렇게 표현했다. "잘하는 사람이란 내 마음에 드는 것, 나를 떨리게 하는 것이 뭔지 정성껏 탐구하고 즐거움을 안겨줄 방법을 아는 사람이죠. 내게도 마음껏 그를 탐구할 자유를 주고요. 마침내 우리는 기쁨 속에서 다시 만나게 되죠." 다른 여성이 쐐기를 박는다. "여유를 갖고 주고받는 남자, 욕망을 느끼는 적당한 때를 눈치 채는 남자죠. 개인적으로는 그에 더해 아주 다정하고, 아주 정중하

고, 정말 대단한 걸 발견한 듯 몸 구석구석을 탐색하는 사람이어야 해
요."

　　포르노그래피 세계에서 보여주는 성기의 크기니 타고난 지구력이
니 하는 진부한 기준과는 완전히 다른 이야기다! 능력이라는 강요된 이
미지의 제약에서 해방되면 행복에, 마음속에서 우러나오는 진정한 행복
에 한 발 더 다가갈 수 있다.

섹스를 위한 섹스로 행복해질 수 있을까?

"사랑 없는 섹스는 의미 없는 경험이다.
하지만 의미 없는 경험 치고는 나쁘지 않은 편이다."

우디 앨런

　　그녀가 레스토랑에 들어설 때면 언제나 동요가 일었다. 큰 키에 금발, 육감적인 몸매의 그녀는 남자들의 상상을 부추기곤 했다. 그녀는 늦은 것을 무심히 사과했다. "미안해. 외박을 했거든. 깨끗한 속옷을 입고 싶어서 집에 들르느라 늦었어." 친구가 잘 지내고 있는 것 같아서, 나는 그녀의 밤 외출에 대해 조금 더 자세히 물어봤다. "애인이랑 다시 만나는 거야?" 친구는 나를 보지도 않고 대답했다. "아니, 아니. 스무 살쯤 된 어린애랑 같이 있었어. 재미 삼아 만나봤지." 그녀가 말을 이었다. "까다로운 남자들은 질렸어. 이제부터는 집착하지 않고 섹스를 즐기기로 했어. 그러니까 진짜 좋더라. 신경 쓸 것 없이 오르가슴만 잔뜩 느낄 수 있어!" 하지만 점심을 다 먹어갈 무렵, 친구는 갑자기 눈물을 흘리더니 지난밤 이야기를 꺼냈다. "사실은 허무해. 패스트푸드를 먹는 것 같아. 5분은 허기를 달랠 수 있지만, 남는 영양분이 아무것도 없어⋯⋯. 그리고 진실은 내가 여전히 전 남자 친구를 사랑한다는 거야."

'신경 쓸 것 없는' 섹스, 섹스를 위한 섹스는 대단한 인기를 누렸던 TV 시리즈 〈섹스 앤 더 시티〉에서 매혹적인 서맨사 존스가 주장했던 철학이다.[52] 독립적이고 유혹적이며 성에 대해 대단히 자유로운 서맨사는 수준 높은 홍보회사를 운영하고 있으며 남자가 자기 집에서 자고 가는 것은 허락하지 않는다. 서맨사는 쾌락을 위해, 감정개입 없이 한없이 가벼운 마음으로 남자들을 차례차례 정복한다. 서맨사 존스는 여성으로 구현된 카사노바로, 금기를 무시한다는 점에서 카사노바와 닮았다. "섹스가 한 번 나빴다면 상대 잘못이지만, 두 번 나빴다면 네 잘못이야." "앞이든 뒤든 상관없어. 구멍은 구멍이야!" 그녀의 직설적인 조언은 동세대 여성 전체에게 열광적인 지지를 받았다. 서맨사는 자신의 성적 취향을 전적으로 인정하고 강력히 주장하기까지 한다. 친구 샬럿(네 주인공 중 가장 얌전하고 정숙한 친구)이 어느 날 이렇게 반박할 정도다. "네 질 말이야, 혹시 뉴욕 가이드북에 실린 거 아냐? 뉴욕에서 가장 방문자가 많은 곳이니까. 늘 열려 있고."

〈섹스 앤 더 시티〉는 이렇게 여과 없이 성을 다룬다. 많은 비평가들이 처음에는 '적나라하다' 또는 '가볍다'는 반응을 보였지만, 여성의 성을 말하는 선구적인 작품이라는 평도 받는다.[53] 이 시리즈는 '남자처럼' 성관계를 이어가는 여성에 대한 시선을 변화시키는 데 중요한 역할을 했다. 쾌락을 위한 쾌락을 추구하려는 욕망에서 열등감과 죄책감을 제거하고, 그 욕망이 '쉬운 여자'가 되는 일탈이 아니라 개인적 자유의 표현임을 알리는 데 공헌했다. 배우 린지 로언 Lindsay Lohan 도 한 인터뷰에서 이렇게 고백했다. "내가 섹스 이야기를 하는 걸 알면 엄마가 나를 죽일 거예요. 하지만 사실 지금으로서는 일부일처 관계를 유지하고 싶지 않아요. 한 명하고만 사귀지 않겠다고요. 〈섹스 앤 더 시티〉를 보고 모든 것이 달라졌어요. 수많은 남자와 자는 주인공들 덕분이죠."[54]

남자든 여자든, 영화나 드라마에서처럼 여러 파트너와 연이어 환희를 느끼고 자신의 성을 탐험하고 싶은 욕망을 품을 수 있다. 영국 비밀요원의 침대에 머물렀던 멋진 본드 걸들의 수를 생각해보면 당장 MI6(제임스 본드가 속해 있는 영국의 정보기관_옮긴이)에 입사해야 한다! 사랑의 슬픔을 아는 모든 이는 다시는 그처럼 고통받지 않게 되기를 바랄지도 모른다. 어떤 이들은 유혹적이고도 이상적인 해결책으로 감정 없는 섹스를 시도해보기도 한다. 하지만 픽션 속에서처럼 그게 그렇게 간단한 일일까?

상대를 한 명 한 명 정복하다 보면 새로운 발견이 불러일으키는 기분 좋은 흥분은 확실히 느낄 수 있을 것이다. 1974년 이뤄진 흥미로운 실험이 이를 증명한다.[55] 수컷 생쥐 한 마리를 암컷 몇 마리가 있는 공간에 넣는다. 처음에는 모두가 골고루 짝짓기를 하지만 수컷의 성욕이 조금씩 떨어지다가 결국에는 완전히 사라진다. 여기에 새로운 암컷을 넣으면 짠! 마지막 암컷에 대해서만 수컷의 성욕이 돌아온다! 연구자들은 이 현상을 1923년부터 1929년까지 재임한 미국 대통령 캘빈 쿨리지에 대한 존경을 담아 '쿨리지 효과'라고 명명했다. 이와 관련된 일화가 있다. 쿨리지 대통령 부부가 어느 농장의 양계장을 방문했다. 농장주는 수탉이 하루에 10여 번 수탉의 '의무'를 다한다고 설명했다. 이 말을 들은 영부인이 농장주에게 "대통령에게도 그 이야기 좀 해주세요"라고 넌지시 말했다고 한다. 닭들의 성적 습성에 대해 알게 된 대통령은 이렇게 되물었다. "늘 같은 암탉이 상대인가요?" 농장주는 물론 닭장의 모든 암탉을 상대한다고 대답했다. 그러자 대통령이 이렇게 받아쳤다. "제 아내에게 이 이야기를 해주시죠."[56]

일부 연구자는 남성이 여러 명의 파트너를 두고자 하는 이유를 쿨리지 효과로 설명한다. (그러나 암컷 동물을 대상으로 한 실험에서도 유사한 결과가 나왔다.)[57] 이 분석에 따르면 남성은 생물학적 질서에 따라 가능한 한 많이 번식해야 하므로 후손을 낳을 암컷의 수를 늘려야 한다. 그러나 실제 동기는 그저 순수한 쾌락 추구일지도 모른다. 심리학 교수인 맨프레드 케츠 드 브리스 Manfred Kets de Vries 는 대단히 '자연주의적인' 쾌락 추구설을 지지하며, 보노보를 근거로 든다.[58] 보노보는 우리 호모사피엔스와 DNA의 90퍼센트를 공유한다. 중앙아프리카에 서식하는 이 유인원은 완벽한 평등사회를 이루고 있는데 그 비결은 연대, 평화 그리고…… 섹스다. 섹스는 진정한 사회적 의사소통 수단이자 평화로운 분쟁 해결책이다. 보노보에게 종족적 신념이 있다면 틀림없이 "전쟁 말고 사랑을 하자"일 것이다. 케츠 드 브리스는 보노보의 성행위 중 75퍼센트가 쾌락을 위한 것이었으며, 오직 25퍼센트만이 번식 목적이었다고 보고한다. 보노보 세계에서는 모두가 모두와 사랑을 나눈다. 여기에는 동성 간의 성행위도 포함되며, 질투나 긴장 위기는 조금도 없다. 감정이 뒤얽혀 상처받을 위험이 없다는 뜻이다! (보노보처럼) 정신적 고통의 위험 없이 섹스의 쾌락만을 취하고, (쿨리지 대통령의 수탉처럼) 욕망을 사그라뜨리는 타성을 피할 수 있다면? 이런 생각은 망상일 뿐일까, 아니면 진정한 해결책일까?

스티브 매퀸 감독의 영화 〈셰임〉[59]에서 이 문제에 대해 생각할 거리를 찾을 수 있다. 마이클 패스밴더 Michael Fassbender 가 연기한 브랜든의 인생은 감정 없는 성관계의 연속이다. 브랜든이 열정을 느끼는 유일한 일이 있다면 섹스 그 자체다. 그는 하루 종일 틈날 때마다 자위를 하거나 포르노 영화를 보고 싶다는 통제 불가능한 절대적 욕구를 느낀다. 그래서 여자들을 유혹하고 성매매도 한다. 브랜든은 성욕의 노예이며 그 사실에 수치심도 느끼지만 벗어날 방법을 알지 못한다. 브랜든의 세계에는 감정이 들어설 자리가 없으며, 방황하는 연약한 여동생에 대해서도 마찬가지다. 그러다가 마리안을 만나지만, 그녀의 다정함 때문에 브랜든은 그녀와 잘 수 없게 된다. 몹시 어두운 이 영화는 셀 수 없이 많은 여자를 정복하고 쉼 없이 오르가슴을 느끼는 인생을 살아도 내면의 악마를 물리칠 수는 없음을 보여준다. 도리어 그 반대다. 브랜든은 명백히 섹스 중독 상태에 빠져 있다. 섹스 중독은 병리학적으로 인정된 증상이다. 프랑스 전체 인구의 3~6퍼센트가 이에 해당한다고 추정되며,[60] '섹스 중독자' 열 명 중 여덟 명이 남성이다. 미국에서도 같은 비율로 관찰된다.[61]

섹스 중독은 '성적 행위 빈도가 지나치게 잦고 통제 불가능한 상태로 더욱 증가하며, 부정적 결과가 예상되는데도 멈추지 못하는 것'이 특징이다. 2011년 대통령 선거 경선 도중 뉴욕에서의 섹스 스캔들로 사퇴하고 그 후 매춘 알선 혐의로 체포된 프랑스 정치가 도미니크 스트로스 칸 Dominique Strauss Kahn, 골프 선수 타이거 우즈 같은 '섹스 중독자'를 보면 자신의 의지 대신 섹스 강박이 행동의 통제권을 쥐고 있는 듯하다. 그들은 자기 자신을 다스리지 못하고, 인생의 반려자를 배신하며, 위험으로 돌진하고 사회적 압박을 받는다. 그로 인한 감정적 영향은 대체로 매우 심각해서 깊은 죄책감이나 불안부터 깊은 우울증에 이르기도 한다. 이혼과 실업은 이 제어할 수 없는 충동의 흔한 결말이다.

이처럼 극단적이며 병적인 상태까지 가지 않더라도 틴더 Tinder 나 그라인더 Grinder 같은 스마트폰 어플리케이션을 통해 최근 대두된 현상을 통해, 애정 없는 빠른 섹스와 행복 사이의 관계를 살펴볼 수 있다. 섹스, 젠더, 생식에 대해 연구하는 킨제이 연구소(미국 인디애나) 연구원 저스틴 가르시아 Justin Garcia 에 따르면 이것은 진정한 혁명이다. "지난 400만 년 동안 이성애자의 짝 찾기에는 두 가지 주요한 변화가 있었다. 첫 번째는 1만에서 1만 5,000년 전 일어난 농업혁명이었다. 그로 인해 정착 생활을 하게 되면서 결혼제도가 자리를 잡았다. 두 번째 큰 변화는 바로 인터넷의 등장이다."[62]

"배고파! 배고프다고!" 뉴욕의 한 레스토랑, 몇 테이블 건너 말끔히 차려입은 젊은 여성이 친구들에게 소리치다시피 말했다. 내가 〈섹스 앤 더 시티〉 속에 들어와 있는 줄 알았다. 그도 그럴 것이 귀를 기울이자 같은 여성이 이렇게 말하는 소리가 들렸기 때문이다. "하지만 자정이 돼야 우리 집에서 날 기다리는 디저트를 먹을 수 있지. 내 섹스 친구가 오늘 휴가에서 돌아오거든. 맛있게 먹어야지." 그녀는 은밀한 사생활을 조금도 거리낌 없이 이야기하며, 아주 밝은 목소리로 섹스 친구에게 조금도 집착이 없다는 사실 때문에 오히려 이 관계에 무척 집착하게 된다고 덧붙였다. "정말 멋져. 그가 와서 나를 안고 끝나면 바로 떠나지. 고민거리나 코 고는 소리 들을 필요 없이 재미만 느끼면 돼!" 이야기를 듣던 다른 젊은 여성도 신이 나서 함께 소리치듯 말했다. "진짜 운 좋다! 나는 지난번 섹스 친구랑 별로 잘 안 풀렸어. 꽃을 가져오질 않나 나한테 자꾸 이것저것 묻질 않나…… 그러기 시작해서 다 망했지! 틴더에서 차단해버렸어." 세 번째 친구가 앞서 말한 친구보다는 좀 더 조심스럽게 말을 꺼냈다. "넌 운이 좋네. 나는 섹스 친구한테 그냥 재미로 만나는 척하고 있어. 실은 그가 날 사랑했으면 좋겠다고 계속 바라고 있지만."

　'원나이트'와 '섹스 친구'는 스마트폰과 어플리케이션을 통해 분명히 급속도로 증가하고 있다. 이런 경우가 늘어나면 늘어날수록, 특히 젊은이들 사이에서는 이것이 관계의 한 형태로 인정되고 있다. 스마트폰이 보급된 뒤로는 모르는 사람과 연락을 주고받고, 만나서 술을 한잔하고, 사랑에 빠지거나 잠자리만 갖기가 수월해졌다. 일부 어플리케이션은 오직 하룻밤 만남을 목표로 하므로, 최대한 많은 사람에게 자신의 의도를 즉시 알릴 수 있다. 그렇게 선택지가 많은데 한 명만 고를 이유가 어디 있을까? IFOP의 조사에 따르면 "일회성 만남 상대를 찾는 데이트 주선 사이트 이용자의 비율은 지난 3년간 2012년 22퍼센트에서 2015년 38퍼센트로 두 배 가까이 증가했다. 그중 절반 이상이 이미 첫 만남에서 성관계를 가졌다고 답했다. '상대와 다시 만날 일이 없음을 미리 인식'(47퍼센트)했거나 '다시 만날 생각이 없는'(46퍼센트) 상태에서였다."[63] 여러 사람의 증언을 담은 한 매체 기사에서, 인터뷰 참가자들은 온라인 어플리케이션을 통해 만난 사람과 자면서 단 두 마디밖에 하지 않은 적도 있다고 떠올린다.[64] 이용자는 대개 20세부터 30세 사이의 젊은 층으로, 자신들이 몸으로 무슨 일을 하고 있는지 대개 분명히 인식하고 있다. 한 사람은 이렇게 평한다. "성적으로는 서로의 몸에 대해 좀 더 잘 알 때가 더 낫죠." 또 다른 사람은 이렇게 말했다. "(내가 마치) 캐스팅 감독이 된 것 같아요. 내 삶을 통제할 수 있는 힘이 생긴 것 같죠. 다 거 짓말이라고 해도요."

그러나 이 증언들을 통해 어플리케이션에 접속하는 젊은이들이 결국에는 섹스 자체가 목표가 아님을 깨달았고 사랑을 기다리고 있음을 눈치 챌 수 있다. '앱' 접속은 자신의 성적 매력을 확인하고 스스로를 시험하며 용기를 북돋우는 방법이다. 흔히 이런 시도는 가슴 아픈 이별 뒤에 이뤄질 때가 많다. 또는 더 복잡한 관계에 진입하기 위한 준비 단계 이기도 하다. 통통한 편인 한 여성은 이렇게 증언한다. "평소 나는 '좋은 여자 사람 친구'로 끝나는 경향이 있어요. 앱에서는 남자를 훨씬 더 많 이 만났죠." 쉽게 섹스를 할 수 있는 이 악순환에 빨려 들어가는 사람들 도 있다. 걱정을 잠시 잊기 위해서다. 누군가는 이렇게 이야기한다. "중독 성이 있어요. 하지만 어떤 여자와 잤을 때는 도망가고 싶었죠. 집에서 영 화나 보는 편이 나았을 거예요."[65] 감정 없는 섹스 유행을 다룬 영화와 TV 시리즈도 여러 편 나왔다. 〈친구와 연인 사이〉(2011), 〈프렌즈 위드 베네핏〉(2011), 〈유어 더 워스트 You're the Worst〉(2014~2015) 등이 여기 속한다. 이 작품들에 공통점이 또 있다면 바로 섹스 친구가 환상에 불 과하다는 사실을 보여준다는 것이다. 사이가 오래가지 못하거나(관계를 '양립할 수 없어서') 금세 감정이 끼어들고 말기 때문이다.

성 문제 관련 심리치료 전문가이자 로스앤젤레스 성회복연구소Sexual Recovery Institute 설립자인 로버트 바이스Robert Weiss 교수는 2015년 논문에서 '섹스 친구'와 감정 없는 섹스의 심리적 영향을 최신 과학 연구 결과를 기반으로 검토하고 두 가지 결론을 이끌어낸다.[66] 하나는 감정 없는 섹스를 통해 전적으로 행복을 증진하고 심지어 자존감도 높일 수 있다는 것이다. 성적 만남을 위한 사이트 또는 어플리케이션을 이용하다 보면 자신의 신체적, 성격적 콤플렉스를 더 편안히 받아들이고 자신감을 조금이나마 회복할 수 있기 때문이다. 그러나 섹스를 위한 섹스가 흔히 끔찍한 스트레스의 근원이며 우울증까지도 불러일으킨다는 또 다른 결론도 있다! 감정 없는 관계에서는 쉽게 버려지거나 대체될 수 있다는 인상, 사람과 진정하게 '연결돼' 있지 않다는 느낌을 받는다. 결국은 존중받지 못한다는 느낌과 깊은 고독감이 찾아오고 불행에 빠진다.

완전히 모순된 이 두 결론을 어떻게 해석해야 할까? 모든 것은 어떤 동기에 따라 '섹스 친구'라는 명목으로 성을 표현하는지에 달려 있다. 만약 쾌락만을 주고받거나 침대에서 자신이 무엇을 좋아하는지, 다른 사람들은 무엇을 좋아하는지 알아내는 것이 목적이라면 감정 없는 성 경험은 대체적으로 만족스러울 것이다. 반면 스스로에게 뭔가를 확인시키거나, 전 애인에게 복수하거나, 그를 잊고 싶다거나, '남들처럼' 해보고 싶어서, 남이 나를 원하는 기분을 맛보고 싶어서 내일 없는 성관계를 시도한다면 부정적 감정을 느낄 위험이 크다. 부정적인 것이든 긍정적인 것이든 그 영향은 남녀 모두에게 같은 비율로 나타났다. 놓치지 말아야 할 흥미로운 사실이 있다면 개인적인 또는 타인에 관한 문제를 해결하는 것이 목적이라면, 섹스를 위한 섹스는 반드시 부정적 감정을 유발한다는 것이다. '섹스 친구'를 통해 진정한 만족을 얻는 경우는 오직 순수한 쾌락을 추구할 때뿐이었다. (애정 어린 관계를 만들거나 상처를 치유하고 싶은) 본심을 숨기고 (감정 없이) '섹스를 할' 때, 그 경험은 좌절만을 안길 수 있다.

그 이유는 무엇보다 행복을 동반하는 섹스의 열쇠가 바로 애정이기 때문이다. 하룻밤 관계에는 대개 애정이 결여돼 있다. 루트비히 로벤슈타인Ludwig Lowenstein 심리학 교수가 설명하는 바도 이와 같다. 교수는 행복한 결혼을 위한 필수요소는 하루에 최소 네 번의 포옹이라고도 주장했다.[67] 가족 치료의 선구자 버지니아 사티어Virginia Satir 의 분석도 이와 맥을 같이한다. "우리는 살아남기 위해 하루 네 번, 자신을 지키기 위해 여덟 번, 기뻐지기 위해 열두 번 꼭 껴안을 필요가 있다." 애정은 섹스에서도 근본적인 역할을 하며, 성적 능력 신봉자라 해도 이 이야기에는 귀를 기울여야 할 것이다! 실제로 많은 연구, 특히 2009년 학생 1만 2,000명 이상을 대상으로 이뤄진 대규모 연구에서 젊은 남녀 모두 일시적 관계를 맺을 때는 오르가슴을 덜 느끼는 것으로 밝혀졌다.[68] 이 연구에서 나온 수치는 매우 시사적이다. 하룻밤 관계에서 남성은 31퍼센트가 오르가슴을 느낀 반면 여성의 비율은 고작 10퍼센트에 그쳤다. 더 안정적인 관계에서는 수치가 각각 85퍼센트와 68퍼센트로 상승한다. 이러한 차이는 잡지 《배너티 페어Vanity Fair》가 수집한 일련의 증언에서도 확인된다.[69] 틴더에 등록한 여러 젊은 여성은 급히 만난 남성과는 오르가슴에 이를 수 없다고 말한다. 또한 하룻밤 상대가 발기에 성공하지 못했던 적도 많았다고 떠올린다.

요컨대 섹스 친구에 집착하는 많은 사람은 사실 사랑이라는 감정에 사로잡혀 있다. 그들의 증언 속에 그 감정은 반복적으로 등장한다. 감정 없는 섹스는 결국 두려움으로부터 스스로를 보호하기 위한 행동일 뿐이다. 틴더 사용자들은 이렇게 말한다. "틴더를 쓰면 쉽잖아요. 나중에 마음고생할 걱정 없이 예쁜 여자애들을 수백 명을 만날 수 있어요." "바로 자면 환상이 다 깨져요. 그러고 나면 끝이죠. 더 알고 싶은 마음이고 뭐고 사라져요."[70] 사랑을 나눈 후에도 사랑에 빠질 수 있을까? 인터뷰에 참여한 많은 사람은 그렇게 되기를 바라는 것 같았다. 섹스만을 위한 섹스는 사랑을 찾기 전 일시적인 상태라고 생각하는 사람들도 있다. 인디애나대학교 킨제이 연구소의 인류학 교수 헬렌 피셔Helen Fisher 박사는 섹스를 위한 섹스는 없다고 단언한다. 성행위 자체가 강렬한 감정, 특히 상대에 대한 애착감정을 불러일으키기 때문이다.[71] 따라서 피셔 박사는 사랑에 빠질 '위험'이 항상 존재한다고 결론을 내린다. 두 사람이 만취해서 함께 잤다는 사실 자체를 기억하지 못하는 경우만 제외하면 말이다! 박사의 연구에 따르면 여성의 최소 50퍼센트, 남성의 52퍼센트가 '원나이트' 상대 또는 '섹스 친구'가 사랑하는 사이로 발전하기를 기대한다. 그 기대에는 희망도 좀 있다. 사랑에 빠진 사람들이 영혼의 짝과 사랑을 나누고 싶어하듯, 반대로 성적 관계가 사랑하는 관계로 이어질 수도 있기 때문이다. 성행위는 도파민 분비를 촉진한다. 도파민이라는 화학물질은 사랑이라는 감정을 자극할 수 있다.[72]

목적이 분명하다면 섹스를 위한 섹스에서 쾌락을 얻을 수 있다. 그래도 조사차 만났던 매우 유혹적인 남자의 말을 마지막으로 되새겨본다. "나는 많은 (정말 많은) 여자들과 잤고 대개 아주 즐거웠지요. 하지만 행복했던 적은 없어요. 단 한 번도. 내가 섹스를 위한 섹스, 그리고 내 전부인 여자와 사랑을 나누는 것 사이의 차이를 깨닫게 된 건 사랑에 빠졌을 때였습니다."

원하는 것을 얻기 위한 수단으로서의 섹스

"섹스를 제외한 세상 모든 것은 섹스의 문제다.
그리고 섹스는 권력의 문제다."

오스카 와일드

전략적으로 중요한 계약서였다. 나는 서명 여부를 결정할 마지막 중요한 만남을 앞두고 준비를 많이 했다. 약속 며칠 전, 우리가 설득해야 할 상대로부터 메일을 받았다. 일정이 변경되는 바람에 만날 수 있는 시간이 바로 그날 저녁 식사 자리뿐이라는 내용이었다. 좀 이상하다는 생각이 들었지만 라틴 국가에서는 업무 미팅에 흔히 식사가 포함된다는 사실도 떠올랐다. 어쨌든 스칸디나비아 국가보다는 흔하다. 그래서 나는 레스토랑으로 갔고 프로젝트에 대한 대화는 긍정적인 방향으로 흘러갔다. "당신이 우리에게 필요한 바로 그 해결책을 제안하셨다는 걸 인정합니다. 당신과 계약하고 싶군요. 하지만 사안의 중요성을 봐서, 협력 전에 서로를 더 잘 알기 위해 며칠 함께 지내보면 좋겠다는 생각이 드네요." 그 남자는 매력적인 편이었지만, 그의 제안은 전혀 매력적이지 않았다. 아주 불쾌한 상황에 처했다는 느낌이 들었다. 나는 그의 초대를 거절했고, 계약은 성사되지 않았다. 며칠 뒤 이 일에 대해 동료들과 격렬한 토론을 벌였다. 나는 이런 말을 들었다. "솔직히 너무 바보 같네요! 그 사람 매력적인 편이라면서요? 계약을 따면 프로젝트도 성공할 거고요. 하루나 이틀 밤이면 인생에서 원하는 걸 손에 넣을 수 있는데 무슨 상관이에요?"

'유혹 성공학'이라는 표현을 본 적이 있다. 성공이 행복의 구성요소라면 성을 성공 수단으로 이용함으로써 행복에 이를 수 있는지 살펴봐야 할 것이다. 인기 TV 시리즈 〈하우스 오브 카드〉에 앞에 인용한 아일랜드 작가 오스카 와일드의 경구가 등장한다는 사실은 하찮게 넘길 일이 아니다. 이 시리즈는 미국 정계에서 권력을 둘러싸고 펼쳐지는 전략과 음모 이야기를 담고 있다. 주인공 프랭크 언더우드는 정상의 자리에 오르고자 하는 한 젊은 여성에게 성적으로 조종당한다.

그보다 덜 '극적인' 사생활 면에서 이야기를 시작해보자. 섹스는 종종 누군가와의 관계를 유지하는 수단으로 간주된다. 별로 사려 깊은 표현은 아니지만, 이런 말을 한 번은 들어봤을 것이다. "그/그녀가 왜 그 사람이랑 만나는지 모르겠어. 침대에선 대단한가 봐!" 이는 유혹의 교과서처럼 소개되는 수많은 책의 주제이기도 하다. 서점에는 없지만 인터넷에 돌아다니는 전자책 〈섹스로 남자를 사로잡는 258가지 방법〉[73]이 그중 하나이다(자매품으로 〈그녀 인생에서 최고로 잘하는 남자가 되는 법〉, 〈궁극의 쿤닐링구스 가이드〉, 더 명백한 제목으로 〈너는 혼자가 아니야〉 등이 있다〉. 이 유명한 지침서는 이렇게 소개된다. "남자들이 파트너를 선택할 권리를 점점 더 강하게 요구하는 시대에는 그들을 즐겁게 해줄 방법을 알아두는 편이 좋다. 그리고 알다시피 섹스는 남성 족속에게 대단히 중요하다." 이 책은 여성 독자들에게 책 속 기술을 모두 발휘하면 어떤 남자도 그녀를 떠날 수 없으리라고 약속한다. 조언 내용은 '남성 오르가슴의 진정한 프로 되기'부터 '그보다 먼저 절정에 이르지 않기 위해 피해야 할 잘못'에 이르기까지 다양하다. 그러나 전략적으로 활용되는 섹스가 커플이 지속적인 행복을 구축하는 데 정말 도움이 될까?

"이제 그를 꽉 잡았어요. 절대 나를 떠나지 못할걸요!" 애인을 무척 사랑하는 한 젊은 여성이 외쳤다. 브런치를 먹는 자리였다. 그녀는 커피에 설탕을 넣은 다음 어떤 전략을 썼는지 자세히 설명해줬다. 그중에는 특히 하루 세 번의 펠라티오가 포함돼 있었다. 아침에 일어나서 한 번, 퇴근했을 때 한 번, 자기 전에 한 번이란다. 그녀가 말한 '남자를 섹스로 꽉 잡는 기술'에는 간호사 분장이나 작은 앞치마를 두른 하녀 분장도 들어 있었다. 그녀가 묘사한 전략과 연출이 꽤 인상적이기는 했다! 앞서 말한 지침서들을 읽었거나 '어떻게유혹할까.net'[74] 같은 사이트에 가득 실려 있는 파트너를 만족시키기 위한 섹스 조언을 검색하지 않았을까? 어쨌든 그녀의 방법은 아주 잘 통하고 있는 것 같았다. 몇 달 뒤, 그녀를 다시 만나 연애 이야기를 물었다. "나를 떠났어요! 전 부인한테 돌아가 버렸다고요. 이해가 안 돼요. 그 여자는 침대에서 정말 별로였다고 나한 테 말했단 말이에요."

오로지 섹스만으로 상대를 지킬 수 있다는 생각은 사실상 환상이 다. 물론 섹스는 원만한 커플 관계에 매우 중요한 요소다. 이 주제에 대한 수많은 조사와 논문에 따르면 성 문제는 이혼 또는 결별을 유발하는 이유 10위 내에 들어간다.[75] 하지만 가장 중요한 이유에는 절대 들어가지 않는다. 대중 잡지《코스모폴리탄》이 2011년 여성 1,400명을 대상으로 애인과 결별한 이유에 대해 실시한 설문에서 성 문제는 높은 순위에 오르지 못했다.[76] 15.7퍼센트의 여성만이 남자를 떠난 이유로 '섹스가 좋지 않아서'를 들었다. 가장 흔한 이유는 아주 간단히 '사랑이 식어서'(39.7퍼센트)였고 '바람을 피워서'(36.6퍼센트)와 '거짓말'(30퍼센트)이 그 뒤를 이었다. 다른 조사에서는 남성과 여성의 결별 사유를 비교한다.[77] 여성이 먼저 헤어지자고 한 경우의 열 가지 이유 중 순위에 오른 것은 '사귈 마음의 준비가 되지 않아서' 또는 '진전이 너무 빨라서'였다. 남성이 헤어지자고 한 경우 가장 주된 이유 두 가지는 '그냥 잘 풀리지 않아서'와 '다른 여자를 만나게 되어서'였다.

물론 섹스는 관계 유지를 위한 중요 조건이고(유일한 조건은 아니지만) 커플을 이어주는 다른 조건들과 분명 관련이 있다. 그러나 관계를 오래 지속하기 위해 섹스만을 활용하는 전략은 몹시 허술해 보인다.

무엇보다 그 전략은 목표와 반대되는 결과를 낳을 수 있다. "섹스로 남자를 사로잡으려고 물불 안 가리는 여자애는 최악이야. 남자 친구가 추하다고 생각할 때까지 들이대다가 결국은 가치라곤 눈곱만큼도 없는 여자가 되지." 이런 문제를 주로 다루는 대중적인 사이트 중 한 곳에 올라온 글이다.[78] 이 의견은 물론 남성에게도 똑같이 적용된다.

다음으로 이 전략은 '성적 협박'으로 변질될 수 있다. 긴장감과 원망을 키울 수 있는 위험한 논리다. '네가 나를 즐겁게 해주면 나도 널 즐겁게 해줄게. 네가 그 문제를 해결하지 않으면 나도 너를 거부하겠어'라는 식이다. 다만 성적 협박은 완전히 다른 차원으로 확대돼 사적 영역을 넘어 정치적 의미를 띠기도 한다. '섹스 파업'의 가장 오래된 예는 아리스토파네스의 그리스 희곡 〈리시스트라타〉에서 찾을 수 있다. 젊은 아테네 여인 리시스트라타는 다른 여인들을 설득해 남편들이 아테네와 스파르타 사이의 전쟁을 끝내겠다고 약속하기 전까지 금욕으로 그들을 압박하게 한다. 루마니아 출신 프랑스 감독 라두 미하일레아누Radu Mihaileanu 의 영화 〈소스: 아내들의 파업La Source des Femmes〉도 '사랑 파업'에서 영감을 얻었다. 북아프리카 작은 마을에 사는 아내들이 남편과의 잠자리를 거부한다. 산속에 있는 샘까지 물을 뜨러 가야 하는 위험하고 고된 길을 피하려 남자들이 마을에 수도를 놓게 하기 위해서다.

픽션이 현실에 영감을 준 것일까? 무장 분쟁에 희생된 여성들을 위해 일해온 라이베리아 인권 운동가 리마 보위Leymah Gbowee 는 2002년,

10년 이상 재임 중인 라이베리아 대통령 찰스 테일러Charles Taylor가 촉발한 내전 상황에 맞서기로 했다. 보위는 종교에 관계없이 여성들을 모아 위기가 진정되기 전까지 남편과의 잠자리를 모두 거부하도록 했다. 이 압력은 상당한 성과가 있었다. 마침내 모든 관련 진영이 대화를 수용했고, 여성들은 모두 흰 옷을 입고 대통령 궁 문 앞에 서서 남자들이 해결책을 찾을 때까지 밖으로 나오지 못하도록 막았다. 테일러는 결국 2003년 권력을 내놨고, 이어진 선거에서 여성인 엘런 존슨 설리프Ellen Johnson Sirleaf가 당선됨으로써 아프리카 대륙에서 선거로 선출된 첫 여성 대통령이 됐다. 설리프와 보위는 이 투쟁으로 2011년 노벨평화상을 받았다. 하지만 이 경우는 문제가 개인의 '행복' 범위를 뛰어넘어 정치, 인권, 운동을 망라한다.

다시 사적 영역으로 돌아와 성의 또 다른 면, 즉 성공을 위한 섹스를 살펴보자. 목표를 달성하기 위해, 야망이나 꿈을 이루기 위해 옷을 벗으면 만족스러운 결과를 얻을 수 있을까? 2014년 성공한 팝 가수 라나 델 레이Lana Del Rey가 인터뷰에서 이렇게 선언해 논란을 일으켰다. "나에 대해 어떻게 생각하는지 알아요. 그래요, 나는 업계 남자들과 많이 잤어요. 하지만 그중 누구도 내 음반 계약을 도와주지 않았어요. 짜증나죠."[79] 그녀의 말은 모호했다. 정확히 무엇을 후회하는 걸까? 일로 만난 사람들과 잔 것? 아니면 성공하기 위해 잤는데 바라던 성공을 얻지 못한 것? 이 인터뷰 기사는 그녀의 음반 〈울트라바이올런스 Ultraviolence〉가 발매된 시점에 나왔고, 그 음반에는 바로 〈I Fucked my Way up to the Top(나는 정상에 오르려고 잤어)〉라는 제목의 곡이 실려 있었다. 이 일로 소동이 일어났다. '캐스팅 카우치 casting couch'(성관계의 대가로 배역을 얻는 일_옮긴이)의 도움을 받았다고 공개적으로 털어놓는 경우는 어쨌거나 드물기 때문이다.

《성공하고 싶다면 유혹하라 Osez coucher pour réussir》[80]라는 약간 도발적인 제목의 책도 터부에 가까운 이 주제를 다루고 있다. 다양한 연구 결과와 회사에서 승진하기 위해 자신의 매력을 이용한 남녀의 증언을 모은 책이다. 웃음기 하나 찾아볼 수 없는 이 책은 이러한 경력 형성 '방법론'이 기업뿐 아니라 좋은 자리가 적어서 경쟁이 몹시 치열하며 비겁한 수단과 배후조작을 통한 성공이 다반사로 일어나는 세계에서도 유효하다는 결론을 내린다. 인류 역사를 봐도 남녀 간의 정사는 나름의 역할을 했다. 디안 드 푸아티에, 몽테스팡 부인, 퐁파두르 부인, 앙리 3세의 '총신들 mignons'처럼 왕의 총애를 받는 남성 또는 여성이 되면 성배와 같은 막강한 정치적 영향력을 얻을 수 있었다. 저자는 이러한 사실을 확인하는 데서 출발해, 더 좋은 성과를 얻기 위한 충격적인 전략을 제안한다. 위계 내의 실권자를 노리되 자지는 말고 유혹만 하라는 것이다. 그러는 편이 덜 위험하고 욕구는 더 자극할 수 있으므로, 이카로스의 날개가 너무 빨리 녹아내릴 위험을 낮출 수 있다. '쉬운 여자애' 또는 '상습

범' 등으로 낙인찍히는 일도 피할 수 있다.

이 책의 주장은 현실을 있는 그대로 반영하는 듯하다. 프랑스에서 실시된 한 설문조사에 따르면 회사원의 53퍼센트는 직업적 야망을 실현하기 위해 뭐든 할 준비가 돼 있다.[81] 특히 원하는 것을 얻기 위해서 '자신의 매력을 이용'하거나 나아가 '잘 수도 있다'고 답했다. 남성과 적극적인 젊은 층이 이 문제에 대해 가장 거리낌이 없었다. 남성은 22퍼센트가 경력 사다리를 오르기 위해서라면 그렇게 하겠다고 답한 반면 같은 답을 한 여성은 15퍼센트였다. 25세부터 34세까지의 젊은 층에서는 25퍼센트가 이 방법을 '선호'하기까지 했다.

미국의 텔레비전 채널 CNBC도 이 금기시되는 주제에 대해 설문조사를 벌여 1만 1,000건 이상의 답변을 수집했다.[82] 응답자의 9퍼센트는 이미 경력 상승을 위해 상사를 유혹한 적이 있었다. 거의 열 명에 한 명 꼴이다! 그리고 이 방법은 꽤 잘 통하는 듯하다. 2010년의 한 연구는 남성이 더 전략적인 자리를 많이 차지하고 있는 직무 환경에서, 빠른 승진을 위해 성적인 수단을 사용한 여성의 37퍼센트가 목적을 달성했다고 밝혔다.[83]

유혹이라는 수단에 대한 죄의식에서 벗어나 '목표를 달성하기 위해 잔다'는 계획에만 온전히 집중한다면 충분히 행복을 손에 넣을 수 있지 않을까?

물론 이 위험한 도박에는 커다란 장애물이 둘 존재한다. 양심의 가

책과 부정행위로 고발될 위험이다. 고발을 당하면 법정까지 가게 될 수도 있다. 잠재적인 다른 위험도 있다. 이 연구의 공동 연구자인 실비아 앤 휼렛Sylvia Ann Hewlet 은 성공을 위한 유혹이 양날의 검이라고 설명한다.[84] 휼렛의 조사에 따르면 남성 61퍼센트, 여성 71퍼센트가 부하직원과 잔 상사를 존경하지 않았고 그 상사의 '리더십'에 중대한 문제가 있다고 간주했다. 또한 업무조직 전체의 기능이 떨어지고 마찰과 생산성 저하가 일어난다고 휼렛은 지적한다. 실제로도 그렇다. 얼마 전 행복에 대한 강연에 참석했을 때였다. 강연이 정리된 뒤 강연자 중 한 명인 대기업 인사부장과 인사를 나눴다. 그녀가 이렇게 털어놨다. "지금 저희 부서의 상황이 그리 행복하진 않아요. 민감한 상황을 다뤄야 하거든요. 젊은 여자 부하직원이 사장하고 잤답니다. 사장은 그 직원이 하고 싶은 대로 하도록 내버려두고, 누구도 개입할 수가 없어요. 다른 사람들은 진력을 내고 있고요." 그 직원은 이전에도 경영진을 몇 명 유혹하려고 시도하다가 사장이라는 큰 건수를 잡았다고 한다. "정말 모든 면에서 복잡한 일이죠. 하지만 가장 심각한 문제는 이제 누구도 그녀를 존중하지 않고 내부 분위기가 곪아 들어가고 있다는 거예요. 당장은 해결책이 안 보이는군요. 그녀가 고립되면 고립될수록 사장과의 특별한 관계에 더 매달리게 될 테니까요."

우리를 정상에 올려줄 수 있는 동료에게 욕망만 불러일으키고 관계는 맺지 않을 수도 있다. 《성공하고 싶다면 유혹하라》에서 열렬히 추천하는 방법이다. '여지만 남기는' 편이 더 비밀스럽고 더 자극적이면서 도 덜 위험하다는 것이다. 그러나 성공비결을 세심하게 실천하든 못 하든 위기는 멀리 있지 않다. 한 대학의 연구에 따르면 섹시한 여성은 동료에게 무능력하다고 인식되며, 사실 여부와 관계없이 성공하기 위해 몸을 이용한다는 의심을 받는다.[85] 티끌 하나 없이 '결백'하다 해도 외모 때문에 부정적인 성적 고정관념에 갇히게 되는 것이다. 아름다움 그리고 섹스심벌을 다루면서 확인했던 사실과 마찬가지다. 이 연구는 의식적으로든 무의식적으로든 업무에서 신체적인 장점을 이용하는 여성은 더 취약하고 순진하며 남성 의존적인 사람으로 간주된다고 결론을 내린다. 이러한 평가는 당연히 개인의 성장을 방해하고 자존감을 무너뜨린다.

이 같은 악영향을 피하기 위해 전 세계 많은 회사들이 직원들 사이의 성적 관계 및 연애에 대해 대단히 엄격한 규정을 세우고 있다. 실비아 앤 휼렛은 모든 기업이 이런 종류의 규정을 확립해야 한다면서 직장에서 유혹을 받기 쉬운 경영진에 더 무거운 책임과 징계를 내릴 것을 권고한다. 이에 관해 휼렛은 회사원의 70퍼센트가 자신이 다니는 기업에 그와 관련된 규정이 있을 거라고 생각하지 못하거나 있어도 모른다는 사실을 강조한다.[86]

"기업의 수장들은 대체 언제쯤 깨닫게 될까? 섹스에 집착하는 우두머리를 둔 기업은 크든 작든, 사기업이든 공기업이든 반드시 그 대가를 치르게 된다. 금전적 대가뿐 아니라 평판이 떨어지고 기업문화를 철저히 파괴하는 무거운 분위기가 자리 잡는다."[87] 미국 경력 연구계의 '구루' 스티븐 비스쿠시Stephen Viscusi는 이렇게 단언한다. 비스쿠시는 사장과 부하직원이 맺는 성적 관계를 근친상간에 비유하기까지 한다. 둘 다 권력남용을 전제로 하기 때문이다.

기업에 미치는 영향은 둘째 치고, 이 방식의 가장 중대한 위험은 부정행위자로 이미지가 고정된다는 데 있다. 스스로도 자신을 그렇게 인식하게 된다. 회사라는 폐쇄된 작은 세계에서는 모든 것이 알려진다. 《성공하고 싶다면 유혹하라》의 저자조차도 이렇게 예언한다. "상사의 접근에 굴복한 부하직원에게는 한동안 누구누구와 잔 사람이라는 꼬리표가 따라다닐 것이다. 그리고 빈정대는 웃음, 등 뒤에서 수군대는 소리, 외설적인 암시를 좋아하는 사람이 아니라면 매우 견디기 어려운 고난이 펼쳐질 위험이 있다."

취재 중에 인터뷰한 한 젊은 여성은 솜씨 좋게 유혹에 성공했던 경험에 대해 이렇게 증언한다. "온갖 특권을 누렸어요. 하지만 금세 견딜 수 없는 상황이 됐죠. 사장과의 관계가 끝나자 소문이 돌아서 회사를 그만둬야 했거든요. 대가를 두 배로 치러야 했죠." 그녀는 회사를 옮겼고 '섹스 승진'은 다시 시도하지 않겠다고 굳게 마음먹었다. 하지만 지금 일하는 곳에서 전 직장 동료들과 마주칠까 봐 여전히 늘 겁이 난다고 고백했다. 아마 그녀의 과거를 조용히 묻어주지는 않을 것이기 때문이다.[88]

끝으로 성에 대한 윤리적 판단은 완전히 배제하고, 약간 다른 비유를 들어보려 한다. 성공하기 위해 자는 것은 몽블랑산 등정을 꿈꾸면서 직접 산을 오르는 대신 몰래 헬리콥터를 타고 정상에 곧장 안착하는 것과 비슷하다. 그곳에 올라 사진도 찍고 부러워하는 친구들에게 자랑도 할 수 있다. 아마 누구도 당신의 비밀을 모를 것이다. 하지만 마음 깊은 곳에는 자신의 팔다리로 해낸 일이 아니라는 찜찜함이 늘 앙금처럼 남아 있을 것이다.

섹스에 관해 터놓고 이야기하기

"섹스는 자연스럽고 화학적인 것. (하자)
논리적이고 일상적인 것. (우리 해도 될까?)
하지만 무엇보다 섹스는 해야 하는 것,
너와 나를 위한 것…… 난 너를 원해."

조지 마이클

"책에서 정말 섹스 이야기를 할 생각이에요? 변태 취급을 받게 될걸요!" 아니면 정반대로 "섹스가 행복의 필수조건이 아니라고요? 뭘 얌전한 척하고 그래요." 또는 "아, 섹스에 대해 쓰신다고요? 조심하세요. 이미지가 망가질 수 있으니까." 내가 책에 한 장을 할애해 성이라는 주제를 다루겠다고 하자, 수많은 조언과 다양한 반응이 쏟아졌다. 어느 정도 예상은 했지만, 이 주제는 보류하는 게 좋을까 한동안 망설여질 정도였다. 그러나 성과 행복의 관계에 대한 고정관념이 너무나 많아서 포기할 수가 없었다. 이를테면 '더 섹시한 사람이 더 행복할 수밖에 없다. 왜냐하면 침대에서 더 잘하니까!'라든가 '경험이 많을수록 더 많은 쾌락을 느끼니 더 행복하다!' 같은 것 말이다. 이 문제를 파헤치고 적절한 용어로 표현해 더 신중한 견해에 이르러야 할 필요를 느꼈다.

성을 적절한 용어로 표현하기란 대단히 자유로워 보이는 우리 시대에도 몹시 어려운 일이다. 성에 대해 고찰하고 증언을 수집하면서 많은 어려움과 부족한 표현 능력의 벽에 부딪혔다. 안정적이고 친밀한 관계를 맺고 있는 사람들을 대할 때조차도 쉽지 않았다. 한번은 친구에게 전화가 와서 예고 없이 불쑥 이야기를 꺼냈다. "아, 마침 전화 잘했어. 내 책에 들어갈 섹스 이야기를 하고 싶었거든." 그가 이렇게 대답했다. "그래, 도와줄게. 하지만 프랑스에서는 그렇게 섹스 이야기를 할 수 없을 거야. 외모는 좀 라틴적이지만 이 주제에 대해서는 너희 북유럽 사람들처럼 내놓고 말할 자유가 없거든. 조금도!" 이 장과 관련해 인터뷰를 진행하면서 가장 놀라웠던 사실은 곤란해하면서 이야기를 시작한 인터뷰 대상자들이 늘 이렇게 말을 맺는다는 것이었다. "고마워요. 말하니까 좋네요."

그렇다면 자신의 성을 편안하고 자유롭게 느끼는 가운데 상대와 호의적으로 의견을 교환할 때 섹스와 행복이 연결되는 것은 아닐까? 성을 만끽하고 싶다면 반드시 파트너와 열린 대화를 나누라는 조언에 나는 깊이 공감한다. 대화는 상대를 존재 전체로서 존중하고 배려하는 태도를 전제로 하기 때문이다. 세상을 떠난 조지 마이클의 노래 〈I Want Your Sex(나는 섹스를 원해)〉의 가사도 결국 이런 뜻이다. 이 노래는 섹스를 극적으로 묘사하지 않고(특히 "섹스는 자연스러운 것, 논리적이고 감각적이고 좋고 재미있지"라는 가사가 그렇다), "Sex is best one on one",

즉 섹스는 일대일일 때 가장 좋다고 충고한다. 파트너가 서로에게 중요한 한 사람임을 상기시키는 충고다. 최근 미국에서 실시된 조사에 따르면 파트너에게 성적 만족을 주고 싶다는 마음에 자기 자신도 자극을 받는 사람들이 더 행복했고, 관계를 더 오래 유지할 가능성도 높았다.[89] 따라서 의견 교환은 필수적이다. 특히 나 자신은 물론 상대의 바람과 선호도가 항상 똑같지는 않다는 걸 알기 위해서 그렇다. 욕망은 시기와 심리상태에 따라 달라질 수 있기 때문이다. 이처럼 상식적인 견해는 콘돔 회사 듀렉스가 2006년부터 2007년까지 26개 국가에서 2만 6,000명을 대상으로 실시한 대단히 철저한 조사에서 확인됐다.[90] 설문 결과, 침대에서 기쁨을 누리기 위해 가장 중요한 조건은 상호존중인 것으로 밝혀졌다. 응답자 82퍼센트가 이를 우선적으로 언급했다. '자극적인' 답변이 가득하리라 예상됐지만 전 세계 대다수의 사람에게 성적 행복의 기본은 그 관계에서 서로 존중하고 있다는 느낌이었다. 응답자 39퍼센트는 관계에서 더 많은 사랑과 로맨틱함, 즉 더 많은 애정과 감정을 추구했다. 또한 31퍼센트는 파트너와 더 솔직한 대화를 통해 침대에서 새로운 것을 시도해보고 싶다고 응답했다. 끝으로 성욕이 더 강했으면 좋겠다고 답한 사람은 29퍼센트뿐이었다! 이처럼 겉으로 드러난 도발적 표현 그리고 허세와 달리, 대다수는 사실 섹스를 통해 한층 더 긴밀한 감정의 연결, 더 많은 애정, 서로에게 더 귀 기울이는 시간을 추구한다.

성은 우리 존재와 생식의 근원에 있다. 그렇기 때문에 그토록 신경 쓰이고 불편한 것 아닐까? 오늘날 대중적으로 유통되며 인터넷에서 쉽게 접할 수 있는 성에 대한 고정관념과 과장된 개념은 정확한 정보가 부재하는 상태에서 방치, 확산되며 이룰 수 없는 기대와 좌절감을 유발한다. 특히 청소년층의 피해가 크다. 학교에서부터 섹스를 극적인 사건이 아니라 자연스럽고 일상적인 행위로 설명하면 어떨까? 성교육 수업은 흔히 생식의 생물학적 측면을 다루는 데 그치고, 그에 동반되는 감정과 감각의 미묘함은 자세히 설명하지 않는다.

덴마크에서는 1970년 이후, 6세부터 성교육 수업을 의무적으로 실시한다. 이 수업에서 자신의 몸을 발견하고 몸을 존중하며 돌보는 방법을 배운다. 14~15세 무렵에는 일주일간의 성교육을 통해 성행위에 대해 알아본다. 이 주간을 '제6주 Uge sex '라고 부르는데 덴마크어로 '성 주간'과 이 교육이 이루어지는 '제6주'의 발음이 같은 데서 착안한 일종의 말장난이다. 덴마크 북부에 자리한 올보르대학교 교수 크리스티안 그라우고르 Christian Graugaard 는 전 세계 언론에 자주 등장한다. 학교 성교육 수업의 일환으로 학생들에게 포르노 영화의 한 장면을 보여줘 화제가 됐기 때문이다. 그라우고르 교수에 따르면 학생 대부분은 어차피 스스로 포르노 사이트를 찾아간다. 따라서 혼자 화면을 마주하게 내버려두기보다 본 것을 이해하고 해석하며 경계하기 위해 솔직하게 토론하는 자리를 만드는 편이 더 건전하다. "포르노그래피 그리고 성애를 묘사한 문학작품은 허구와 현실 사이의 차이, 상업적인 미디어가 성과 젠더, 신체를 다루는 방식에 대해 비판적 토론을 벌이기에 훌륭한 소재입니다."[91] 교수는 학생들에게 비판정신과 경각심을 심어주고 싶다고 덧붙인다. 미디어에서 접하는 보정된 완벽한 신체와 극단적 연출에 학생들이 속아 넘어가지 않게 하기 위해서다.

오늘날 젊은이들이 포르노 산업을 통해 성을 배우도록 방치돼 있다는 건 큰 위험이다. 산부인과 전문의 이스라엘 니상드Israël Nisand 교수는 알자스에서 여러 차례 열린 '성에 대한 정보 얻기'(교수가 '성교육'보다 더 적절하다고 생각하는 용어로 '어떤 관점에서 어떻게 설명할 것인지를 알려주는' 표현) 프로그램에 적극적으로 참여했다. 아이들이 언제 처음으로 인터넷에서 포르노 영상을 접하는지에 대한 답은 이렇다. "평균 11세입니다. 그러나 여기에 중독돼 하루 세 시간까지도 시청하는 아홉 살 아이들이 있어요. 아이들은 그 영상에 경악하면서도 매료됩니다. 이건 아동학대나 다름없어요. 아이들은 절대 포르노 스타처럼 고추가 길고 별별 자세를 다 취하는 사람이 될 수 없거든요."[92]
중국계 영국인 기업가 신디 갤럽Cindy Gallop도 이런 해로운 정보에 맞서 싸우고 있다. 갤럽은 '포르노가 아닌 사랑을Make love not porn'이라는 운동을 창설해 '섹스 찬성, 포르노 찬성, 하지만 무엇보다 차이를 아는 것 찬성'을 슬로건으로 내걸었다. 갤럽은 2009년 TEDx 강연에서

4분짜리 짧은 영상으로 화제를 불러일으켰다(수백만 회 재생). 여기서 갤럽은 훨씬 더 어린 남자들과 가졌던 성관계에 대해 가감 없이 털어놓는다. 그 남자들은 분명히 포르노그래피에서 보았을 성관계 '시나리오'를 당연하다는 듯 제안했다. 신디 갤럽은 섹스를 무척 좋아하지만, 나날이 극단적이 돼가는 허구적인 포르노그래피와 현실의 차이를 널리 알리기 위해 행동한다. 그 허구는 '남성이 연출하고, 남성이 제작하고, 남성이 비용을 대므로' 여성의 진정한 욕망과는 완전히 동떨어져 있다.

덴마크에서는 성이 금기시되지 않는다. 우리는 식사 자리에서조차 성에 대해 편안하게 말하며, 그 때문에 거북하게 웃음 짓는 사람도 없다. 듀렉스의 다른 대규모 조사에 따르면, 덴마크 젊은이의 49퍼센트는 '성생활에 행복'을 느끼며(조사 국가 평균은 44퍼센트) 그중 51퍼센트는 "파트너에게 욕구를 표현하는 법을 알고 있다"고 답했다(평균은 41퍼센트).[93] 그러나 이처럼 성에 편안히 접근할 수 있게 하려면 다른 근본적 가치에 대한 어린이 교육이 그에 발맞춰 이뤄져야 한다. 무엇보다 먼저 신뢰, 그다음으로 자기답게 살고 자신의 열망에 적합한 인생 경로를 구축하면서도 사회적 프로젝트에 참여할 수 있는 자유를 가르쳐야 한다. 내가 첫 책에서 길게 설명했던 이 덴마크적 가치야말로 행복의 토대를 강화하기 위한 확실한 방법이라고 생각한다. 덴마크인이 아니어도 마찬가지다. 젊은 덴마크인들이 성을 한껏 누릴 수 있는 건 탄탄한 행복의 토대 덕분이기도 하다. 신체와 정신상태가 양호할수록 성욕도 커지는 경향이 있기 때문이다. 정신분석가이자 작가 소피 카달랑Sophie Cadalen 은 이렇게 설명한다. "쾌락은 우리가 지닌 가장 고유한 부분을 회복시킨 다. 바로 그 '지점'에서 다른 어떤 기준에도 의존하지 않고 우리 자신에 게 의지할 수 있다."[94] 요컨대 '좋은 섹스', 즉 대화와 상대방에 대한 존중 에서 비롯된 섹스가 기쁨과 쾌락을 줄 수 있다면 역으로 행복의 토대를 통해 '좋은 섹스'를 하고 성을 만끽할 수 있을 것이다!

결론

나만의 행복 로드 만들기

뉴욕을 여행할 때, 맨해튼에 사는 친구가 부유하고 아름답고 유명한 사람들이 모인다고 알려진 인기 높은 레스토랑에서 저녁을 먹자고 제안했다. 뉴욕에 잠시 들른 이탈리아 친구들도 함께할 거라고 알려줬다. 나는 조금 망설였다. 친구와 둘이 조용하고 소박하게 만나고 싶었기 때문이다. 하지만 책을 쓰기 위해 한창 취재를 하던 중이어서, 가 보는 것도 나쁘지 않을 것 같았다. 레스토랑에 앉아 있으려니, 다들 어딘가 비슷한 여자들이 줄지어 들어왔다. 똑같이 육감적인 몸매, 똑같이 매끈한 얼굴에 모두 같은 최신 유행 디자이너 옷을 입고 같은 12센티미터 힐을 신었다. 남자들도 다 같은 지갑에 다 같은 색의 블랙카드 또는 플래티넘카드를 넣고 다니고 있었다. 홀 안 멀찍이 떨어진 곳에서 활짝 웃고 있는 아주 잘생긴 남자가 눈에 띄었다. 나는 금세 그 남자가 우리와 합석할 '이탈리아 친구들' 중 한 명임을 알아봤다. 그는 미남일 뿐만 아니라 유명하고 부유하고 강력한 사업가이며 미국인들이 섹스어필이라고 부르는 자질, 다시 말해 대단한 유혹 능력까지 갖추고 있었다. 식사 도중에 몇몇 유명인이 다가와 그에게 인사를 건넸다. 레스토랑 주인은 우리를 가장 좋은 테이블로 옮겨줬다. 이 귀빈이 지닌 영향력을 확인해주는 대목이다.

짠! 이 책에서 말하고자 했던 행복의 다섯 가지 허상을 한 몸에 갖춘 이상적인 인물이 마술처럼 갑자기 내 앞에 나타났다! 나는 한층 더 주의를 집중하고 그를 관찰하며 이야기를 들었다. 그는 아주 자연스럽고 편안하게 모두를 금방 자리에 앉혔다. 여자들은 누가 봐도 그의 매력에 사로잡혀 있었지만, 그는 특별히 그 상황을 즐기는 것 같지도 않았다. 그는 우리에게 가장 좋은 포도주를 주문해주고 메뉴에서 가장 맛 좋은 요리를 고르라고 권했다. 함께 모인 친구 중 한 명이 프로젝트 수행에 필요한 행정 허가를 받기가 어렵다고 투덜대니, 그는 즉시 '지인들'을 통해 문제를 해결할 수 있도록 도와주겠다고 제안했다. 다른 친구는 이혼한 뒤로 아이들과 함께 휴가를 보낼 수 있는 쾌적하고 적당한 장소를 찾고 있다고 털어놨다. 친절하게도 그는 즉시 이탈리아에 있는 자기 집을 쓰면 어떻겠느냐고 물었다. 그는 한 명 한 명에게 성실히 관심을 쏟았고, 특히 행복에 관한 내 책에 흥미를 보였다. 하지만 행복의 '허상'에 대한 연구를 그에게 말하기가 어쩐지 거북하게 느껴졌다. 행복에 관한 환상을 완벽하게 구현한 그는 정작 아주 자연스럽고 행복하게 살고 있는 것 같았기 때문이다. 나는 아주 기분 좋은 시간을 보냈다. 포도주는 진심으로 맛있었고, 두 잔째를 마실 때 나는 어쨌든 이 모든 상황이 무척 유쾌하다고, 나아가 정말로…… 행복하다고 생각하고 말았다.

멋진 저녁 시간을 보낸 뒤 조금 심란한 상태로 집에 돌아왔다. 내 책의 의도가 완전히 잘못된 걸까? 내가 '허상'이라고 간주한 것이 실은 허상이 아니었던 걸까? 아름다움, 돈, 권력, 명성이 감미롭고 달뜬 분위기 속에서 완벽하게 어우러졌다. 나는 그 모든 것이 만들어낸 '행복한 순간'을 보내고 막 돌아온 참이다. 아니, 행복이 아니라 그저 인생에서 가장 멋진 것을 맛보는 '즐거운 시간' 중 하나였을 뿐일까?

쾌락과 행복의 차이, 순간의 자극과 지속가능한 행복을 구별하기. 이는 우리 모두에게 아주 어려운 일이다. 맨해튼에서의 저녁 식사 자리에서 내가 그랬듯 누구나 쾌락과 행복을 혼동할 수 있다. 어렸을 때부터 세상이 우리에게 주입한 '행복'은 외부에 기인하고, 우리의 깊은 내면이 아니라 우리가 가진 것이나 살면서 얻은 것에 의존한다. 앞에서 보았듯, 그런 행복의 이미지는 부유하고 강한 왕자와 결혼하는 아름다운 공주 이야기에서 시작된다. 그 뒤로 우리는 계속해서 텔레비전, 미디어, 광고 문화를 통해 '셀럽'에 노출되고 명성과 소비, 완벽한 성형과 쉬운 쾌락으로 이뤄진 반짝이는 존재에 빠져든다. 아름다움, 돈, 권력, 명성, 섹스는 어디에서나 성공한 인생의 모범이자 필수조건으로 제시된다. 우리가 의식적으로든 무의식적으로든 이 외부적 요소가 내면의 행복을 위한 해답을 줄 수 있다고 믿게 되는 것도 놀라운 일은 아니다.

그 차이는 아주 미세하다. 한없는 만족감을 느낄 때나 무척 좋아하는 뭔가를 체험할 때 사람들은 이렇게 생각한다. '아, 정말 행복해!' 하지만 그런 종류의 느낌에 적합한 말은 행복이 아니라 쾌락에 가깝다. 도파민, 엔도르핀 등과 같은 '행복 호르몬'이 순간적으로 분출돼 기쁨이 가득 차고 웃음이 절로 나오는 느낌이다. 그리고 우리의 다섯 가지 '허상'에 직접적으로 분명히 연결된 개념도 행복이 아니라 쾌락이다. 아름다움, 돈, 권력, 명성, 섹스는 인생에서 부정할 수 없는 특혜를 제공하며, 때로는 마음에서 우러나는 기쁨의 순간도 만들어준다. 쾌락을 비난할 필요는 전혀 없다. 오히려 쾌락을 건전하게 우리 삶의 일부로 만드는 방법을 알아야 한다. 그래야 쾌락으로 고통받지 않고 쾌락을 행복과 같은 편으로 만들 수 있다.

'관리'되지 못한 쾌락은 실제로 양날의 검과 같다. 쾌락에는 강한 중독성이 잠재돼 있어서 앞서 살펴봤듯 해로운 영향을 미칠 수 있기 때문이다. 이것이 심리학자들이 격한 토론을 벌이고 있는 그 유명한 '쾌락의 쳇바퀴' 현상이다. 기쁨의 전율이 시간이 흐름에 따라 무뎌지고, 일단 욕망의 대상(아름다움이든 돈이든 권력이든 명성이든 섹스든)을 손에 넣고 나면 더욱더 많이 바라게 되는 현상을 가리킨다. 쾌락을 추구하지만 반대 결과, 즉 고통을 얻게 되는 것이다. 고통은 갖지 못한 것에 집착하면서 영원히 만족하지 못하는 괴로움에서 비롯된다. 달라이라마는 바라는 것을 손에 넣기보다 이미 갖고 있는 것을 바라는 편이 더 어렵지만 훨씬 더 만족스럽다고 말했다. 사람은 비슷한 타인들과 자신을 비교하게 마련이다. 그러다 보면 나중에는 남보다 더 많이 갖는 것이 유일한 목표가 되고 만다. 볼테르는 이미 '가장 좋은 것은 좋은 것의 적'이라고 경고했다. 더 좋은 것을 더 많이 원할수록 끝없고 무의미한 경주에 빠져들 뿐이다. 중국 전설 속 불행한 '아귀' 이야기가 좋은 예다. 굶주린 영혼인 아귀는 허기를 채우기 위해 먹을 것을 끊임없이 찾아다니지만 결코 배고픔을 달래지 못한다. 뱃속에 '공허'가 가득해서 끔찍하게 고통스러운 유령은 마침내 주변 세계를 전부 삼켜버린다. 이 굶주린 영혼이 우리 마음속 텅 빈 곳에 자리를 잡으면 쉼 없이 쾌락을 추구하게 된다. 쾌락이라는 감옥에 갇혀 자기 자신을 자유롭게 실현하는 길에서 멀어지고 있는 줄도 모른 채……

　"카르티에 좋아하세요?" 나를 집으로 태워다주던 우버 기사가 물었다. 나는 용기를 내 작게 "왜요?"라고 되물었다. 그 젊은이는 자기가 방금 800유로짜리 카르티에 선글라스를 샀다고 자랑했다. "한번 보실래요? 진짜 멋지죠?" 그의 기쁨을 망치고 싶지 않았던 나는 맞장구를 치되 선글라스 치고는 좀 비싼 것 같다는 말을 넌지시 흘렸다. "아, 하지만 다른 선글라스도 있어요. 구치, 비통, 디올…… 실은 매주 몇 개씩 주문하죠!" 나는 좀 당황했다. "그렇게 고급 브랜드 물건을 사면 행복해지나요?" 잠시 침묵이 찾아왔다. 그가 대답했다. "사실 꼭 그렇진 않아요. 하지만 사지 않으면 불행해요. 솔직히 말하면 택배를 받고 나서 열어보지도 않을 때가 대부분이에요. 아무래도 중독된 것 같아요. 참을 수가 없거든요. 그만둘 수가 없어요. 심하죠. 번 돈을 죄다 여기 쓰니까······."

　　최근 수년간, 수많은 실험 심리학 및 뇌과학 연구는 빠른 쾌락을 추구해서는 만족을 얻기 어렵다는 사실을 확인해줬다. 빠른 쾌락을 추구하면 도리어 좌절에 빠지고 처음부터 다시 시작해야 할 때가 많아진다. 정신분석가 에두아르 자리피앙 Édouard Zarifian 은 이렇게 지적한다. "세 가지 주요 동기가 존재한다. 성, 권력, 돈이 그것이다. 이 세 목표를 승화하지 못한 채, 다시 말해 상징체계와 상상을 통해 변형하지 못한 채 있는 그대로 추구하는 사람은 실패에 대단히 취약한 빈곤한 존재가 될 수밖에 없다."[1]

　　그날 저녁, 나는 당연히 저녁 모임에 정시에 도착할 생각이었다. 전시회 개막을 기념하는 자리에 초대받았던 것이다. 하지만 교통체증에 갇히는 바람에 택시에서 내려 거의 뛰다시피 식사 장소로 가야 했고, 헝클어진 머리로 숨을 헐떡이며 도착했을 때 문은 이미 닫혀 있었다. 다행히 안에서 나를 들여보내주고 자리를 안내해줬다. 내 오른쪽에는 우크라이나 출신의 아주 아름다운 여성이 앉아 있었다. 하지만 좀 차가운 얼굴에 언짢은 표정이었다. 나는 딱딱한 분위기를 깨보려고 그녀에게 어떻게 지내느냐고 물었다. 그녀는 약간 신경질적으로 대답했다. "후유, 얼마나 피곤한지 몰라요! 일등석이 정말 형편없더군요. 녹차를 84도로 맞춰 낼 줄도 모르더라고요!" 그 뒤로 전 세계 항공회사 '퍼스트 클래스'의 결점에 대한 세세한 지적이 45분 동안 이어졌다. 사실 나는 약간 넋을 놓고 있었다. 며칠 전 싱가포르에서 첫 TEDx 강연을 하느라 좀 피곤했기 때문이다. 그래도 충격적인 이야기는 띄엄띄엄 귀에 들어왔다. 예를 들면 기내식으로 나온 푸아그라의 질이 떨어졌다든지, 일등석 화장실을 일반석 승객이 이용하지 못하게 해야 한다든지 하는 내용이었다!

그녀의 남편이 부유한 권력자고 그녀가 호화로운 저택을 이리저리 옮겨 다니며 어마어마한 액수의 돈을 쓰고 있다는 것도 짐작할 수 있었다. 그녀는 일등석에서의 '끔찍한' 경험에 격분한 나머지 피로마저 가신 모양이었다. 그때 갑자기 우리 테이블에 앉아 있던 안면이 있는 다른 여성이 화제를 바꾸기로 결심했는지 내게 '덴마크식 행복'에 대해 질문을 던졌다. 우리 '퍼스트 클래스' 전문가께서는 좀 당황하신 모양이었다. "행복에 대해 글을 쓴다고요?" 나는 그렇다고 대답했지만 말을 돌렸다. 그 이야기를 하고 싶지 않았기 때문이다. 그녀가 고집을 부렸다. "얘기해주세요. 재미있겠는데요. 자기가 정말 행복한지를 어떻게 알 수 있는지 무척 궁금해요!" 그녀에게 진심으로 내 의견을 듣고 싶은지 물었고 그녀는 그렇다고 대답했다. 나는 우선 그녀에게 인생에서 가장 큰 행복을 주는 게 뭔지 물었다. 그녀의 답은 예상대로였다. "음, 나는 호화로운 생활, 멋진 궁전, 요트, 일등석 같은 걸 좋아해요." 그래서 나는 일등석을 타는 삶이 과연 어떤 만족을 주는지 생각해보라고 권했다. "당신은 '일등석'을 타는 인생의 특권 '덕분에' 느낀 어마어마한 분노를 우리에게 45분

동안이나 설명했잖아요." 잠시 생각에 잠겼던 그녀가 입을 열었다. "그래요, 하지만 일반석에 타는 건 깨지 않는 악몽 같을 거예요. 그러니 당신의 질문은 가치가 없어 보이는군요." 그것도 하나의 관점이지만, 그녀가 스스로 행복의 원천으로 여기는 것 때문에 고통받고 있다는 사실은 변하지 않는다. 그녀에게 고급 브랜드 업계에서 가장 명철한 인물 중 한 명인 톰 포드의 충고를 가르쳐주고 싶었다. "내 가방을 산다고 해서 당신은 절대 행복해지지 않아요!"[2] 구치와 이브 생 로랑에 새로운 활력을 불어넣은 이 유명한 디자이너는 물질 위에 자신의 경력과 이미지, 성공을 구축했지만 자신의 성장에 지대하게 공헌한 체계를 고발하기로 결심했다. 그는 이렇게 고백한다. "부모님은 우리에게 삶에서 가장 좋은 것들은 공짜라고 말씀하셨어요. 하지만 당신은 그 말을 조금도 믿지 않죠. 멋진 아파트나 새 자동차가 좋다고 생각하면서요. 완전히 틀린 생각이에요. 하지만 나도 살면서 나중에야 그걸 깨달았어요." 이 멋진 고백은 대단히 의미 있으며, 소비의 쾌락과 장기적인 행복의 차이를 정확히 짚어낸다.

훌륭하다. 하지만 쾌락과 행복, 일시적 만족이라는 허상과 지속가능한 행복 사이의 차이를 알게 된 뒤에는 어떻게 해야 할까? 구체적으로 어떻게 행동해야 모든 상황을 고려해 조화로운 인생을 가꿀 수 있을까? 행복해지려면 높은 산에서 아무것도 없이 생활하는 수도승처럼 금욕적으로 살아야 하는 걸까?

절대 그렇지 않다. 쾌락은 분명 행복한 순간을 체험하는 데 기여할 수 있다. 문제가 되는 건 쾌락이 아니다. 오히려 쾌락의 순간을 오롯이 만끽하는 능력을 갖추되, '행복'을 느끼기 위해 쾌락에 의존하지 않는 것이 가장 중요하다. 쾌락은 행복에 도움이 된다. 단, 조건이 있다. 외부적이고 일시적인 쾌락과 행복의 토대를 구별해야 한다는 것이다. 행복의 토대는 마음속 깊은 곳을 충만하게 만들어주고 삶에 의미를 더한다. 반면 외부에서 비롯되는 쾌락은 우리의 통제를 벗어나 있으며, 이 책을 통틀어 확인했듯 좌절과 불행의 불씨가 될 수 있다. 인생의 장기적인 조화, 맑거나 궂은 날씨에 휘둘리지 않는 균형은 소중한 가치와 의미를 깨달아가며 쌓은 탄탄한 토대에서 비롯된다. 그런 기초가 있어야만 괴로움 없이 삶의 쾌락을 받아들이고 경험할 수 있다.

이 문제에 대해 한창 고민하던 중, 뉴욕의 저녁 자리에서 만났던 이탈리아 남성에게서 연락을 받았다. 아름다움, 돈, 권력, 명성, 넘치는 관능의 완벽한 화신이었던 그 남자 말이다. 그는 《덴마크 사람들처럼》을 읽었다며 파리에 들르는 길에 함께 저녁을 먹으며 책 이야기를 하자고 제안했다. 나는 초대를 받아들였다. 그와 '행복'의 관계가 늘 마음에 걸렸기 때문이다. 솔직히 말해 그 사람 때문에 조금 화가 났다. 그가 내 견해를 뒤집는 예시 같았기 때문이다. 이번에는 나도 속을 드러내기로 했다. 그래서 '행복의 환상'에 대한 내 의견을 솔직히 말하고, 그처럼 대단히 성공한 듯한 사람을 볼 때 내 마음속에 생겨나는 의문을 털어놨다.

그는 오래 침묵을 지키다가 마침내 입을 열었다. "그래요, 당신 말이 맞아요. 그런 것들 때문에 내가 행복한 것처럼 보이겠죠. 하지만 그렇게 간단한 문제는 아니에요."

그리고 다시 한 번 환상이 깨졌다…… 그 후 몇 주 동안 우리는 많은 이야기를 나눴다. 그는 아름다움, 돈, 권력, 명성, 섹스와 밀접하게 연결된 인생 경험을 진솔하게 털어놓았다. 그리고 남들이 꿈꿀 법한 그의 인생이 짐작과는 다르다는 사실이 밝혀졌다. "나는 여자를 많이 만났어요. 정말로 아주 쉽게 유혹할 수 있었죠. 섹스는 굉장한 쾌락을 안겨줬지만, 섹스로 행복을 느꼈던 건 단 한 번뿐이에요. 사랑에 빠졌을 때였죠." 아름다움에 관해서도 그는 제대로 알고 있었다. "하루는 파티에 갔는데 어떤 남자가 다가와서 이렇게 말했어요. '이봐, 당신의 잘난 얼굴은 인생에서 남들보다 딱 15분 앞서가는 데 도움이 될 뿐이야. 하지만 그게 다지. 절대 잊지 마.'" 이 말은 그에게 강한 인상을 남겼다. 살다 보니 그 말이 옳았다는 사실을 깨달을 기회가 100번은 있었기 때문이다. 특히 아내가 자신을 버리고 안경 쓴 대머리에게 가버렸을 때는 정말 그랬다! 돈? "내 회사를 팔던 날 무시무시하게 우울하더군요. 그 돈으로 뭘 할지 몰라서요. 하지만 한 걸음 물러서서 생각해보니, 인생에서 가장 행복했던 때 가운데 전용기를 탔을 때나 캐비아를 먹었던 순간은 하나도 없더라고요!" 그가 말을 이었다. "명성으로 말하자면 대중적인 이미지와 실제 이미지 사이에서 방황하다 망가진 사람을 주변에서 많이 봤어요. 권력은 나 자신의 삶을 이끄는 진정한 힘을 앗아갔죠. 나는 그 욕망의 노예가 됐어요. 진정한 힘, 유일하게 중요한 권력은 나다운 삶을 사는 힘이라는 걸 깨달았어요."

그의 말이 맞다. 하지만 어떻게 해야 할까? '성, 명성, 아름다움' 요법이 통하지 않는다는 걸 인정하는 것과 그 통념에서 벗어나 납득할 만한 대안을 실천하는 것은 별개의 문제다.

앞서 일상에서 쾌락을 몰아낼 게 아니라 제대로 음미할 줄 알아야 한다고 말했다. 좌절에 이르고 마는 가치체계, 즉 다섯 가지 환상을 목표이자 행복의 필수조건으로 놓는 가치체계를 행복의 토대 구축을 최우선으로 하는 다른 체계로 대체해야 한다. 패러다임을 역전해야 한다고도 말할 수 있다. 쾌락을 모아 행복을 이루는 것이 아니라, 행복을 통해 쾌락을 평온하고 기쁘고 건설적으로 누리는 방식으로 말이다.

몇 년 전 나는 인생에서 무척 고통스러운 시기를 보내고 있었다. 가장 견디기 어려웠을 때 급히 심리상담을 받으러 가기로 결심했다. 전문가에게 도움을 받아 상황을 좀 더 분명히 보고 고통에서 벗어나기 위해서였다. 나는 상담 전문가에게 걱정거리를 샅샅이 털어놨고, 그는 내 말을 끝까지 침착하게 들었다. 잠깐 침묵 후에 그가 내게 짧게 물었다. "네, 정말로 삶이 힘들 때가 있지요……. 그런데 말이죠, 이런 상황이 되기 전에는 어떻게 지내셨죠?" 나는 좀 황당하다는 표정으로 그를 바라봤다. "그게 무슨 상관이죠? 당연히 아주 잘 지냈죠!" 그는 내게 내 습관과 삶의 원칙, 내 인생을 이끄는 중요한 것, 좋아하는 주변 사람, 내 계획 등에 대해 좀 더 말해달라고 했다. 나는 마지못해 대답했지만, 상담사가 상황의 심각성을 제대로 이해하지 못하고 있다는 느낌을 받았다. 그래서 계속 도움이 필요하다고 주장했고, 약간 공포에 사로잡혀서는 최소한 주 2회는 만나서 강력한 긴급치료를 시작해야 할 것 같다고 말했다. 그러자 상담사가 웃음을 터뜨렸다. "긴급치료요? 제 환자분 중에 긴급치료를 받을 순서를 정한다면 당신이 가장 마지막일 겁니다. 아시겠지만 당신이 내면에 구축한 행복의 토대는 아주 튼튼해요. 아무리 강력한 외부 사건이 일어나도 그 토대는 영구적으로 훼손되지 않아요. 당신은 이제까지 아주 잘해왔어요. 그러니 생각보다 더 빨리 토대 위로 돌아가게 될 거예요." 그러고는 결론을 내렸다. "3개월 뒤에 만나서 다시 이야기합시다."

치료실 문을 나설 때는 그 전문가의 현명함을 미처 알지 못했다는 걸 고백한다. 도리어 나의 '심각한' 상황을 그렇게 가볍게 다룬 그에게 화가 났다. 하지만 몇 달 뒤, 그가 옳았음을 깨달았다. 여러 가지 사건이 있었음에도 우리가 다시 두 발로 설 수 있게 해주는 그 '토대'는 본질적으로 자기 자신과의 신뢰관계 그리고 무슨 일이 닥치든 자신을 있는 그대로 사랑하는 능력이다. 참다운 자신을 알고 우리의 가치, 신념, 꿈을 아는 것이다. 모든 감정을 존중하며 수용하는 것이기도 하다. 여기에는 피하고 싶은 감정도 포함된다. 좋지 않은 감정 또한 온전한 삶의 일부이기 때문이다. 인생 여정은 마음대로 정할 수 없고, 좋은 일과 나쁜 일은 예고 없이 일어난다. 하지만 우리가 지닌 행복의 토대는 언제나 남아 있다. 이 토대란 행복한 또는 불행한 시기가 지나면 다시 가서 앉게 되는 주춧돌과도 같다.

행복의 토대를 다지기 위한 결정적인 비결은 없다. 그 방법은 개인적이고 미묘해서 가장 뛰어난 연구자도 기적 같은 해결책은 찾아내지 못했다. 하지만 내가 살면서 많은 도움을 받았던 힌트가 몇 가지 있어서 여기에 공유하고자 한다. 그 인생의 가르침은 '행복의 다섯 가지 허상'에 대한 개인적 경험에서 얻었다. 덴마크인으로서 물려받은 가치(신뢰, 나 자신이 될 자유, 공공 프로젝트에의 참여)와도 관련이 있고, 행복의 위대한 신비에 대한 책과 강연을 준비하며 끊임없이 사람들을 만나고 연구한 것도 도움이 됐다. 소박한 방법이지만 그 덕분에 굳건한 행복의 토대를 구축함으로써 쾌락의 순간과 행복의 감정을 구분하고 각각을 한껏 즐길 수 있었다. 괴로운 삶의 시련을 버티고 넘길 때도 힘을 얻었다. 성장하고 전진하기 위해 꼭 필요한 존재의 일부로서 시련을 오롯이 받아들일 수 있었다.

무엇보다 중요한 본질은 '소유'하고 있는 것(아름다움, 돈, 권력, 명성, 섹스)이 아니라 그 요소와 맺고 있는 '관계', 즉 그것을 체험하고 활용하는 방식에 있다. '선물'(예를 들면 아름다움은 자연의 선물이고, 돈은

운 또는 유산의 선물이다)이나 인생의 '결과물'(명성은 일 또는 사회 참여를 하면 따라온다) 또는 '행동 수단'(중요한 계획을 이루는 데 필요한)으로 분명히 인식하면, 다섯 가지 '허상'은 더 이상 허상이 아니라 행복의 토대를 강화하는 데 이바지하며, 적어도 토대를 흔들지는 않을 것이다. 그러나 허상 '자체'를 목표로 삼거나 행복을 보장하는 보험으로 여긴다면 반드시 실망하게 된다.

여러 가지 인생의 사건 앞에서 우리는 대단히 자유롭게 어떤 태도를 취할지 선택할 수 있다. 내가 좋아하는 영화 중 하나인 이탈리아 감독 로베르토 베니니의 〈인생은 아름다워〉[3]를 떠올릴 때면 언제나 가슴이 뜨거워진다. 주인공 귀도는 어린 아들이 무서워하지 않도록, 그들이 갇힌 강제수용소의 끔찍한 현실을 시적 상상력 가득한 놀이로 바꿔놓는다. 오스트리아의 정신의학자이자 철학자 빅터 프랭클은 귀도가 처한 상황을 극단까지 밀어붙인다. 삶에 더는 어떤 쾌락의 원천도 남아 있지 않을 때, 우리는 어떻게 살아남아야 할까? 빅터 프랭클은 정신분석의 유서 깊은 중심지 중 하나인 빈에서 태어났다. 그가 모든 것을 빼앗긴 인간 존재를 살아남게 하는 요인에 대해 연구하기로 결심한 것은 아우슈비츠의 고통 속에서였다. 사회적 지위도, 소유물도, 기쁨을 느낄 일도 사라지고 오직 영원한 고통만이 예상되는 잔혹한 환경이었다. 프랭클은 자문했다. 왜 어떤 사람은 살아남기 위해 싸우겠다는 의욕과 용기를 계속 간직할 수 있는 걸까? 그는 수용소에 투옥된 상태에서 죄수들을 관찰하다가 같은 상황에 대한 태도가 사람마다 다르다는 사실을 눈치챘다. 그는 이렇게 쓴다. "사람에게서 모든 것을 앗아갈 수 있지만 단 한 가지는 빼앗을 수 없다. 인간의 마지막 자유, 바로 어떤 상황에서든 자신의 행동과 태도를 결정할 자유이다."[4] 프랭클은 수용소 내 유일한 쾌락의 원천, 즉 매일 배급되는 빵 한 조각에 죄수들이 보인 태도를 크게 세 가지 유형으로 나눴다. 어떤 이들은 빵 한 덩이를 한 번에 다 먹고 큰 만족을 추구했다. 다른 이들은 빵을 여러 조각으로 잘라 하루에 여러 번 조금씩 즐거움을 느끼는 시간을 가졌다. 마지막 그룹은 빵을 여러 조각으로 잘라 먹고 마지막 한 조각은 더 필요한 사람에게 주려고 간직해뒀다. 프랭클은 마지막 태도를 취한 사람들이 수용소에서 가장 평온했으며 가장 덜 불안해했다고 기록한다.

빅터 프랭클이 연구한 상황은 분명 극단적이고 매우 암담하다. 하지만 그 결론은 강력하다. 우리가 저마다 상황을 받아들이는 태도를 선택할 전적인 자유와 인간 존엄을 지니고 있음을 되새겨주기 때문이다. 존재가 처한 상황 속에서 태도를 결정할 자유, 이것이 행복으로 가는 길의 첫 번째 힌트다. 빅터 프랭클은 두 번째 결정적 힌트도 깨우쳐준다. 바로 삶에서 의미를 찾는 일의 중요성이다. 프랭클이 수용소 체험을 기록한 저서의 제목을 《인간의 의미 추구 Man's Search for Meaning》(한국판 제목은 《죽음의 수용소에서》_옮긴이)라고 지은 것은 우연이 아니다. 이 책의 중요한 메시지 중 하나는 야만의 현장에서도 의미를 부여했던 사람이 가장 잘 살아남았다는 것이다. 여기서 의미란 어떤 계획이나 자신의 존재를 넘어설 만큼 깊은 사랑과 이어져 있다. 독일 철학자 니체도 이렇게 썼다. "살아야 할 이유가 있는 사람은 어떤 시련도 거의 견뎌낼 수 있다." 수용소에서 생존해 연구를 이어간 프랭클은 '삶의 의미'라는 질문에 큰 흥미를 느꼈다. 삶에 의미를 부여하지 않으면, 존재적 허무가 자리할 위험이 있다고 그는 설명한다. 그리고 그 허무는 바로 쾌락 추구로 채워진다! 그렇게 '환상'의 위험으로 돌아오고, 환상은 끝없이 더 많이 바라는 굶주린 영혼의 헛배를 불릴 뿐이다.

행복의 정도는 즐거운 순간과 힘든 순간 사이의 수학적 계산으로 단순 측정할 수 없다. 더 높은 의미, 장기적 지침만이 삶에 대한 총체적 전망을 보여준다. 그를 통해 우리는 어떤 불확실한 외부 상황에서도 눈앞에 놓인 시련을 이겨내고 자기 자신에게 충실할 수 있다. 우리는 각자 그 의미를 자유롭게 정의할 수 있다. 한 사람의 인생에서 무엇이 의미 있고 의미 없는지 정해주는 보편적인 기준은 없다. 그것은 사랑일 수도, 우정이나 이타주의, 크고 작은 목표, 열정일 수도 있다. 어쨌든 로체스터대학교 연구자들은 외부적 요소에 의존할 때보다 그 의미가 내면의 개인적 목표에서 비롯됐을 때 훨씬 더 큰 행복을 부른다는 사실을 밝혀냈다.[5] 연구자들은 젊은 학위 취득자 147명이 대학을 졸업하고 목표를 실현해나가는 과정을 추적했다. 어떤 젊은이들은 연구자들이 '내인적'이라고 규정한 목표를 세웠다. 지속적인 관계를 맺고 싶다, 다양한 분야에 대한 열정을 키우고 싶다, 타인의 삶이 개선되도록 돕고 싶다는 욕구가 여기 속한다. 다른 이들은 '외인적' 목표를 세우고 출발했다. 명성을 쌓는 것, 경제적으로 성공하는 것이 여기 속한다. 연구자들은 '내인적' 목표를 지닌 사람들이 훨씬 더 높은 수준을 성취한 반면, 외인적 목표를 추구한 사람들은 공포나 수치심 같은 부정적 감정의 지배를 받고 있었으며 건강 문제도 더 많이 겪는다는 결론에 이르렀다! "명예, 부, 아름다움을 추구하면 심리적 난관에 처하게 된다."[6] 공동 연구자인 심리학 교수 에드워드 데시Edward Deci 가 내린 결론이다.

살면서 겪는 사건을 대하는 태도를 결정하는 능력, 존재에 더 높은 의미를 부여하는 능력이 탄탄한 행복의 토대 위에서 동요 없이 삶의 기쁨과 환멸을 받아들이기 위한 두 가지 핵심적인 실마리라고 생각한다. 하지만 이것이 전부는 아니다.

세상의 유한함에 대한, 민감하지만 건전한 인식과 삶에 대한 겸손함도 필요하다. 한 해의 마지막 날, 한 친구가 몽블랑산을 바라보며 알프스의 빙하를 거니는 환상적인 산책 모임을 열었다. 새파란 하늘에서 태양이 아름답게 빛나는 감탄스러운 날씨였다. 우리를 안내할 산악 가이드가 빙하 위에서 주의해야 할 점을 길게 나열했다. 그 설명에 따르면 꽤 위험할 수도 있었다. 빙하 입구의 표지판에는 "주의할 것–사망 위험"

이라고 쓰여 있었다. 아주 직접적인 경고다. 가이드는 온화하고 친절했으며, 누군가가 크레바스로 떨어지거나 미끄러질 경우에 대비해 우리를 서로 줄로 꼼꼼히 연결했다. 매년 산악 가이드 열 명이 빙하에서 사고로 목숨을 잃는다고 했다. 나는 가이드에게 불안하지 않느냐고 물어봤다. 그가 침착하게 대답했다. "아뇨. 나는 내가 하는 일을 좋아하고 자연을 좋아하고, 여기가 내 자리라고 느껴요. 여기서는 이 우주에서 우리가 얼마나 작은 존재인지 새삼 떠올리게 되지요." 우리는 그날 함께 걸었다. 풍경은 장엄했고, 자연의 힘과 생명의 신비 앞에 우리는 한없이 겸허해졌다. 도시에서는 그만큼 겸허해지기 어렵다. 도시는 사람이 만들고 통제하는 물건들에 둘러싸여 있기 때문이다. 우리가 어디에서 왔는지, 우리 이전에 얼마나 큰 생명의 힘이 있었는지 잊어버리기 십상이다. 나는 그 산악 가이드가 죽음을 인식한 덕분에 믿을 수 없을 만큼 생기 있는 사람이 됐고, 겸손함 덕분에 한없이 위대한 사람이 됐다고 생각한다. 중병을 앓고 있던 아주 유복한 가정 출신의 한 젊은 여성과 이야기했을 때도 정확히 같은 느낌을 받았다. 그녀는 자신이 살기 시작했던 때는 오직 암과 싸울 때, 즉 죽음을 마주했을 때뿐이었다고 가르쳐줬다. "나는 별로 예쁘지 않아, 별로 유명하지 않아, 영향력도 별로 없어, 이런 생각을 하며 삶을 흘려보냈어요. 그러다가 죽음을 마주하고서야 그런 건 조금도 중요하지 않다는 사실을 깨달았죠. 단 한 가지 중요한 건 우리를 둘러싼 사랑하는 사람들이에요."

나 자신도 삶의 기쁨이 주는 힘을 목격했다. 몇 년 전, 아버지는 기적적으로 병을 이겨냈지만 인공 항문을 달아야 했다. 아버지는 언제나 인생의 작은 기쁨에 경탄하는 놀라운 능력을 지닌 분이었다. 신선한 완두콩을 먹고, 항구에 가서 어부들에게 생선을 받아 오고, 자연의 아름다움을 음미하며 산책하는 모든 일이 기쁨이었다. 다른 많은 사람들처럼 아버지도 살면서 중요한 일의 소용돌이나 일상의 자잘한 문제에 자주 '사로잡혔다.' 하지만 돌아가시기 전 4년간, 아버지는 그 모든 것이 얼마나 부차적인 문제였는지 깨달았고, 행복한 삶은 본질적으로 가까운 사람들과 풍요로운 관계를 맺고 기쁨과 사랑의 순간을 한껏 즐길 때 유지된다는 것을 알았다. 아버지는 2017년 4월 21일, 평화롭게 우리 곁을 떠났다.

행복의 토대를 강화하기 위한 대단히 중요한 마지막 힌트가 바로 여기 있다. 주변 사람들과의 관계 그리고 충실하고 풍요롭고 애정 어린 환경을 가꾸기 위해 정성을 들이는 것. 하버드대학교가 시행한 행복에 대한 최장기 연구에서 이 사실을 확인할 수 있다.[7] "좋은 관계는 우리를 더 행복하고 건강하게 만든다. 그것이 전부다." 어마어마한 규모의 연구 결과는 이처럼 간단하기 그지없다. 연구 팀은 1938년부터 724명의 인생을 분석했고, 공동 연구자인 미국의 정신의학자이자 교수 로버트 월딩어 Robert Waldinger 가 2015년에 첫 추적 결과를 발표했다. "가족, 친구, 공동체에 사회적으로 더 강하게 연결된 사람이 더 행복하다고 밝혀졌다."

교수는 또한 타인으로부터 더 고립된 사람은 덜 행복했으며, 건강이 더 일찍 나빠지고 단명한다고 설명했다! 그 어떤 연구 결과에서도 돈 또는 명성은 행복에 긍정적 영향을 주는 요소로 밝혀지지 않았다고도 단언했다.

현실적인 기대와 끊임없이 거듭 감탄하는 능력을 통해 인생을 대하는 태도를 결정할 자유, 삶에서 추구하는 의미, 존재의 유한성을 인식하는 겸허함, 애정 어린 관계의 힘. 내가 살면서 많은 도움을 받았고 행복의 토대를 만드는 데 매우 유용하다고 느낀 몇 가지 힌트다. 그 토대 위에서 우리는 허상을 걷어낸 삶의 쾌락을 만끽하고, 인생의 충격을 더 평온하게 받아들일 수 있다. 이 모든 것이 가능해지려면 결국은 자신을 알기 위해 노력해야 한다.

밀라노에서 직장에서의 행복에 대한 강연을 마치고 짐을 챙겨 입구로 향하는 중이었다. 그날 저녁 나는 전 세계 지도자들 앞에서, 내가 중요하다고 생각하는 주제와 덴마크식 행복 모델의 근본적 가치에 대해 이야기했다. 한 젊은 남성이 뒤에서 달려오더니 막 문을 나서려는 나를 잡아 세웠다. "잠시만요, 중요한 질문이 하나 있는데요." 나는 바로 멈춰서 그의 말을 들었다. "자기 자신이 될 자유가 행복의 열쇠라고 말씀하셨잖아요……. 하지만 내가 어떤 사람인지 모르면 어떡하죠?" 핵심을 찌르는 질문이었다.

요즘 광고를 보면 '나 자신이 되기' 위한 쉬운 기술이 있다고 선전하지만 소용없는 일이다. 빠른 기술 같은 건 어디에도 없다. 진정한 자신에게 이르는 길은 길고, 대체로 어렵다. 하지만 행복의 토대를 다지고 의미 가득한 자기다운 삶을 구축하기 위해서는 이 과제를 반드시 달성해야 한다. 자신을 알기 위해서는 무엇보다 자기 자신과 신뢰와 우정 관계를 반드시 맺어야 한다. 그래야 용기를 내어 '서로 솔직하게 말할' 수 있고, 습관적으로 받아들인 '역할'과 거리를 둘 수 있다. 가만히 앉아서 내가 나아갈 길을 찾는 데 도움이 될 단순한 질문을 던져보자. 내 삶에서 가장 중요한 가치는 무엇인가? 그리고 그 가치가 존중받으려면 어떤 '조건'이 충족돼야 하는가? 예를 들어 사랑이 나에게 중요한 가치라면 사랑을 곁에 두기 위해 머릿속에 어떤 원칙을 세우고 있어야 할까? 자유, 인정, 안전, 신뢰도 마찬가지다. 이 가치들을 일상 속에서 행동으로 옮기려면 무엇이 필요할까? 이 질문은 우리 자신에게 '내비게이션 시스템' 역할을 하며, 스스로 어떤 원칙을 정해야 할지 확실히 알게 해준다. 이 질문은 무척 중요하다. 무엇보다 우리의 '내비게이션 시스템'이 우리를 행복하게 해줄지, 아니면 오히려 고통으로 몰아갈지 판단하기 위해서이다. 또한 나와 원칙이 다른 타인이 내 원칙을 이해하지 못할 때가 너무나 많기 때문이다. 내 사고방식을 남에게 더 잘 표현하고 설명하게 될수록, 좌절하거나 실망하지 않고 인생을 항해하기가 더 쉬워진다.

물론 이 모든 과정은 어렵고, 진실 속에서 자기 자신에게 충실해지려면 많은 노력과 주의, 용기가 필요하다. 삶에서 의미를 찾아내는 일도 마찬가지다. 건전하고 긍정적인 관계를 맺고 유지하는 일도. '조금 나쁜 것'을 평생 겪지 않기 위해, 삶의 중요한 순간에 '아주 나쁜 것'을 받아들여야 할지도 모른다. 현실이 그렇다. 우리 자신의 삶을 전적으로 책임짐으로써 삶의 더 큰 희생양이 될 수도 있다. 그리고 안타깝지만 아무리 노력해도 '항상 행복'하리라는 보장은 없다! 하지만 도전할 만한 가치는 충분하다. 자기 자신을 알고 자신의 본질을 존중하는 일이 아무리 힘겹다 해도, 그게 내면의 평화와 충만한 의미 속에서 나다운 삶을 살 수 있는 유일한 방법이기 때문이다.

나는 이 방법을 '남들이 가지 않은 길을 가는 용기 내기'라고 부른다. 이 표현은 미국 작가 스콧 펙Scott Peck 의 베스트셀러 제목에서 따왔다(원제는《The Road Less Traveled》, 한국어판 제목은《아직도 가야 할 길》이다_옮긴이). 행복의 토대를 쌓을 때 많은 가르침을 받았던 책이다. 스콧 펙은 이 책에서 쉬운 행복을 위한 쉬운 충고를 하는 대신 많은 규범을 제시한다. 다른 사람이 낸 흔적을 따라갈 수 없기 때문에 남들이 가지 않은 길은 험하다. 길잡이는 오직 우리의 꿈, 열망, 가치, 자기 자신에 대한 충직함뿐이다. 정확한 방향이 어디인지도 모른 채 그저 자신을 믿으며 오랫동안 걸어야 할지도 모른다. 실제로 방향은 그리 중요하지 않다. 중요한 것은 길을 가는 것, 이따금 멈춰 지금을 음미하는 여유를 내는 것이다. 그러면 우리를 놀라게 하는 인생의 단순한 기쁨을 가득 발견할 수 있다.

물론 길을 가는 도중에 아름다움, 돈, 권력, 명성, 섹스가 주는 쾌락을 만나다면 기쁘게 만끽해도 된다. 하지만 그 쾌락은 목적지가 아니다. 이 가파른 오솔길을 떠나 더 안전하고 빠르며 곧게 뻗은 고속도로로 가고 싶은 마음이 커질지도 모른다. 경로도 예측할 수 있고 사방에 표지판도 있는 고속도로 말이다. 이 표지판들은 대부분 다섯 가지 환상과 연관된 성공을 가리킨다. 하지만 전형적인 성공을 향해 전속력으로 달리는 다른 자동차들 사이에서 자신만의 진실을 등지는 고통은 남들이 가지 않은 길에서 겪을 시련보다 더 클지 모른다. 너무 힘들지 않은 확실한 지름길이 있다면 누구나 그 길을 택하겠지만, 안타깝게도 '하늘에서 뚝 떨어지는 것'은 없다. 행복은 특히 더 그렇다. 자신을 마주하고 용기를 내 시도한다면 그 길 끝에 비할 수 없는 만족이 있으리라고 생각한다.

길을 좀 더 편안하게 만드는 방법은 있다. 각 단계에 가능한 한 많은 행복의 '작은 씨앗'을 심는 습관을 들이는 것이다. 행복의 씨앗이란 아주 단순한 것들이다. 몇 달 뒤 우연히도 꿈을 이루도록 도와줄지 모르는 누군가와 꿈을 공유하기, 중요한 계획을 위해 은행계좌를 만들어 매달 조금씩 저축하기, 미래에 새로운 삶을 열어줄지도 모르는 관심 분야의 수업을 저녁마다 듣기……. "우리의 정원을 가꿔야 한다"는 볼테르의 말은 옳았다. 빠른 쾌락의 난폭한 바람 속에서는 자신의 행복을 가꿀 수 없다. 다정한 정원사처럼 꾸준히, 겸손하게 가꿀 일이다.

뉴욕의 저녁 자리에서 만난 '완벽한 이탈리아인'은 마지막으로 이렇게 말했다. "진정한 행복은 생각보다 훨씬 더 얻기 쉽지만 동시에 훨씬 더 어렵다는 걸 알았어요. 자기 자신으로 살 용기가 필요하니까요. 부유하거나 강해 보이는 이미지를 과시하지 않고도 자신을 사랑하는 법을 배워야 하고요. 현재를 살고, 진정한 관계를 맺기 위해서 약점을 내보일 용기도 있어야 하죠. 내면의 행복을 찾는 건 고된 일이에요. 그러니 외부의 쾌락으로 계속 삶을 가득 채우고 싶은 유혹이 어마어마하죠. 하지만 그걸로 진정한 행복을 얻을 수 없다는 건 뻔한 일이에요." 정말로 그렇다. 진정한 행복의 비결은 우리 안에, 스스로 가꾸는 나 자신과의 관계 안에 있다. 자신을 더 많이 알수록 선택의 기준이 될 중요한 가치를 더 분명히 깨닫고, 장애물을 피해 삶을 더 잘 헤쳐 나가며, 행복의 환상에 눈머는 일 없이 존재의 쾌락을 더 기쁘게 만끽할 수 있다.

프롤로그

1. 프랑스여론조사연구소(IFOP), 〈La Relation des Européens à l'argent et à l'Europe bancaire〉, 2008년 6월.

2. American Dream Poll, 2.

3. 〈The Real Truth about Beauty: a Global Report-Findings of the Global Study on Women, Beauty and Well-Being〉, Dove, 2004, 전 세계 10개국 18세~64세 여성 300여 명을 대상으로 한 연구.

•1장• 아름다움_ 아름다워야 행복한 게 아니라, 행복해야 아름답다

1. IMCAS World Congresse 2013. (http://www.slate.fr/lien/67877/pays-chirurgie-esthetique)

2. N. Etcoff, 《Survival of the Prettiest: The Science of Beauty》, London, Abacus Books, 2000.

3. J.H. Langlois, L.A. Roggman, R.J. Casey, J.-M. Ritter, L.A. Rieser-Danner et V.Y. Jenksins, 〈Infant Preferences for Attractive Faces: Rudiments of a Stereotype?〉, 《Development Psychology》, 23, 1987, pp. 363~369.

4. 플라톤, 《법률》.

5. 임마누엘 칸트, 《판단력비판》, 2장.

6. N. Etcoff, 앞의 책.

7. K. Dion, E. Berscheid et W. Walster (1972), 〈What is Beautiful is Good〉, 《Journal of Personality and Social Psychology》, 24 (3), 285-290. 이 연구 내용은 온라인에서도 볼 수 있다. http://garfield.library.upenn.edu/classics1990/A1990EH31100001.pdf.

8. A.H. Eagly, R.D. Ashmore, M.G. Makhijani et L.C. Longo, 《Psychological Bulletin》, Vol. 110 (1), 1991년 7월, pp. 109~128.

9. T. Wolfe, 〈Funky Chic〉, J. Wenner, 《20 Years of Rolling Stone: What a Long, Strange Trip it's Been》, New York, Frendly Press, 1987, p. 212.

10. N. Etcoff, 앞의 책.

11. M.M. Clifford, 〈Physical Attractiveness and Academic Performance〉, 《Child Study Journal》, 4, 1975, pp. 201~209 ; V. Ritts, M.L. Patterson et M.E. Tubbs (1992), 〈Expectations, Impressions, and Judgments of Physically Attractive Students: a Review〉, 《Review of Educational Research》, 62, pp. 413~426 ; F.R. Parks et J.H. Kennedy (2007), 〈The Impact of Race, Physical Attractiveness, and Gender on Education Majors' and Teachers〉, 《Journal of Black Studies》, Vol. 37, No. 6 (2007년 7월), pp. 936~943.

12. Dion et al., 1972 ; Stone et al., 1992 ; Hosoda et al., 2003.

13. Frieze et al., 1991.

14. T.K. Frevert et L.S. Walker (2014), 〈Physical Attractiveness and Social Status〉, 《Sociology Compass》, 8 : 313-323. doi : 10.1111/soc4.12132 : 연구자들은 MBA학생으로 이뤄진 집단을 대상으로 이러한 결과를 얻었다. 이 집단의 경우 임금 차이는 경력 기간 전체에 걸쳐 무려 23만 달러(약 2억 5,000만 원)에 달한다.

15. N. Etcoff, 앞의 책.

16. D. Hamermesh, 《Beauty Pays》, Princeton, NJ : Princeton University Press, 2011.

17. T.K. Frevert et L.S. Walker, 앞의 책 ; Sociology Ahola et al., 2009 ; Stewart 1980 ; Wiley 1995.

18. M.M. Clifford et E. Walster, 〈Research note: the Effects of Physical Attractiveness on Teacher Expectations〉, 《Sociology of Education》, 46, 1973, pp. 248~258.

19. J.-G. Causse, 《L'Étonnant pouvoir des couleurs》, Éditions J'ai lu, 2014.

20. J.-G. Causse, 같은 책.

21. J.-G. Causse, 같은 책.

22. J.-G. Causse, 같은 책.

23. T.K. Frevert et L.S. Walker, 앞의 책.

24. OKCupid, 〈We Experiment on Human Beings〉, 2014년 7월. (https ://blog.okcupid.com/index.php/we-experiment-on-humanbeings/)

25. M.E. Price, S. Brown, A. Dukes et J. Kang, 〈Bodily Attractiveness and Egalitarianism are Negatively Related in Males〉, 《Evol Psychol》, 2015년 2월 9일; 13 (1): 140-66.

26. http://opim.wharton.upenn.edu/DPlab/papers/publishedPapers/Mannes_2012_%20 Shorn%20scalps%20and%20perceptions%20of%20male%20dominance.pdf.

27. V. Maçon-Dauxerre et V. Péronnet, 《Journal d'un top model, Jamais assez maigre》, Les Arènes, 2016.

28. http://madame.lefigaro.fr/societe/jamais-assez-maigre-la-passede-cintre-de-victoire-110116-111679.

29. S. Ziff, 〈Picture Me〉, 2010.

30. C. Russell, 〈L'apparence ne fait pas tout. Faites-moi confiance, je suis mannequin〉, conférence TEDxMidAtlantic, 2012년 10월. (https://www.ted.com/talks/cameron_russell_looks_aren_t_everything_believe_me_i_m_a_model)

31. 〈Happiness and Despair on the Catwalk: Need Satisfaction, Well-being, and Personality Adjustment among Fashion Models〉, 《The Journal of Positive Psychology》, 2007.

32. https://www.buzzfeed.com/stephaniemcneal/a-teen-instagram-star-is-editing-her-photo-captions-to-show#.ve1MMvPba.

33. M. Burke, 〈Is Facebook Making Us Lonely?〉, Human-Computer Interaction Institute, 2012. (http://www.theatlantic.com/magazine/archive/2012/05/is-facebook-making-us-lonely/308930/)

34. H. Krasnova, H. Wenninger, T. Widjaja et P. Buxmann, 〈Envy on Facebook: A Hidden Threat to Users' Life Satisfaction?〉, 11th International Conference on Wirtschaftsinformatik (WI 2013), Leipzig, Germany. (https://www.researchgate.net/publication/256712913_Envy_on_Facebook_A_Hidden_Threat_to_Users'_Life_Satisfaction)

35. H.T.G. Chou et N. Edge, 〈They Are Happier and Having Better Lives than I Am〉, 《The Impact of Using Facebook on Perceptions of Others' Lives, Cyberpsychology, Behavior, and Social Networking》, 2012년 2월, 15 (2): 117-121. (http://online.liebertpub.com/doi/abs/10.1089/cyber.2011.0324)

36. 〈The Real Truth about Beauty : a Global Report - Findings of the Global Study on Women, Beauty and Well-Being〉.

37. N. Wolf, 《The Beauty Myth: How Images of Beauty Are Used》, Chatto et Windus, 1990 ; 《Quand la beauté fait mal -Enquête sur la dictature de la beauté》, First, 1991.

38. M. Chollet, 《Beauté fatale》, 2015.

39. IMCAS World Congress 2013. (http://www.slate.fr/lien/67877/pays-chirurgie-esthetique)

40. Société internationale de chirurgie plastique et esthétique (ISAPS), 2014.

41. Ibid.

42. https://www.plasticsurgery.org/documents/News/Statistics/2016/plastic-surgery-statistics-full-report-2016.pdf.

43. M. Chollet, 앞의 책.

44. W. Martin, 《Les Primates de Park Avenue》, Éditions Globe, 2015.

45. Dr. Diller 〈Buzzfeed〉 인터뷰, 2012년 4월. (https://www.buzzfeed.com/annanorth/can-drastically-changing-your-face-give-you-an-ide)

46. http://www.dailymail.co.uk/femail/article-2127322/Can-plastic-surgery-change-personality-Excessive-cosmetic-procedures-leadidentity-crisis-warn-psychologists.html.

47. http://www.scom.ulaval.ca/Au.fil.des.evenements/2006/09.14/implants.html.

48. http://sante.lefigaro.fr/actualite/2016/02/12/24621-il-ny-pas-cas-banal-matiere-chirurgie-plastique.

49. http://www.independent.co.uk/news/world/americas/heartwarming-facebook-post-of-husband-unhappy-with-his-wifes-photoshopped-portraits-goes-viral-a6696471.html.

50. 도브의 실험 비디오 : https://www.youtube.com/watch?v=7DdM-4siaQw.

51. E. Rostand, 《Cyrano de Bergerac》, 1897.

52. http://barbra-archives.com/bjs_library/60s/ingenue_1963.html.

53. 〈The Real Truth about Beauty: a Global Report-Findings of the Global Study on Women, Beauty and Well-Being〉, Dove.

•2장• 돈_행복에는 가격표가 없다

1. 노벨상 수상자 앵거스 디턴과 그의 동료 대니얼 카너먼의 다음 연구를 참조하였다.: 〈High Income Improves Evaluation of Life but not Emotional Well-being〉, 《Proceedings of the National Academy of Sciences》 107 (38): 16489-16493, 2010.

2. P. Pchelin et R.T. Howell, 〈The hidden cost of value-seeking: People do not accurately forecast the economic benefits of experiential purchases〉, 《The Journal of Positive Psychology》, Volume IX, Issue 4, 2014.

3. E. Dunn et M. Norton, 《Happy Money: The Science of Smarter Spending》, Simon & Schuster, 2013.

4. D. Todd Gilbert, 《Et si le bonheur vous tombait dessus》, Robert Laffont, 2007.

5. IFOP, 〈La Relation des Européens à l'argent et à l'Europe bancaire〉.

6. Léger Marketing, 2011.

7. CNN Money American Dream Poll, 2014. (http://money.cnn.com/2014/06/05/news/economy/how-much-income-to-be-happy/)

8. Quidco, 2016년 5월(모든 연령대의 영국 성인 2,000명을 대상으로 조사).

9. 세계은행 보도자료(2015년 10월 4일). 2달러라는 액수는 PPP(구매력 평가지수)를 토대로 추산한 것이다.

10. http://www.bbc.co.uk/worldservice/people/features/ihavearightto/four_b/casestudy_art22.shtml.

11. A. Deaton et D. Kahneman, 앞의 논문.

12. Daniela Drake et Elizabeth Ford dans, 《Smart Girls Marry for Money》, Running Press, 2009, 인용.

13. A.M. Francis et H.M. Mialon, Emory University, 〈"A Diamond is Forever" and Other Fairy Tales: The Relationship between Wedding Expenses and Marriage〉, 《Economic Inquiry》, 53 (4): 1919-1930, 2015.

14. D. Buss et M. Barnes, 《Human Sexual Selection》, 1986.

15. Dr C. Hakim, 《Centre for Policies Studies》, LES, 2011.

16. E. McClintock, 〈Beauty and Status, the Illusion of Exchange in Partner Selection〉, 《American Sociological Review》, 2014년 7월 23일.

17. D. Drake et E. Ford, 앞의 책.

18. J. Negulesco, 〈Comment épouser un millionnaire〉, 1953.

19. G. Cukor, 〈My Fair Lady〉, 1964.

20. G. Marshall, 〈Pretty Woman〉, 1990.

21. M.-C. François-Laugier, 《L'Argent dans le couple et la famille》, Payot, 2007.

22. http://www.mariefrance.fr/psycho/notre-dossier-psycho/cesfemmes-qui-restent-pour-largent-65894.html.

23. 〈Daily mail〉, 2013년 7월 10일.

24. Sondage Sofres, 《Mieux vivre votre argent》, 2000.

25. Sondage TNS/LCL, 2006.

26. M.S. Webb, 《Love Is Not Enough-The Smart Woman's Guide to Making (and Keeping) Money》, Harper, Perennial, 2007.

27. http://www.thesundaytimes.co.uk/sto/style/living/relationships/article169983.ece.

28. E. McClintock, 앞의 책.

29. 《New York Times》, 2006.

30. http://www.theatlantic.com/magazine/archive/2011/04/secretfears-of-the-super-rich/308419/

31. M. Hansen et D. Keltner, 〈Finding Meaning at Work, Even When Your Job is Dull〉, 《Harvard business Review》, 2012.

32. T.C. Willis, 《Navigating the Dark Side of Wealth》, New Concord Press, 2003.

33. 《Forbes》, 2016.

34. P. Brickman, D. Coates et R. Janoff-Bulman, 〈Lottery Winners and Accident Victims: is Happiness Relative?〉, 《Journal of Personality and Social Psychology》, 1978.

35. D. McNay, 《Life Lessons from the Lottery》, RRP International LLC, 2012.

36. 전미금융교육재단(National Endowment for Financial Education), 2013.

37. D. McNay, 앞의 책.

38. Étude commandée par Kuzéo, 2009.

39. 언론 재벌이자 자선사업가.

40. https://www.wealthx.com/report/world-ultra-wealth-report-2018/

41. F. Scott Fitzgerald, 《The Great Gatsby》, 1925.

42. 《The Joys and Dilemmas of Wealth, Boston College's Center on Wealth and Philanthropy》, 2011.

43. https://www.theguardian.com/us-news/2015/oct/17/wealth-therapy-tackles-woes-of-the-rich-its-really-isolating-to-have-lots-of-money.

44. 《Le Figaro》, 2016년 9월 10일.

45. R. Frank, 《Richistan: A Journey Through the American Wealth Boom and the Lives of the New Rich》, Piatkus, 2007.

46. http://www.lepoint.fr/chroniqueurs-du-point/guerric-poncet/devenu-milliardaire-il-s-ennuie-ferme-01-09-2015-1960921_506.php.

47. A. de Saint-Exupéry, 《Le Petit Prince》, 1943.

48. https://www.huffingtonpost.com/bronnie-ware/top-5-regrets-of-the-dyin_b_1220965. html.

•3장• 권력_내 자리가 곧 내 존재는 아니다

1. M. Weber, 《Le Savant et le Politique》, 1919.

2. R. Greene, 《Les 48 lois du pouvoir》, Viking Press, 1998.

3. N. Machiavel, 《Le Prince》, 1532.

4. S. Famery, http://www.atlantico.fr/decryptage/travail-couple-famille-amis-et-quete-pouvoir-etait-finalement-que-seul-moteur-nos-relations-sarah-famery-814287.html.

5. D. Keltner, D. Gruenfeld et C. Anderson, 〈Power, Approach, Inhibition〉, 《Psychological Review》, 110 no. 2 (2003): 265-284.

6. J. L. Berdahl et P. Martorana, 〈Effects of Power on Emotion and Expression During a Controversial Group Discussion〉, 《European Journal of Social Psychology》, vol. 36, pp. 497~509, 2006.

7. C. Anderson, O. John et D. Keltner, 〈The Personal Sense of Power〉, 《Journal of Personality》, 80, 313-344, 2012.

8. D.R. Carney, A.J.C. Cuddy et A.J. Yap, 〈Power Poses: Brief Nonverbal Displays Cause Neuroendocrine Change and Increase Risk Tolerance〉, 《Psychological Science》, 21 (2010): 163-68.

9. D. Keltner, 《The Power Paradox: How We Gain and Lose Influence》, Penguin Press, 2016.

10. A. Galinsky, D. Gruenfeld et J. Magee, 〈From Power to Action〉, 《Journal of Personality and Social Psychology》 85 (2003): 453-66; C. Anderson et J. Berdahl, 〈The Experience of Power: Examining the Effects of Power on Approach and Inhibition Tendencie〉, 《Journal of Personality and Social Psychology》, 83 (2002): 1362-67.

11. T. Hobbes, 《Le Léviathan》 (chapitre XIII), 1651.

12. W. Golding, 《Sa Majesté des Mouches》, 1954.

13. Étude Capital, Statista 2015.

14. Y.N. Harari, 《Sapiens, une brève histoire de l'humanité》, Albin Michel, 2015.

15. https://www.science-et-vie.com/sapiens-une-breve-histoire-de-lhumanite.

16. 〈The Crown〉, Netflix, 2016.

17. M. Delaunay, ancienne ministre déléguée aux Personnes âgées, Slate.fr, 2014년 10월 25일.

18. http://tempsreel.nouvelobs.com/monde/20150617.OBS0948/exclusif-pablo-iglesias-nous-constatons-la-defaite-eclatante-du-socialliberalisme.html.

19. N. Sarkozy, 〈Conférence de presse〉, 2008년 1월 8일.

20. World Economic Forum, Perspectives 2015.

21. http://www.lesechos.fr/industrie-services/conso-distribution/0211053539518-jack-ma-ma-plus-grande-erreur-a-ete-de-creer-alibaba-2008758.php.

22. D. Keltner, 앞의 책.

23. P.G. Zimbardo, 《Stanford Prison Experiment: A Simulation Study of the Psychology of Imprisonment》, 1972.

24. M. Mulder, 《The Daily Power Game》, Martinus Nijhoff Social Sciences Division, 1977.

25. N.C. Pettit, K. Yong et S.E. Spataro, 〈Holding Your Place: Reactions to the Prospect of Status Gains and Losses〉, 《 Journal of Experimental Social Psychology》, vol. 46, pp. 396~401, 2010.

26. George Orwell, 《La Ferme des animaux》, 1945.

27. https://www.businessinsider.com/tour-of-core-club-where-wall-street-billionaires-like-steve-cohen-hang-out-2011.

28. http://www.telegraph.co.uk/comment/columnists/bryonygordon/8267429/Are-exclusive-private-members-clubs-simply-two-a-pennynow.html.

29. http://business.financialpost.com/personal-finance/members-onlyclubs-what-is-the-price-of-belonging.

30. http://www.lefigaro.fr/actualite-france/2010/04/29/01016-20100429ARTFIG00483-enquete-sur-les-cerles-et-les-lieux-de-pouvoir-.php.

31. Aung San Suu Kyi et M. Aris, 《Se libérer de la peur》, Éditions des Femmes, 1991.

32. M. Mooijman, W.W. van Dijk, N. Ellemers et E. van Dijk, 《Why Leaders Punish: A Power Perspective, Journal of Personality and Social Psychology》, 2015.

33. R. Greene, 앞의 책.

34. http://abcnews.go.com/Politics/President44/story?id=6273508&page=1.

35 https://www.business.com/articles/why-ceos-need-to-embrace-mindfulness/

36. Étude RHR International et Harris Interactive Service Bureau, 2011년 11월.

37. D.F. Larcker, S. Miles, B. Tayan, M.E. Gutman, 《2013 Survey on CEO Performance

Evaluations〉, 2013.

38. M. Ena Inesi, D.H. Gruenfeld, A.D. Galinsky, 〈How Power Corrupts Relationships: Cynical Attributions for Others' Generous Acts〉, 《Journal of Experimental Social Psychology》, 2012, Vol. 48, Issue 4, pp. 795~803.

39. J.A.D. Datu, 《Why Power does not Guarantee Happiness across Cultures》, The University of Hong Kong, 2014.

40. https://plus.lesoir.be/52657/article/2016-07-30/jean-claude-juncker-au-soir-je-note-dans-un-carnet-noir-ceux-qui-mont-trahi.

41. http://www.bbc.com/news/uk-politics-23431840.

42. https://www.macleans.ca/news/canada/why-are-divorce-rates-so-high-for-mps/

43. https://hbr.org/2015/11/the-best-performing-ceos-in-the-world.

44. http://www.fastcompany.com/3048751/the-future-of-work/happy-employees-are-12-more-productive-at-work.

45. PwC, 《Redefining Business Success in a Changing World-CEO Survey, 19th Annual Global CEO Survey of PwC, 2016》, 83개 국가 409명의 CEO를 대상으로 이루어진 인터뷰.

46. 2015년 글래스도어(Glassdoor) 제작 통계. (https://www.inc.com/peter-economy/19-interesting-hiring-statistics-you-should-know.html)

47. https://hbr.org/2015/11/novo-nordisk-ceo-on-what-propelled-him-to-the-top.

48. http://www.zendesk.com/blog/where-are-the-happiest-employees.

49. 《World Happiness Report》, 2015.

50. Gert Tinggaard Svendsen, 《Tillid》, Tænkepauser, 2012.

51. Transparency International, 《Global Corruption Report 2013》, 2013년 7월.

52. Étude 〈Les jeunes face à leur avenir〉, 정치혁신재단(Fondation pour l'Innovation politique) (Fondapol), 2008.

53. 그렌스분석연구소(Greens Analyseinstitut)가 증권거래소(Børsen) 의뢰로 실시한 조사, 2010.

54. D. Keltner, 앞의 책.

•4장• 명성_내가 누군지 모르는 채 유명해지면 명성이 나를 결정한다

1. http://www.express.co.uk/celebrity-news/411126/Al-Pacino-Icouldn-t-cope-with-fame.

2. Nathalie Heinich, 《De la visibilité》, Gallimard, 2012.

3. http://www.michaelhutchence.com.au/home/media.php, 마이클 허친스는 1997년 자살로 사망했다.

4. David Brooks, 《The Road to Character》에서 인용; New York, Random House, 2015.

5. Pew Research Center, 〈A Portrait of "Generation Next"〉, 2007.

6. 〈Fame〉, Alan Parker, 1980.

7. Brainyquotes.com

8. Daniel J. Boorstin, 《The Image: A Guide to Pseudo-events in America》, 1961.

9. 영국 사이트 Into the Blue 조사결과, 2010. (http://www.independent.co.uk/news/education/education-news/famethe-career-choice-for-half-of-16-year-olds-1902338.html)

10. Guillaume Erner, 《La Souveraineté du People》, Gallimard, 2016.

11. 미국 신문 〈The Recorder〉에서 인용, 1951년 5월 18일. (http://virginiachronicle.com/cgi-bin/virginia?a=d&d=HR19510518.1.4)

12. Ibid.

13. 〈Seventh Annual Poll of Heroe's of Young America〉, 《The World Almanach and Book of Facts 1987》에서 인용.

14. Daniel J. Boorstin, 앞의 책.

15. Jake Halpern, 《Fame Junkie》, Houghton Mifflin Harcourt, 2006.

16. http://hollywoodlife.com/2011/10/18/barack-obama-bans-kardashians-for-daughters/

17. http://www.grazia.fr/article/on-a-passe-7-minutes-avec-kim-kardashian-823315.

18. 〈Salut les Terriens〉, Canal+, 2013년 4월 23일.

19. M. Haddou, 《La Psy du Loft raconte》, Flammarion, 2001.

20. Ibid.

21. A. Lorente, 〈La Médiasphère〉, LCI, 2013년 9월.

22. É. Corbobesse et L. Muldworf, 《Succès damné》, Fayard, 2011, Paris ; 〈Pourquoi les stars sont-elles victimes de leur succès?〉, 《L'Express》, 2011년 5월 18일. (http://www.lexpress.fr/actualite/societe/pourquoi-les-stars-sont-elles-victimes-de-leur-succes_972310.html)

23. http://www.mirror.co.uk/3am/celebrity-news/who-josie-cunningham-abortion-threats-7253797.

24. 관련 연구의 예: P. Mannoni, 〈Terrorisme et Mass Média〉, université de Nice Sophia-Antipolis, 《Topique n° 83, représentations du terrorisme》, 2003 ; S. Berthomet, 《La Fabrique du Djihad》, OSR, CIRRICQ, 2014.

25. J.-L. Vanier, 〈Dans la tête d'un djihadiste〉, Causeur.fr, 2014년 11월 25일.

26. F. Bibal, 파리변호사협회가 출간한 《Livre blanc sur les préjudices subis lors des attentats》 공저자, 2016년 11월, 〈Pour les victimes d'attentats, l'exposition médiatique peut aggraver la souffrance〉, 《La Croix》, 2017년 1월 9일.

27. 《OEuvres complètes》, Gallimard, 1949.

28. https://abcnews.go.com/Entertainment/angelina-jolie-turns-40-40-best-quotes/

story?id=31343645.

29. T. Caulfield 인터뷰, 〈Is Gwyneth Palthrow Wrong about Everything?〉, Viking, 2015.

30. http://madame.lefigaro.fr/celebrites/marion-cotillard-et-guillaume-canet-arretez-de-croire-ce-qu-on-vous-raconte-030217-129451.

31. https://www.washingtonpost.com/news/to-your-health/wp/2015/10/07/lifes-been-good-to-eagles-guitarist-joe-walsh-after-hegot-sober/

32. 《Madame Figaro》 인터뷰 발췌, 2016 (http://madame.lefigaro.fr/celebrites/bret-easton-ellis-jetais-jeune-riche-et-celebre-interview-090416-113707).

33. http://www.bbc.co.uk/newsbeat/article/20300161/gangnamstyle-star-psy-is-unhappy-being-responsible.

34. Roger Michell, 1999.

35. CBSNews 인터뷰, 2004. (http://www.cbsnews.com/news/dolly-parton-nobodys-fool/)

36. Guillaume Erner, 앞의 책.

37. M. Lawrence, 2007.

38. 《Financial Times》 인터뷰, 2012. (https://www.ft.com/content/5c9c0e66-52d0-11e1-ae2c-00144feabdc0)

39. 《Marie Claire》 인터뷰, 2010. (http://www.marieclaire.com/celebrity/a5477/victoria-beckham-qa/)

40. K. Bryan Smalley et W.D. McIntosh, 〈The Loss of Fame: Psychological Implications〉, 《The Journal of Popular Culture》 44 (2):385–397, 2011.

41. E. Morin, 《Les Stars》, 1972.

42. D. Rockwell et D.C. Giles, 〈Being a Celebrity: A Phenomenology of Fame〉, 《Journal of Phenomenological Psychology》, 40, pp. 178~210, 2009.

43. D. Rockwell, 〈Celebrity Worship and the American Mind〉, 《The Huffington Post》, 2017년 9월. (http://www.huffingtonpost.com/donna-rockwell-psyd/celebrity-worship-and-the_b_13794782.html)

44. J. Fowles, 《Starstruck: Celebrity Performers and the American Public》, Smithsonian Institute Press, 1992.

45. M.A. Bellis et al., 〈Elvis to Eminem: Quantifying the Price of Fame Through early Mortality of European and North American Rock and Pop Stars〉, 《Journal of Epidemiology and Community Health》 61:896-901, 2007.

46. 《Guardian》 인터뷰, 2012. (https://www.theguardian.com/lifeandstyle/2012/apr/22/this-much-i-know-dionne-warwick)

47. T. Payne, 《Fame: What the Classics Tell Us About Our Cult of Celebrity》, Picador, 2010.

48. 《Glamour Magazine(UK)》 인터뷰, 2012.

49. C.R. Figley, 〈Celebrity Family Stress: Preliminary Findings of a Program of Research. Progress〉, 《Journal of Family Systems Research and Therapy》, 4:1, 9-28, 1995.

50. 《Madame Figaro》, 2017년 2월 3일.

51. D. Rockwell et D.C. Giles, 〈Being a Celebrity: A Phenomenology of Fame〉, 《Journal of Phenomenological Psychology》 40 (2):178-210, 2009년 10월.

52. 《Esquire》, 2013년 2월.

53. M. Bay, 〈Transformers〉, 2007.

54. http://guardianlv.com/2014/06/megan-fox-famous-for-being-snubbed-by-men/

55. B. Bardot, 《Initiales B.B.》, Éditions Grasset, 1996.

56. 《The Telegraph》 인터뷰, 2012. (http://www.telegraph.co.uk/culture/music/rockandpopfeatures/9467721/Alanis-Morissetteinterview.html)

57. http://www.telegraph.co.uk/women/womens-life/11238018/Celebrity-Twitter-trolls-The-famous-people-whove-been-driven-offsocial-media-by-abuse.html.

58. 《Times》 인터뷰, 2013.

59. 《Esquire》, 1990.

60. M. Scorcese, 〈Le Temps de l'innocence〉, 1993.

61. 《Huffington Post(UK)》 인터뷰, 2012. (http://www.huffingtonpost.co.uk/2012/04/06/katy-perry-disgusted-by-fame-russell-brand_n_1407658.html)

62. http://www.slate.fr/story/133796/golden-globe-politique-trump.

63. http://www.usatoday.com/story/life/2016/08/31/celebrity-disclosures-depression/89418486/

64. https://www.academia.edu/693083/Being-in-the-world_of_celebrity_The_phenomenology_of_fame.

• 5장 • 섹스 몸이 아니라 감정이 연결될 때 행복하다

1. E. Zamiatine, 《Nous autres》, Gallimard에서 프랑스판 번역 출간, 1920년 초판 발행.

2. Unicef, 〈Les mutilations génitales féminines/l'excision : un problème mondial〉, 2016년 7월.

3. 참고 : 이 장에서 근거로 드는 자료 대부분은 이성애 관계를 다루고 있다. 연구자 대다수가 주로 남성-여성 커플을 조사하는 선택을 했기 때문이다. 그러나 이성애자 혹은 동성애자 커플의 관계에 있어서 완전히 다른 결론이 도출될 이유는 없다고 확신한다. 고찰을 통해 성에는 온갖 다양한 면이 있다는 가르침을 얻었기 때문이다. 또한 자료 대부분이 미국에서 수집되다 보니, 분석 시각이 다소 서양적이라는 점도 분명히 해둬야겠다. 따라서 분석 결과가 모든 경우에 타당하지 않을

수도 있다.

4. A. Muise, U. Schimmack, E.A. Impett, 〈Sexual Frequency Predicts Greater Well-Being, But More is Not Always Better〉, 《Social Psychological and Personality Science》, 2015년 11월.

5. D.G. Blanchflower, A.J. Oswald, 〈Money, Sex and Happiness: an Empirical Study〉, 《NBER Worling Paper series》, 2004년 5월; NORK, University of Chicago, General Social Survey 1989-2012, 2013.

6. http://www.spsp.org/press_release/sex-frequency-study.

7. A.C. Kinsey, W.B. Pomeroy et C.E. Martin (1948), 《Sexual Behavior in the Human Male》, Philadelphia: W.B. Saunders.

8. 같은 책.

9. T.D. Fisher, Z.T. Moore et M. Pittenger (2012), 〈Sex on the Brain?: An Examination of Frequency of Sexual Cognitions as a Function of Gender, Erotophilia, and Social Desirability〉, 《Journal of Sex Research》, 29, 69-77.

10. D. Kahneman, A.B. Krueger, D.A. Schkade, N. Schwarz et A.A. Stone (2004), 〈A Survey Method for Characterizing Daily Life Experience: The Day Reconstruction Method〉, 《Science》, 306, 1776-1780.

11. M.A. Killingsworth, D.T. Gilbert, 〈A Wandering Mind Is an Unhappy Mind〉, 《Science》, Vol. 330, Issue 6006, p. 932, 2010년 11월.

12. 연구 자료로 다음과 같은 예를 들 수 있다. D. Sanson, 《Berlin : Histoire, promenades, anthologie dictionnaire》, Robert Laffont, 2014.

13. S. Freud, 《Trois essais sur la théorie sexuelle》, 1905.

14. 《Research by Smith and Engel》, 1968.

15. M. Liss, M.J. Erchull et L.R. Ramsey, 〈Empowering or Oppressing? Development and Exploration of the Enjoyment of Sexualization Scale〉, 《Personality and Social Psychology Bulletin》, 2011.

16. C. Heldman, 〈Le mensonge sexy〉, TED talk, 샌디에이고, 2013년 1월.

17. A.L. Meltzer, J.K. McNulty 〈Tell me I'm sexy… and otherwise valuable〉, 《Body Valuation and Relationship Satisfaction, Personal Relationships Journal》, 2014.

18. A.L. Meltzer, J.K. McNulty, J.K. Maner, 《Women Like Being Valued for Sex, as Long as it is by a Committed Partner, Archives of Sexual Behavior》, 2015.

19. 《Allociné》 인터뷰, 2012년 5월.

20. 《RTE》 인터뷰, 2012년 10월. (http://www.rte.ie/entertainment/2012/1020/440997-craigd/)

21. 익명을 요구한 남성 인터뷰, 2016년 3월부터 2017년 1월까지.

22. I. St. James, 《Bunny Tales: Behind Closed Doors at the Playboy Mansion》, Running Press,

2009.

23. IMDB(Internet Movie Database).

24. 익명의 여성들 인터뷰, 2016년 3월부터 2017년 1월.

25. IMDB.

26. A. Warhol, 《The Philosophy of Andy Warhol: From A to B and Back Again》, Mariner Books, 1977.

27. http://www.goodinbed.com/good-in-bed-survey-on-penis-perceptions/index.php.

28. D.A. Frederick, D.M.T. Fessler et M.G. Haselton, 〈Do Representations of Male Muscularity Differ in Men's and Women's Magazines?〉, Body Image: An International Journal of Research, 2, 81-86, 2005.

29. Medicare Australia Benefits Schedule item statistics report, 2011.

30. N.S. Crouch, R. Deans, L. Michala, L.M. Liao, S.M. Creighton, 〈Clinical Characteristics of Well Women Seeking Labial Reduction Surgery: a Prospective Study〉, BJOG 2011; 118 : 1507-10.

31. D.A. Frederick, D.M.T. Fessler et M.G. Haselton, 앞의 책.

32. Étude SimilarWeb, 2015.

33. 〈미국 텔레비전 채널 연구〉, MSNBC, 2000.

34. 포르노 감시기구인 '코베넌트아이스(Covenant Eyes)'가 실시한 〈포르노그래피 통계 2015〉.

35. 〈프랑스에서의 포르노그래피 영향에 대한 조사〉, IFOP, 2014. (http://www.ifop.com/?option=com_publication&type=poll&id=2609)

36. http://www.abc.net.au/radionational/programs/scienceshow/is-pornography-destroying-our-minds-and-our-sex-lives/6598390.

37. J. Gordon-Levitt, 〈Don Jon〉, 2013.

38. http://sante.lefigaro.fr/actualite/2016/04/08/24842-sexualite-comment-echapper-limaginaire-porno.

39. http://www.psychologies.com/Couple/Sexualite/Desir/Interviews/Sylvain-Mimoun-La-sexualite-est-plus-que-de-la-technique.

40. https://www.atlantico.fr/decryptage/2250453/envie-de-sexe-non-merci-quand-le-tabou-ultime-une-societe-obsedee-est-plus-la-ou-on-aurait-attendu-sylvain-mimoun.

41. E.L. James, 《50 shades of Grey》, Vintage Books, 2012.

42. V. Estellon, 〈Que Sais-je〉, 《Les Sex Addicts》, Éditions PUF, 2014.

43. http://www.huffingtonpost.com/2014/04/30/16-lies-we-needto-stop-t_n_5239258.html.

44. https://www.ncbi.nlm.nih.gov/pubmed/16422843.

45. 《Rapport Society for Sex Therapy and Research 2008》, Journal of Sexual Medicine, 2016.

46. https://www.sciencedaily.com/releases/2008/03/080331145115.html.

47. http://www.slate.fr/story/52299/plaisir-feminin-apprendre.

48. http://www.elle.fr/Love-Sexe/Les-mecs-racontent/Les-mecs-racontent/Nos-hommes-ce-qu-ils-appellent-un-bon-coup-1797736.

49. http://www.terrafemina.com/vie-privee/sexo/articles/49111-femmes-les-10-secrets-des-bons-coups.html.

50. http://www.cosmopolitan.fr/sexe-c-est-quoi-un-bon-coup-aufeminin,2117,1445806.asp.

51. http://www.etreunboncoup.com.

52. D. Star, 〈Sex and the City〉, 1998~2004년 방송.

53. 《Slate》, 2016년 8월. (http://www.slate.fr/story/118765/series-sexualite-femmes)

54. brainyquotes.com

55. R.E. Brown, 〈Sexual Arousal, the Coolidge Effect and Dominance in the Rat (Rattus Norvegicus)〉, 《Animal Behaviour》, vol. 22, no 3, 1974년 8월, pp. 634~637.

56. 《A New Look at Love》에 언급된 일화, E. Hatfield et G.W. Walster, 1978, p. 75.

57. G.L.L. Lester et B.B. Gorzalka, 〈Effect of Novel and Familiar Mating Partners on the Duration of Sexual Receptivity in the Female Hamster〉, 《Behavioral and Neural Biology》, vol. 49, no. 3, May 1988, pp. 398~405.

58. M. Kets de Vries, 《Sex, Money, Happiness and Death》, Pelgrave Macmillian, 2009.

59. S. McQueen, 〈Shame〉, 2011.

60. http://m.slate.fr/story/38173/sex-addict-pathologies.

61. http://www.ifac-addictions.fr/les-dependances-sexuelles.html.

62. https://www.vanityfair.com/culture/2015/08/tinder-hook-up-culture-end-of-dating.

63. IFOP, 《L'essor des rencontres en ligne ou la montée de la culture du 'coup d'un soir'》, 2015년 5월.

64. Temps Réel, 《Tinder, Grindr, Happn… Avec les applis, le sexe à chaque coin de rue》, 2015년 7월 26일.

65. http://tempsreel.nouvelobs.com/societe/20150722.OBS3004/tinder-grindr-happn-avec-les-applis-le-sexe-a-chaque-coin-de-rue.html.

66. https://www.psychologytoday.com/us/blog/love-and-sex-in-the-digital-age/201506/what-are-the-psychological-effects-casual-sex.

67. http://www.telegraph.co.uk/news/health/news/8299253/Howhugs-can-make-you-feel-better.html.

68. L. Hamilton et E.A. Armstrong, 〈Gendered Sexuality in Young Adulthood〉, 《Gender & Society Journal》, Vol 23, Issue 5, pp. 589~616, 2009.

69. https://www.vanityfair.com/culture/2015/08/tinder-hook-up-culture-end-of-dating.

70. Temps Réel, 《Tinder, Grindr, Happn… Avec les applis, le sexe à chaque coin de rue》, 2015년 7월 26일.

71. https://bigthink.com/robby-berman/simple-carefree-casual-sex-as-if.

72. http://www.slate.fr/story/114097/amour-drogue.

73. http://www.bluesteel.fr/partenaires/catalogue.php.

74. http://commentseduire.net/garder-homme-grace-au-sexe/

75. http://www.huffingtonpost.com/yourtango/10-most-commonreasons-people-divorce_b_8086312.html.

76. http://www.cosmopolitan.com/sex-love/advice/a9120/reasonscouples-break-up/

77. http://www.medicaldaily.com/new-survey-reveals-different-reasons-why-men-and-women-dump-their-lovers-243537.

78. http://www.bluesteel.fr/partenaires/catalogue.php.

79. 《Complex》 인터뷰, 2014년 8/9월.

80. É. Liebig, 《Osez coucher pour réussir》, La Musardine, 2009.

81. OpinionWay에서 실시한 설문조사. (http://en.calameo.com/books/003197984c40dcb820095?authid=5WwSucUqi50T)

82. http://www.cnbc.com/id/39619940.

83. S.A. Hewlett, K. Peraino, L. Sherbin et K. Sumberg, 〈The Sponsor Effect: Breaking Through the Last Glass Ceiling〉, 《Harvard Business Review》, 2010.

84. https://hbr.org/2010/08/how-sex-hurts-the-workplace-es.

85. M.L. Wookey, N.A. Graves et J. Butler (2009), 〈Effects of a Sexy Appearance on Perceived Competence of Women〉, 《The Journal of Social Psychology》.

86. S.A. Hewlett, K. Peraino, L. Sherbin et K. Sumberg, 앞의 책.

87. http://www.huffingtonpost.com/stephen-viscusi/warning-tothe-boss-think_b_311413.html.

88. 2017년 1월 인터뷰.

89. A. Muise et E.A. Impett, 〈Good, Giving, and Game: The Relationship Benefits of Communal Sexual Motivation〉, 《Social Psychological and Personality Science》, 2014년 11월.

90. https://www.durexusa.com/pages/global-research.

91. http://next.liberation.fr/vous/2015/05/14/l-ecole-danoise-introduit-le-porno_1309533.

92. http://www.elle.fr/Societe/Interviews/Sexualite-informer-les-enfants-3083110.

93. Durex Global Sex Survey, 2005.

94. S. Cadalen, 《Inventer son couple》, Eyrolles, 2006.

• 결론 • 나만의 행복 로드 만들기

1. E. Zarifian, 《Le Goût de vivre》, Odile Jacob, 2005.

2. http://www.thetimes.co.uk/article/my-handbags-won-t-makeyou-happy-n2f9ffcbw.

3. R. Benigni, 〈La vita è bella〉, 1997.

4. V. Frankl, 《Man's Search for Meaning》, 1946.

5. C.P. Niemiec, R.M. Ryan, E.L. Deci, 〈The Path Taken: Consequences of Attaining Intrinsic and Extrinsic Aspirations in Post-college Life〉, 《Journal of Research in Personality》, 2009년 6월.

6. http://www.rochester.edu/news/show.php?id=3377.

7. https://www.ted.com/talks/robert_waldinger_what_makes_a_good_life_lessons_from_the_longest_study_on_happiness/transcript?language=fr.

나도 행복해질 수 있을까

1판 1쇄 발행 2019년 2월 28일

지은이　말레네 뤼달
옮긴이　배형은
펴낸이　유성권

편집장　양선우
책임편집 신혜진　　　**편집**　정지현 백주영
디자인　손소영 이정현　**제작**　장재균
마케팅　김선우 박희준 김민석 문영현 박혜민

펴낸곳　㈜이퍼블릭
출판등록　1970년 7월 28일, 제1−170호
주소　서울시 양천구 목동서로 211 범문빌딩 (07995)
대표전화　02−2653−5131 | **팩스**　02−2653−2455
메일　loginbook@epublic.co.kr
포스트　post.naver.com/epubliclogin
페이스북　www.milestonebook.com

마일스톤 은 (주)이퍼블릭의 비즈니스/자기계발서 브랜드입니다.

이 도서의 국립중앙도서관 출판예정도서목록(CIP)은 서지정보유통지원시스템 홈페이지(http://seoji.nl.go.kr)와
국가자료공동목록시스템(http://www.nl.go.kr/kolisnet)에서 이용하실 수 있습니다.(CIP제어번호: CIP2019002119)